Paraguay! Sí, Puede! 그래, 할 수 있어!

사랑해, 파라과이!

필로는 사랑 주는 책, 사랑받는 책을 만듭니다.

Paraguay! Sí, Puede!
사랑해, 파라과이!

초판 1쇄 인쇄 2017년 7월 15일
초판 1쇄 발행 2017년 7월 20일

지은이 권영규
펴낸이 고경원
펴낸곳 (주)필로
책임편집 이종수   **디자인** 필로디자인
등 록 제2013-000233호(2013년 12월 6일).
주 소 서울시 서초구 반포대로 14길 27, 611호
전 화 (02)3489-4300 **팩 스** (02)3489-4329
E-mail bookphilo@naver.com

Printed in Korea.

ISBN 979-11-88480-00-5 03330

Paraguay! Si, Puede!

사랑해,
파라과이!

권영규 지음

PHILO

CONTENTS

CONTENTS

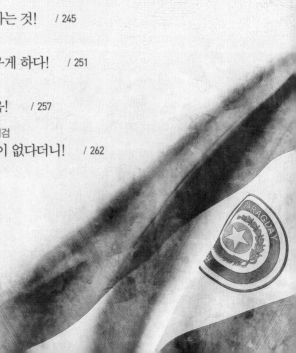

CONTENTS

*일러두기
KOICA와 함께한 2년의 기록
가르치면서 배우고, 베풀면서 얻은 소중한 시간

이 책 〈Paraguay! Sí, Puede! 사랑해, 파라과이!〉는 파라과이 자문관 활동 2년차 경험담이다. 이 책은 활동 첫 해 기록인 〈ROHAYHU, PARAGUAY! 사랑해! 파라과이!(KOICA, 2016, 비매품)〉의 연장선상에 있다. 파라과이의 정치, 역사, 문화에 대한 일반적인 이해를 원하시는 분은 첫 해 기록인 〈ROHAYHU, PARAGUAY! 사랑해! 파라과이!〉를 찾아서 읽어보기를 권한다.

Paraguay!
Sí, Puede!
그래, 할 수 있어!

새로운 행복을 찾아서!

삶이란 무엇인가? 끊임없이 추구하는 과정이다. 부를 추구하고 명예를 추구하고 행복을 추구한다. 무엇인가 소망이 있고 추구하는 목표가 있을 때 비로소 사람이 산다고 할 수 있다. 개인적 욕망이던 혹은 거창한 대의명분이건 간에 그것을 추구하는 과정에서 살 맛을 느끼고 기쁨을 맛본다.

30년 이상 내 삶의 터전이었고, 젊은 시절 모든 것을 쏟아부었던 서울시청을 뒤로하고 바깥세상을 나와 보니 어리둥절하기만 했다. 무엇을 추구해야 할지 몰랐고, 어떻게 살아가야 할지 몰랐다. 하지만 뭔가를 찾아야 했다. 강단에도 서보고 공공 기관도 기웃거리며 새로운 기회라도 있을까 이곳저곳을 쫓아다녔다. 하지만 새로운 기회를 잡기란 쉽지 않았고 미쳐서 갈만한 새로운 길도 찾지 못했다. 꿈을 찾지 못하고 추구하는 목표가 없으니 삶이 심드렁해지고 시들해졌다.

그때 KOICA에서 자문단을 모집한다는 광고가 나왔다. 인적자

원개발 분야 자문관을 모집한다고 했다. 눈이 번쩍 띄었다. 서울시 선배였던 이덕수 부시장이 도시계획 자문관으로 에콰도르에서 활약을 펼치고 있다는 소식도 들려왔다. 멋있어 보였다. 그래, 나도 할 수 있어! 여기에 새로운 길이 있을 거야! 보람을 찾을 수 있을 거야! 어디 한번 찾아가 보자!

곧바로 지원했고 2015년 2월 말 파라과이 아순시온으로 가는 비행기에 몸을 실었다. 자기 최면을 걸면서 내 선택을 정당화 했고 흔들리지 않으리라 굳게 다짐했다. 나는 30년 경험이 있어! 나는 최고의 행정 전문가야! 나는 가르칠 수 있어! 나는 도와줄 수 있어! 나는 도우러 가는 거야! 나는 봉사하러 가는 거야!

하지만 막상 도착해보니 모든 것이 막막하기만 했다. 그곳은 전혀 다른 세상이었다. 무엇을 해야 할지 몰랐고 어떻게 해야 할지 몰랐다. 나의 경험은 서울에서의 경험이었고 나의 지식은 한국

에서 필요한 지식이었다. 그들이 어떤 사람들인지, 그들에게 무엇
이 필요한지, 그들을 어떻게 움직여야 하는지 알 수가 없었다. 초
청 기관인 고용노동부에서도 이런저런 일을 해달라고 말하지 않
았다. 그저 막연히 도와달라고 했다. 그들은 한마디로 계획도 관심
도 없었다.

2주일을 지켜보다가 직접 나서서 부딪치기로 했다. 현지 사정
을 파악하고 찾아서 공부하기로 했다. 파라과이 역사와 문화, 경제
와 사회, 그리고 공직 시스템에 관한 자료를 찾아서 읽었다. 영어
자료를 구할 때도 있었지만 대부분은 스페인어 자료와 씨름하는
과정이었다. 번역기를 돌려 원문과 대조하며 이해하려고 애도 썼
다. 이렇게 습득한 내용은 하나 하나 원고로 정리했다.

수많은 사람을 만났다. 장관을 찾아가고 청장을 만나고 간부들
과 상의했다. 자청해 강의했고 어색함을 무릅쓰고 그들의 회의와
모임을 찾아다녔다. 몇 달이 지나자 조금씩 파라과이가 보이기 시

작했다. 점차 이들의 사정이 이해되었고 서울 이야기가 아니라 여기 이야기를 할 수 있게 되었다. 서울에서 필요한 전문 행정 기법을 가르칠 것이 아니라 여기 공직자들에게 필요한 공직자 자세와 서비스 정신을 먼저 다루는 것이 중요하다는 것도 알게 되었다.

장관은 나를 믿어 주었고 내 의견에 동조하며 힘을 실어 주었다. 대부분의 사람도 호의적이었다. 주도적이거나 능동적이진 않았지만 시키는 대로 잘 따라 주었다.

먼저 노동부 본부와 산하기관 직원들이 함께 참여하는 서비스 태도 향상을 위한 상황극 경연을 펼쳤다. 이어서 간부들을 대상으로 역량 강화 과정을 운영했다. 첫 번째 시도에서 성공을 거두니 다음부터는 일하기가 한결 쉬워졌다. 일단 받아들이고 인정해 줬다. 대부분의 직원도 알게 되었다. 이들은 공사를 불문하고 작은 행사라도 있으면 나를 초청했고 새로운 일을 할 때면 스스럼없이 찾아와 의견을 구했다.

"도움을 주려고 왔지만 오히려
그들로부터 새로운 기쁨을 받았다"

아순시온에서의 생활은 의미가 있었다. 일이 있으니 몰두할 수 있었고 알아주니 살 맛이 났다. 하지만 외로웠다. 어머님이 보고 싶었고 가족들이 그리웠고 친구들 생각이 났다. 발뒤꿈치 상태도 좋지 않아 전문적인 치료가 필요했다. 그래서 귀국을 결심했고 1년 활동을 마무리하는 성과보고대회를 개최했다. 축사하러 연단에 오른 기에르모 소사 장관은 정말 고맙다고 했다. 그리고 일단 돌아갔다가 다시 찾아와 도와 달라고 했다. 공개적인 자리에서 공식적으로 초청했다.

자연스레 지난 일 년을 돌아보게 되었다. 가르치러 왔다고 생각했지만 오히려 내가 깨우치고 배웠다. 도움을 주려고 왔지만 오히려 내가 그들로부터 새로운 기쁨을 받았다. 그들과 함께하면서 살아 있음을 느꼈고 성취감을 느꼈다. 낯설고 물 다른 세상에도 얼마든지 할 일이 있고 이곳에서도 나는 필요한 사람이라는 자부심도 생겼다. 결국 나는 남을 도와주고 봉사한 것이 아니라 나 자

신을 위해 일을 한 것이고 내 일을 하면서 새로운 만족을 누린 것이었다.

　나는 지금 다시 비행기를 타고 있다. 아마존 상공을 지나고 있다. 이제 몇 시간 후면 아순시온에 도착할 것이다. 다시 일 년간 열심히 나 자신을 위해 살 것이다. 새로운 일에 몰입하면서 살 맛을 찾을 것이다. 어떻게 하면 내 행복을 추구하는 내 삶의 과정이 동시에 파라과이에 보탬을 주고, 나를 만나는 사람들에게 작은 기쁨이라도 주도록 할 수 있을까? 그들과 어울리며 살아가면서 함께 기쁨을 느끼는 새로운 일이 무엇일까를 생각하며 할 일에 대한 구상을 다듬고 있다.

권영규

2016년 7월 1일

CHAPTER 1

무엇을 어떻게
시작해야 할까?

파라과이는 1811년 스페인에서 독립한, 200년이 조금 넘는 짧은 역사의 나라이다. 남아메리카 대륙의 중심에 자리 잡고 있고, 동쪽으로는 브라질, 남쪽과 서쪽으로는 아르헨티나, 그리고 북쪽으로는 볼리비아에 둘러싸인 내륙 국가이다. 밖으로 나갈 수 있는 바다가 없다. 국토 면적은 한반도의 두 배인 40만 6,752km²이고 인구는 685만 명이다. 파라과이는 서로 다른 두 인종, 스페인 사람과 과라니 사람 사이에 태어난 혼혈 인종인 메스티소들이 주류인 나라이다. 당연히 혼합 문화이고 융합 문화의 사회이다. 스페인 아버지가 가졌던 15세기의 유럽 문화와 아메리카 인디오 어머니가 가졌던 신석기 사회의 문화가 바탕이 되어 만들어졌다.

파라과이는 단일 국가이다. 중앙 정부와 광역 단체인 데파르타멘토(departamento), 그리고 기초 단체인 무니시팔리다드(municipalidad)의 3단계 계층을 갖고 있다.

중간 계층인 데파르타멘토는 17개가 있다. 데파르타멘토의 지사와 의회는 직접선거를 통해 선출하지만 행정권이나 재정권은 극히 한 정적이다. 기초 단체인 무니시팔리다드는 2016년 현재 전국에 252개가 있다. 아순시온과 주변 10개 기초 단체는 아순시온 메트로폴리탄(AMA : Área Metropolitana de Asunción)을 구성하고 대중교통 문제와 쓰레기 수거 문제를 합동으로 처리한다.

나는 인적자원개발 업무를 자문하기 위해 파라과이 고용노동부를 찾아 왔다. 구체적으로 무슨 일을 어떻게 해야할 지를 찾아내는 것이 처음 부딪힌 과제였다.

공무원들이
문제야!

"과장(Jefe)급 이하 우리 공무원들은 서비스 정신이 많이 부족하
다. 잿밥에만 관심이 있고 시민들에게 군림하려고 한다. 하지만
정부 정책을 제대로 안내하거나 친절하게 설명하지 않는다."

　　파라과이 산업박람회 전시장에서 만난 기예르모 소사(Guillermo
Sosa) 고용노동부 장관은 조금도 주저하지 않고 공무원들이 문제라
고 했다. 고용노동부가 박람회에 참여하여 직업훈련 프로그램을
소개하고 노동 상담을 하는 것을 축하하면서 "채용과 고용, 사회
보장 문제를 상담하는 전문 박람회를 더 많이 개최하는 것이 좋겠
다"는 덕담을 건네자 "취업 박람회에 앞서 공무원의 의식 전환부
터 이뤄져야 한다"고 목소리를 높였다. 장관의 이야기는 다음 날
정식 면담 때도 이어졌다. 혹시라도 내가 잘 이해하지 못할까 봐
공직의 계급 체계와 공직의 변화 방향을 하나하나 손으로 그려가
면서 마음속을 드러내 보였다.

"지금 우리는 행정의 변화를 추구하고 있다. 인터넷 등 정보통신
기술의 발전에 발맞추어 행정 체계를 과감하게 변화시키려고 한
다. 특히 내부 의사 결정 과정과 다양한 행정 서비스 분야에 인

터넷을 도입하여 처리하려 노력하고 있다.

하지만 공무원들은 현실에 안주하며 기득권을 포기하지 않으려 한다. 특히 과장 이하 하위 공무원 중에는 컴퓨터를 모르면서도 배우려고 하지 않는 사람이 많다. 이들은 능력에 바탕을 두고 공개 채용된 사람들이 아니다. 특정 정당이나 가문 혹은 다른 연줄로 채용된 사람들이다. 이들은 연줄을 찾고 봉급을 받는 데나 관심이 있을 뿐 공무원으로서 기본 책무와 책임 자체를 외면하고 있다."

내가 공무원을 처음 시작했던 80년대에 한국에서 귀가 닳도록 들었던 이야기를 이곳 장관에게서 다시 들었다. "아랫것들이 문제야!" 하는 대목에서는 고개가 갸웃거려지고 '과연 아랫것들만 문제일까?' 하는 의구심이 강하게 들었지만, 장관의 이야기는 30~40여 년 전 서울에서 흔히 듣던 이야기와 판박이처럼 닮았다. 2016년 아순시온에서 1980년대 이전 서울의 한 단면을 보고 있다.

정말 우리도 그랬었다. 일부 우리 공무원들도 이런 평가를 받았다. 아직도 공무원에 대한 국민의 평가는 그리 후하지 않다. 제 밥그릇이나 챙기는 '철밥통'이란 눈총에다 복지부동(伏地不動)이란 비난까지 듣고 있다. 요리조리 정권의 눈치를 본다고 "도대체 영혼이 없다!"는 비판을 받기도 한다. 가끔은, 국가 발전의 걸림돌이며 개혁의 대상이란 치욕스러운 소리도 듣는다.

공무원들의 입장에서 보면 많이 억울하다. "당신들이 원하는 대로 따르지 않는다고, 당신들 입맛에 맞추지 않는다고, 혹은 당신 편을 들어주지 않는다"고 그렇게 '동네북'처럼 두들길 수 있느냐고 항변하고 싶을 때도 있다. 하지만 여론은 그런 해명을 들어줄 만큼 그렇게 호의적이 아니다.

야박한 평가에도 불구하고 대한민국의 공무원은 대체로 성실하고 유능하다. 세계 어느 나라를 다녀 봐도 우리 공무원들처럼 신속하게 그리고 친절하게 일하는 공무원들을 만나보기는 쉽지 않다. 공항 서비스가 그러하고 세관 서비스가 그러하며 여권 발급을 비롯한 각종 창구 서비스가 그러하다. 한때 원성의 대상이었던 경찰이나 소방 서비스도 정말 친절해졌고 많이 깨끗해졌다.

공무원의 서비스가 이 정도로 발전하기까지는 수십 년간 부단한 노력이 있었다. 천직 의식, 소명 의식을 강조하면서 국가에 대한 헌신과 충성을 요구했다. 주인 의식을 가져야 한다면서 사명감을 강조했고 공무원은 머슴이라면서 서비스 정신을 주입했다. 해외 훈련을 보내고 국내 대학에 위탁 교육을 시키면서 미래를 보는 안목과 전문성도 키웠다.

박정희 정부에서 시작한 공무원 기강 확립 노력은 역대로 정권이 바뀌면서도 한결같았다. 서정쇄신이라는 이름으로, 사회 정

REPORT

서울시OPEN시스템의효과성에대한연구

고건 시장은 '햇빛은 최고의 살균제'라면서 인허가 처리 과정을 실시간으로 민원인인에게 공개하는 행정정보공개 시스템을 도입했다.

화라는 구호로 청렴을 강조했다. 수시 감찰을 하면서 공직자들의 일탈을 막으려 애썼다. "햇빛은 최고의 살균제"라면서 인허가 처리 과정을 공개했고, 크고 작은 부정방지 시스템을 고안하고 도입하였다. 청렴도 평가를 통해 부처나 기관의 서열을 매겨 발표하고 기관 간의 청렴 경쟁도 부추겼다. 변하지 않으면 죽는다고 윽박질렀다.

친절은 민원인에 대한 인사에서부터 시작된다면서 항공사 여직원이나 백화점 교육 담당자를 초청하여 창구 공무원들에게 90도 허리 굽혀 인사하는 훈련까지 시켰다. 컴퓨터가 발달하고 전산화가 이루어지면서 서비스 시스템을 개혁하고 민원 처리 시간을 단축하려는 온갖 노력도 이어졌다. 컴퓨터 교육을 강화하는 한편 전자 정부 시스템을 조기 정착하기 위해 전자 결재 건수가 많은 부서를 선정해 시상하는 우스꽝스러운 일도 했다. 오늘날 상당한 수준에 이른 공무원 서비스는 저절로 이루어진 것이 아니다. 역대 정부의 꾸준한 교육과 훈련의 열매이자 첨단 정보 시스템을 잘 활용한 결과물이다.

우리가 지난 50여 년간 해왔던 이런 일들을 파라과이는 이제 막 시작하고 있다. 1989년 스트로에스네르의 독재가 무너졌을 때 공무원 제도와 공직자들의 행태 변화를 도모할 좋은 기회가 왔었다. 하지만 그 기회를 제대로 잡지는 못했다.

변화를 시키려면 의지가 있어야 하고 용기가 있어야 한다. 1991년 새 헌법이 제정되었고 그 후 공무원법도 개정을 거듭했지만 공무원 사회를 변화시키려는 의지와 동력은 너무나 약했다. 정치권도, 역대 정권도, 그리고 공무원 자신들도 이를 외면했다. 기득권을 지키려는 세력에게 개혁을 요구하는 목소리는 들리지 않았다. 모처럼 정권 교체를 이루었던 자유당 계열의 루고 정부조차도 기득권 세력에 눌려 공무원을 개혁할 엄두를 내지 못하였다.

독재 체제가 무너진 지 만 26년이 지났지만 개혁은 지지부진했고 눈에 보이는 성과는 없었다. 공무원 공개경쟁 채용 제도조차 확립하지 못했다. 국민의 불만은 쌓일 대로 쌓여가고 공무원의 태만과 무능함에 관한 불평은 어딜 가나 들을 수 있는 단골 메뉴가 되었다. 뜻 있는 지식인들은 공직자의 이런 태도를 개탄하고 공직에 응시할 기회조차 갖지 못하는 젊은이들은 거대한 진입 장벽 앞에서 좌절하고 만다.

근래에 이르러 다소 변화의 바람이 불고 있다. 2013년 오라시오 까르테스 대통령이 집권한 이후 모든 공무원의 보수를 공개하는 법률을 제정 공포하였고 2015년에는 공공정보접근법을 만들어 시행하였다. 세계적인 추세에 맞추어 열린 정부 계획도 수립하여 추진하고 있다.

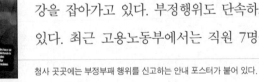

정시 출퇴근, 근무 시간 준수를 비롯한 기초적인 일에서부터 점차 공직자들의 기강을 잡아가고 있다. 부정행위도 단속하고 있다. 최근 고용노동부에서는 직원 7명을

청사 곳곳에는 부정부패 행위를 신고하는 안내 포스터가 붙어 있다.

해고했다. 두 명은 부정행위로, 다섯 명은 근무 태만으로 처벌하였다. 하원에서도 지문 인식기에 날인만 하고 바깥으로 돌아 다닌 직원 5명을 징계하였다. 공무원들도 더 이상 세상의 변화를 외면할 수 없다는 것을 알아가고 있다.

공적인 일을 비공식적으로 처리하는 행태(Informalidad)나 부정을 저질러도 처벌받지 않는 관행(Impunidad)을 없애려는 노력도 시작되었다. 하지만 아직은 부족하다. 책임 있는 지위에 있는 극히 일부만이 문제의 심각성을 이야기한다. 내 눈 속의 대들보는 이야기하지 않고 남의 눈의 티끌만 지적한다. 내가 나서서 해결할 문제가 아니고 누군가가 해결해야 할 문제라고 생각한다.

개혁 대상이자 문제를 해결할 책임자인 공무원들의 용기와 도전을 북돋우는 노력도 보이지 않는다. 공무원들에 대한 교육과 훈련은 턱없이 부족하다. 정확히 무엇이 부족하고 무엇을 보충해야 하는지에 대해 체계적인 분석도, 방안 제시도 보기 어렵다. 공무원청(La Secretaría de la Función Pública)은 10년을 내다보며 발전 계획(PLAN ESTRATÉGICO INSTITUCIONAL 2015~2019 con proyección al 2023)을 수립했지만, 우물 안의 계획처럼 보인다. 각 부처로 제대로 전달되지도, 일사불란하게 적용되지도 못하고 있다.

면담이 끝나면서 장관은 어깨동무를 했다. 장관은 나를 "친구 아리엘!"이라고 불렀다. 자기를 "내 친구, 기예르모 소사(Mi amigo, Guillermo Sosa)"로 불러 달라고 했다. 그러면서 덧붙였다.

"친구, 아리엘! 지난번 역할 연기 방식으로 실시한 친절 교육

은 정말 좋았어요! 나 좀 도와줘요! 우리 공무원들에게 서비스 정

신을 가르쳐 줘요! 중간 간부들을 훈련시켜 줘요!"

기예르모 소사 고용노동부장관은 공무원들의 태도교육과 정신교육에 각별한 관심을
보였다

쥐여 주는 것이 아니라
찾아내는 것!

2016년 7월 13일

지난해 아순시온에 도착했을 때는 정말 막막했었다. 인적자원 개발(Human Resources Development) 분야에 전문가가 필요하다 하여 찾아 왔지만 무엇을 해야 할지 알 수가 없었다. 초청 기관인 고용노동부에서도 무슨 도움을 받고 싶은지 말하지 않았다. 솔직히 말해 그들은 계획도 관심도 없었다. 스스로 나서서 고용노동부 간부들에게 특별 강연을 하고 나서야 인사과장을 지도해 달라는 요청을 받았다. 10여 차례 인사과장을 만나고 시행착오를 겪으면서 점차 파라과이 공무원이나 직업훈련에서 무엇이 문제인지를 깨닫게 되었다. 역량 평가나 성과 관리 등 전문적인 기법을 가르치기에 앞서 정신 교육, 친절 교육이 절실하다는 것을 알게 되었다. 그래서 상황극 경연을 벌여 친절 교육부터 실시했고 역량 강화 과정이란 이름으로 중간 간부들을 지도했다.

이번에는 시작이 아주 다르다. 누구를 만나야 하는지도 잘 알고 있고 어떻게 연락해야 하는 지도 알고 왔다. 간부들은 물론이고 직원 대부분과 낯이 익으니 말을 붙이기 편하고 의논하기도 한결 쉽다. 장관을 비롯한 기관장들에게 면담 요청을 하니 바로바로 만나 주고, 반갑게 맞아 준다. 솔직하게 털어놓고 스스럼없이 도와 달라고 한다. 믿어 주고 맡겨 주니 기쁘고 편안하다.

제일 먼저 고용노동부 본부 기획국장 라우라(Laura Díaz Grütter)를 만났다. 83년생 젊은 여성이고 법학을 전공했다. 기획실 업무를 맡은 지 몇 달 안 된 신출내기다. 일에 대한 의욕이 있고 변화를 시키겠다는 열정이 있다. 지난주에는 대통령이 참석한 자리에서 고용노동부 성과보고(Informe de Gestión) 대회를 성공적으로 치렀다.

덕담이 오갔고 앞으로의 계획과 사무실 문제를 이야기했다. 그리고는 곧바로 "자기부터 도와 달라"고 했다. 고용노동부 전략 계획을 보완해야 하고 제대로 시행되는지 모니터링해야 한다. 보고회를 개최하고 피드백해야 한다. 하지만 경험도 부족하고 힘도 부친다고 했다. 우선 몇 안 되는 기획국 직원부터 교육시켜 달라고 했다. 이어서 MECIP을 바탕으로 모니터링 평가서를 작성하는 다른 부서 직원들을 가르쳐 주고 평가 보고회 준비를 도와 달라고 했다.

SINAFOCAL(Sistema Nacional de Formación y Capacitación Laboral)의 마리아 빅토리아(María Victoria Diesel de Coscia) 청장도 여성이다. 1982년 국립 아순시온 대학을 졸업했으며 1984년 경제사회기획청에서 공무원의 길을 시작하였다. 1996년에는 통계청장을 지냈고 현 고용노동부의 전신인 법무노동부의 인사국장도 역임했다.

지난해 SINAFOCAL은 한국의 직업능력개발원과 공동 연구 및 지원에 관한 MOU를 체결하였기에 한국 정부의 지원에 상당한 기대를 걸고 있었다. 하지만 직업능력개발원에서 신청한 민관 협력 프로젝트가 사업 선정 심사에서 탈락하는 바람에 당분간 KOICA

의 지원은 기대하기 어려운 상황이다. 이런 내용을 잘 알고 있지만 아무런 내색 없이 반갑게 맞아 준다. 스스럼없이 어려움도 털어 놓는다.

SINAFOCAL은 직업 교육을 규제하고 증명하고 인증하는 기관이다. 민간 교육 기관에 위탁하여 연간 300개 과정에 9,000명을 교육시키고 있다. 직업 교육을 규제하고 인증하고 증명하려면 교육 기관과 교육 과정에 대한 합리적인 선정 기준과 절차, 방법이 마련되어야 한다. 그동안 이러한 내용을 규정하는 법령이 없었으나 작년에 직업 교육 훈련 등록에 관한 규정(REIFOCAL: Registro de Instituciones Formación y Capacitación Laboral)을 제정했다.

이제 현실에 맞게 세부 규정을 만들어 교육 훈련 현장에서 시행해야 한다. 이런 과정에 참여하여 문제점이 있는지 살펴보고 현실에 맞게 운영되도록 코치해 달라고 했다. 나는 파라과이 교육에 관한 규정이나 교실 현장은 잘 모른다. 하지만 이들은 지난해 함께 일했던 경험 때문인지 마치 내가 모든 것을 알고 무엇이든 도움을 줄 수 있는 사람으로 굳게 믿고 있다.

이어서 올해 중점을 두고 자문 활동을 하게 될 SNPP(직업훈련청)의 라몬 마시엘(Ramón Ramon Maciel Rojas) 청장을 만났다. KOICA 파견이 확정되면서 누구를 대상으로 어떤 일을 어떻게 할지 많은 생각을 하고 왔다. 기관장이 좋다고 하면 바로 일을 시작할 수 있도록 준비하고 왔다. 도착하자마자 장관의 의중을 반영하여 구상했던 계획을 3쪽 분량으로 다듬었다. 이 계획을 면담 전에 청장에게 보냈고 충분히 읽어본 후 만나자고 했다.

"SNPP 산하의 57개 지방 사무소의 소장, 공무원, 훈련 교사들을 대상으로 역량 강화 훈련을 실시한다. 본부 간부들에게는 훈련 과정 참여를 통해 관리자로서의 역량을 강화할 기회를 제공한다. 간부들과 지방 훈련소장들이 함께 참여하는 연찬회를 개최한다. 이어서 지방 훈련 센터를 순회하면서 역량 강화 특별 교육을 진행한다. 특별 교육에서는 먼저 훈련소장이 지역 현황과 업무 추진 상황, 애로점과 개선 방안을 교사들 앞에서 발표하도록 한다. 이어서 내가 행정 요원과 교사들을 상대로 특강을 한다.
마지막으로 모든 참가자가 함께 직업 훈련의 문제점과 개선 방향을 찾아보는 토론회를 가질 것이다.
훈련 센터 순회 교육이 끝나면 지방 훈련소장들은 자기 센터의 훈련 개선 방안을 보고 해야 한다. 장관 앞에서 훈련소장들이 개선 방안을 발표하는 경진 대회를 역할 연기 방식으로 개최할 것이다."

청장은 우리 일행을 반갑게 맞아 주었다. 만면에 웃음을 띠고 두 팔을 벌려 보이면서 다시 온 것을 환영한다고 했다. 계획이 아주 좋다고 하면서 몇 가지 부탁을 했다. 직업 훈련 향상 프로그램 NEO를 9개 지방 훈련 센터에 시범 도입하려 하니 이 과정을 모니터하면서 잘 운영되도록 도와 달라고 했다. SNPP 운영 계획을 효과적으로 관리하기 위해 BSC 방식으로 목표를 설정하고 성과를 평가할 주요 지표(Key Performance Indicator) 개발 작업을 하고 있으니 이 작업 전반을 지도해 달라고 했다.

새로운 직업 훈련 프로그램 NEO(New Employment Opportunities for youth)는 직업 훈련의 효율과 성과를 높이기 위한 프로그램이다. 여기에 참여하면 직업 훈련의 질을 향상시키는 전문적인 기법을 배울 수 있다. BSC 방식을 바탕으로 각종 지표를 개발하는 것도 해보고 싶었던 일이다. 청장은 내가 불편 없이 일하도록 돕기 위해 국제협력담당관 올가(Olga)를 책임자로 지정하겠으며, 일하는데 지장이 없도록 별도 사무실을 준비 중이라 했다.

다음 날 SNPP 청장실에서 전화가 왔다. "주요 사업의 지표를 논의하는 회의가 있으니 참여해 달라."고 했다. 회의에는 청장과 아르눌뽀(Arnulfo Amarrillo) 자문관을 비롯해 기술 본부 소속 12명의 간부들이 참석했다. 행정 내부 통제 시스템인 MECIP 양식에 맞추어 사업 추진 사항을 점검하는 심사 분석 보고회였다. 자유스러운 분위기였고 스스럼없이 자기들의 의견을 개진했다. 토론하면서 목표를 수정하고 변경하고 추가하기도 했다. 오후에 회의를 계속하기로 하고 자리에서 일어나는데 청장이 자기 방으로 가자고 했다.

"자유스러운 분위기에서 솔직하게 보고하고 문제점을 보완하는 모습은 참으로 보기 좋다. 이런 과정 자체가 교육이고 이런 과정을 거치면서 자연스레 사업 성과와 효율이 높아질 것이다.

다만 목표를 이야기하는지, 문제를 이야기하는지 혼란스러운 부분이 많다. 목표와 사업이 유기적으로 연결되지 않고 있고 특히 개별 활동이 목표와 연결돼 있지 않다.

성과 척도로서 지표를 개발한다고 했는데 지표라고 할 만한 것은 보이지 않는다. 지표가 아니라 단순한 숫자의 나열이다. 토의 내용이 극히 지엽적이어서 주제에서 벗어나는 것도 있다. 사업의 우선순위를 선정하고 한정된 예산으로 선택과 집중을 하도록 해야 한다."

남의 나라에 와서 의미 있게 자문 활동을 하기란 결코 쉽지 않다. 근무 기관의 직원들과 어울리지 못해 외톨이가 되는 사람도 있고 관심과 호응을 얻지 못해 좌절하는 사람도 있다. 자칫하면 아무것도 모르는 고문관으로 전락할 수도 있다.

그래서 무슨 일을 할지 확실히 정하는 것이 아주 중요하다. 처음부터 특정 프로젝트를 정해 도움을 주기로 하고 그 분야 전문가로 왔다면 그 일만 하면 된다. 하지만 그렇지 않은 경우가 대부분이다. 정책 자문이라는 것이 그렇고 처음엔 나도 그랬다. 그들은 막연히 도와 달라고 했고 나도 구체적으로 무엇을 도와야 할지 몰랐다. 방향을 잡기 어려웠고 시행착오도 몇 번 겪었다.

우리는 도우려고 왔다고 생각하지만, 그들은 크게 관심이 없다. 한두 번 의례적인, 그리고 원론적인 부탁을 하고 나면 그것으로 끝이다. 결국, 내가 할 일은 내가 찾아야 하고 내 의지로 이끌어

가야 한다. 현지 사정을 파악하면서 정말 필요한 일이 무엇인지 알아내야 한다. 생각을 구체화하면 기관장과 상의하여 내가 하는 일이 그들에게 도움이 된다는 확신을 심어 줘야 한다. 무엇보다 먼저 그들의 신뢰를 얻어야 한다. 그래야 지속적인 관심과 지원을 끌어 낼 수 있다.

라몬 마시엘 SNPP 청장은 올가(오른쪽)를 전담자로 지정하여 나의 활동을 적극적으로 지원하겠다고 했다.

고용노동부 기획실장 라우라(Laura Diaz)는 열정과 꿈을 가진 젊은 여성이다.

마리아 빅토리아 청장(필자 건너편)은 REIFOCAL(직업 훈련 등록에 관한 규정) 시행을 도와 달라고 했다.

정말 도움이
되는 것일까?

"가난한 아이들을 교육했더니 혁명가가 되었고, 다리를 놓아 주었더니 매춘업자가 먼저 건너왔다. 현금을 지원했더니 부모들이 엉뚱한 데 모두 써 버렸다." - 에버렛 스완슨

60년대 초반 국민학교 저학년 시절, 학교에서는 일 년에 몇 차례, 커다란 드럼통에서 가루우유를 퍼내어 학생들이 가져온 도시락통에 담아 주곤 했었다. 우유를 가져와 밥솥에 넣고 찌면 딱딱하고 맛있는 우유 과자가 되었다. 4학년이 됐을 때는 우유 대신 옥수숫가루로 죽을 쑤어 주거나 옥수수빵을 나누어 주었다. 우리가 배급받은 우유나 옥수수는 미국의 공법 480호에 따라 미국으로부터 받은 식량 원조 물자였다.

그로부터 55년이 지난 지금 나는 정부의 공적개발원조(ODA) 프로그램에 따라 파라과이를 돕기 위해 아순시온에 머물고 있다. 지난해에 이어 2년째 고용노동부 자문관으로 일하고 있다.

파라과이에는 현재 나 말고도 다섯 분의 자문관이 더 있다. KOICA 소속이 셋, NIPA 소속이 셋이다. 홍콩 등지에서 오래동안 민간 기업의 CEO로 일했던 양갑수 자문관은 상공부에서 산업 발전 정책을 자문했고 현대 자동차 해외 지사 여러 곳에서 근무했던

장석산 자문관 역시 상공부에서 투자 상담을 도와주고 있다. 정보통신부 출신인 김영식 자문관은 우정총국에서 우편 번호 체계 개편 작업을 이끌고 있고. 서울시 주택국장 출신 배경동 자문관은 주택청에서 사회주택 건설 정책과 신도시 개발 사업을 지도하고 있다. 현직에서 근무할 때 열심이었던 것처럼 여기 와서도 모두 열심이다. 양갑수, 장석산, 배경동 자문관은 7~8월 중에, 김영식 자문관은 10월 중에 임기를 마치고 서울로 돌아갈 예정이다. 그렇게 되면 두 명만이 남게 된다.

　지난 일 년 활동을 마치고 서울로 돌아갔던 나는 기예르모 고용노동부 장관의 초청을 받아 5개월 만에 다시 이곳에 왔다. 법무부에서 자문 활동을 하게 될 김형수 선배와 함께 왔다. 김 선배는 우리 나이로 69세이다. 1981년부터 1984년까지 3년간 아순시온에서 코트라(KOTRA) 관장을 지냈다. 스페인어를 전공했고 남미에서 9년, 스페인에서 7년을 근무한 경력이 있어 스페인어가 현지인처럼 능통하다. 관장으로 근무할 당시 인연을 맺었던 프란시스코(Francisco)와는 30년이 넘도록 각별한 친구로 지내고 있다. 김 선배가 아순시온에 온다고 하자 이 친구는 자기 집에서 같이 살자고 했다. 서로 불편해서 같이 지내기가 어렵다고 했더니 앞장서서 셋집을 알아봐 주고 계약도 아들 명의로 대신해 주었다. 집들이한다고 냉장고도 사주고 세탁기도 사주었다. 그러면서 차코에 있는 농장을 나누어 줄 테니 거기에서 소를 키우며 같이 살자고 한단다.

　김 선배의 파라과이에 대한 애정은 누구보다도 깊고 진하다.

32년 전 아순시온은 결코 서울보다 못하지 않았단다. 서울이 급속하게 발전했지만 아순시온은 거의 제자리걸음을 하다 보니 이제 아순시온은 서울과 비교할 수도 없을 정도로 뒤처져 버렸다. 치안도 당시보다 악화되었고 신시가지 쪽으로 중심이 이동하면서 센트로 지역은 예전의 활기를 잃어버렸다고 안타까워한다. 김 선배의 개발도상국 원조에 대한 생각은 독특하다.

"이왕 원조를 주기로 했다면 인도주의 입장에서 정말 순수하게 주어야 한다. 지나치게 우리나라의 이익이란 관점에서 바라보는 것은 바람직하지 않다. 몇 푼 돈을 내놓으면서 우리 연구진에게만 용역을 맡기고 조그만 공사를 하면서 우리 기업이 반드시 그것을 맡아야 한다는 방식은 눈 감고 아웅 하기다. 자문 활동의 성과 평가도 '회의 몇 건, MOU 몇 건' 하는 방식이 아니라 '활동을 마치고 돌아갈 때 파라과이의 진정한 친구가 되었느냐?'를 따져보는 질적 평가여야 한다"

한국은 정말 짧은 기간에 산업화를 달성 했다. 전쟁 직후 60달러 남짓하던 1인당 GNP가 불과 50년 만에 27,000달러를 웃돌 정도로 압축적 성장을 했다. 틀림없는 기적이다.

기적을 이루는 데는 잘 살아보겠다는 국민의 강력한 의지가 바탕이 되었다. 오늘 굶으면서도 내일을 위해 저축하고 허리띠를 졸라매면서 "자식만은 반드시 더 공부를 시키겠다"는 강력한 열망이 있었기에 가능한 것이었다.

기적을 이루어가는 초기에는 미국을 비롯한 선진 외국의 원조도 한몫을 하였다. 해외 원조를 받아 한국과학기술연구원(KIST)을 설립했고 외국의 우수한 두뇌를 유치했다. 미네소타 프로젝트를 통하여 서울대학교 교수들을 미국에서 공부시켰다. 한독 직업훈련원을 설립하여 공업화, 산업화에 필요한 기능 인력을 양성하였다. 질병 통제를 하기 위해 국립의료원을 지었다. 장기 저리 차관을 들어와 경부고속도로를 건설하였고 포항제철을 지었다.

해외원조자금을 효율적으로 사용한 것은 또 다른 자랑이다. 인재를 육성하는 데 중점을 뒀고 산업의 기초가 되는 인프라에 집중 투자함으로써 장기 발전의 토대를 마련했다. 장래를 내다보고 이런 투자를 결정하고 발전을 이끌었던 지도자의 혜안과 선택 또한 크게 돋보인다. 원조를 받던 나라에서 원조를 주는 나라가 된 대한민국은 해외 원조 역사상 최고의 성공 모델이다.

우리가 성공했다면, 다른 개발도상국도 원조를 받아 우리처럼 발전할 수 있지 않을까? 우리는 그런 기대를 하면서 해외 원조 사업을 하고 있다. 파라과이는 우리가 우선적으로 원조하는 나라이다. 원조 내용은 우리가 받았던 것과 유사하다. 산빼드로에 종합병원을 지어줬고 산빠블로(San Pablo) 등 몇 곳에서 모자병원 사업을 지원하고 있다. 산로렌소에 첨단 직업훈련원을 지어 줬으며 공무원 등 700여 명을 한국에 초청하여 연수를 받게 했다. 배전 설비 마스터 플랜 수립, 아순시온 첨단 교통 관리 체계 구축, 국도 1,

2, 6, 7호선 개량 타당성 조사, 파라과이 철도 건설 타당성 조사 사업을 시행했다. 소규모 지원 사업이 대부분이지만 그동안 지원한 금액은 7,000만 달러를 웃돈다. 91년 이후 파라과이를 다녀간 봉사단원도 1,000명을 넘어섰다. 정책자문단도 이들 봉사단 중 일부이다. 한국 정부의 원조에 대한 이곳의 반응은 대체로 긍정적이고 호의적이다.

7월 22일에는 이곳 센트로(Centro)에 있는 그라나도스 호텔에서 "파라과이 항공 발전 마스터 플랜 수립 사업"에 대한 중간보고회가 열렸다. KOICA 지원 사업이고 한국교통연구원(KOTI)과 인천공항공사가 공동 수행하는 연구 프로젝트다.

먼저 인천 공항 개발과 허브화 과정에 대한 발표가 있었다. GNP 세계 2위인 중국과 3위인 일본이라는 경제 대국 사이에 끼인 한국이 어떤 항공 정책을 펼쳤으며, 어떻게 인천 공항이 나리타 공항이나 상하이 공항을 제치고 아시아 허브(HUB) 공항이 되었는 지를 설명했다. 십 수년간 서비스 평가 1위를 놓치지 않는 최고 공항이 된 비결이 무엇인지를 설명했다. 이어서 파라과이 항공 수요의 특성을 분석하고 브라질과 아르헨티나 등 인근 국가 항공 수요와 비교 분석을 했다. 육상 교통 수요가 항공 수요로 얼마나 전환 가능한지, 저가 항공 도입 가능성이 있는지를 발표했다. 그리고 파라과이 항공산업 발전 방향과 전략 방향을 제시하였다.

현재 아순시온 공항 이용객은 연간 100만 명 남짓이다. 파라과이 정부는 2045년 아순시온 공항 항공 수요를 300만으로 예측하지만 한국 연구팀은 1,100만으로 추정했다. 적극적으로 항공 산업을 육성하고 승객을 유치하는 최선의 노력을 전제로 한 예측이다. 아순시온 공항을 단순히 비행기가 뜨고 내리는 장소의 개념으로 볼 것이 아니라 파라과이 경제 발전의 거점으로 만들어야 한다고 했다. 정책의 일관성을 유지하면서 파라과이 국적 항공사를 육성하고 저가 항공을 유치해야 한다고 했다. 지리적 이점을 적극 활용하여 틈새시장을 공략하는 전략이 필요하다고 했다.

연구진의 한 사람인 권영인 박사는 조금이라도 더 생생한 자료를 얻기 위하여 발표 직전까지 노력했다. 아순시온 버스터미널을 찾아가 책임자를 면담하면서 국제버스 노선 운영 실태를 확인하고 새로운 자료를 찾아 보탰다. 중간보고였지만 상당히 의미 있는 정책 방향이 제시되었다. 연구가 마무리되면 좋은 보고서가 나올 것으로 기대된다.

파라과이 항공 역사상 본격적인 연구는 이번이 처음이다. 보고회에는 파라과이 항공청장을 비롯한 십여 명의 핵심 관계자들이 참석하였다. 끝까지 자리를 지켰으며 질문도 했다. 연구가 끝나면 공은 파라과이로 넘어간다. 우리가 해줄 수 있는 일은 방향 제시이고 정책 제안이다. 아무리 도와 주고 싶어도 실행까지 해 줄 수는 없다. 제시된 방향에 따라 구체적인 정책을 만들고 이를 실현하는 것은 파라과이 당국이다.

파라과이는 장기 대형 프로젝트인 이 사업을 계획대로 추진해 나갈 수 있을까? 우리가 해외 원조를 잘 활용했듯이 파라과이도 이런 연구 지원 결과물을 발전의 토대로 이용할 수 있을까? 우리는 그렇게 되기를 바라고 있다. 하지만 우리가 도와준다고 하는 일들이 실제 장기 발전으로 연결될지는 아무도 모른다. 좀더 시간을 두고 지켜봐야 하는 일이다.

파라과이 도착 다음 날 한명재 대사와 조한덕 KOICA 소장이 자문단 전원을 초청하여 격려 오찬을 베풀어 주었다.

교통연구원의 권영인 박사와 함께 아
순시온 공영 버스터미널을 찾아가 국
제 노선버스 운행과 버스터미널 확장
계획에 대한 의견을 교환했다.

파라과이 항공 발전 마스터플랜 용역보고회를 마치고 발표자와 참석자들이 함께 기념
사진을 찍었다.

팔 걷어붙이고
배워라!

미처 준비도 하기 전에 일거리가 밀려든다. 라몬 마시엘 SNPP 청장으로부터 연락이 왔다. 21일 오전 NEO 프로그램 담당자가 산 로렌소에 있는 기술훈련센터 CTFP-PJ(Centro Tecnológico de Formación Profesional - Paraguayo Japonés)를 방문하니 현장에 가 달라고 한다. 부랴 부랴 차편을 수소문하여 이동하는 동안 차 안에서 NEO에 대한 자료를 찾아서 읽었다.

라틴 아메리카와 카리브 해에는 15세에서 29세 사이의 청년들이 148만 명이나 있다. 이들 중 50만 명은 위험에 처해있고 32만 명은 공부도 일도 하지 않고 있다. 5명에 1명 꼴이다. 일자리를 가졌다는 사람도 60%는 비공식 분야에 종사한다. 고등학교 졸업자 중 50%는 기업이 요구하는 언어를 구사하거나 계산할 수 있는 능력이 없다. 이 지역 기업의 41%는 양질의 노동력을 구하는데 어려움을 겪고 있다. 27%는 자리가 있어도 필요한 기능 인력을 구하지 못한다.

NEO는 남미 지역의 가난하고 취약한 젊은이들이 양질의 노동력을 갖추고 취업할 가능성을 높여주기 위해 IDB가 지원하는 프로그램이다. NEO는 젊은이들의 고용 문제를 효과적이고 지속 가능하게 해결하기 위해 만들어진 선구적인 연합체이다. 자원과 지식, 그리고 필요한 기술력을 제공하기 위하여 민간 기업과 정부, 그리고 시민 사회가 힘을 합쳤다. 이 연합체는 IYF, IMF, IBD 등에서 검증을 거친 실제 사례들을 전달하고 적용한다. 강력한 영향력이 있는 훈련 프로그램을 현장에서 시행한다. 동시에 젊은이들의 경력 발전을 효율적으로 지도하며 적성에 맞는 일자리를 적재적소에 배치할 수 있도록 전문가를 양성하고 훈련시킨다.

NEO 프로그램은 자체 평가 · 프로그램 실행 · 재평가의 3단계로 구성된다. 정교하게 고안된 교육 수준 측정 기준표에 따라 현장의 훈련 교육 담당자들이 자신들의 교육 실태를 평가하게 한다. 평가 결과를 가지고 훈련 기관 책임자가 참석한 자리에서 함께 토론한다. 토론에서 도출된 문제점과 개선 방안을 토대로 새로운 교육 훈련 계획(Plan de mejora)을 세운다. 새로운 프로그램을 현장에서 시행하고 시행 결과를 분석하여 평가표를 수정한다. 수정된 내용에 따라 현장에서 교육을 실시함으로써 교육의 품질 향상을 보증하게 된다. 국제청년재단 IYF(International Youth Foundation)는 기능 교사 훈련, 직무 배치 훈련, 경력 발전을 지도할 카운셀러 교육, 조직 내부 역량 강화 훈련을 실시한다.

현장에 가보니 오스카 아기아르(Oscar Aguiar) 소장을 비롯하여 분야별 훈련 교사 6명이 모여

Latin American and Caribbean
Youth between the Ages of 15 to 29

148 Million

50 Million at risk

32 Million neither study nor work

60% have informal jobs

50% of high school graduates lack the basic Math and Language competencies required by employers

13% Youth youth unemployment rate is 3 times higher than that of adults

5% Adults

NEO는 라틴 아메리카와 카리브 해의 청년 노동자들의 질과 취업 가능성을 높이기 위해 실시하는, 미주개발은행(IDB) 지원 프로그램이다.

있었다. SNPP 본부에서 하비에르 알카라스(Javier Alcaraz)도 참석하였다. NEO 자체 평가(auto-evaluation) 과정에서 어려움은 없는지를 확인하는 동시에 향후 추진을 독려하는 회의였다. SNPP 산하 9개 훈련 센터에 자체 평가를 하도록 했는데 이날까지 2개 기관에서만 평가표를 제출했다. NEO 파라과이 평가 조정관 까를로스(Carlos Echeverria)는 거의 두 시간 가까이 이들을 상대로 질문했다.

다음 날부터 3일간 교육이 있었다. 교육부, 고용노동부를 비롯한 각종 파라과이 교육 기관에서 NEO 프로그램을 관리할 책임자들과 현장에서 교육을 담당할 교사 등이 훈련을 받았다. 나는 SNPP 훈련을 지원한다는 명목으로 교육 신청을 하고, 현장을 찾아 갔다.

NEO란 무엇인가? IYF에서는 어떤 일을 하는가? PTS(Passport to Success)란 어떤 것인가? 간략한 설명이 있었고 참가자들의 어색함을 풀기 위한 시간으로 이어졌다. 첫 시간은 강의가 아니라 행동 교육이었다. 전문 facilitator가 진행하였고 지시된 행동을 따라 하면서 배우는 체험 교육이었다. NEO 프로그램에 대한 일종의 오리엔테이션이었고 청년들의 진로 지도나 경력 지도 담당 교사들에게 기초 교육(Habilidades para la Vida)을 하는 프로그램이었다.

교육을 다녀온 후 SNPP의 NEO 프로그램 담당자 하비에르 알카라스(Javier Alcaraz)를 찾아갔다. 어떤 프로그램이 어디에서 어떻게 진행되고 있는지, 어떤 준비를 하고 있고 어떤 애로가 있는지 파악하기 위해서다. 하지만 그는 아직 정식으로 발령받지 않은 내정

자였고 NEO에 대해서도, SNPP의 계획에 대해서도 파악하지 못하고 있었다. 오히려 나에게 도움을 받고 싶어 했다. 몇 마디 코칭이라도 해야 하는 상황이 되었다. 배우고 알려고 찾아간 자리가 가르치는 자리가 되었다.

"우선 NEO 측과 연락하여 무슨 교육이 언제 어떻게 진행될지 정확하게 파악하라. 각 기관에서 NEO를 담당하는 책임자들이 모여서 서로 정보를 공유하고 할 일이 무엇인지를 교육하라.
NEO 책임자들이 시키는 대로 따라만 갈 것이 아니라 어떻게 능동적으로 받아들이고 현실에 맞게 적용할지 머리를 맞대고 상의하라.
지속 가능성이 있으려면 교사와 훈련 담당자들부터 철저하게 교육해야 한다. 더 많은 교사를 양성하라. 이들은 현장에서 퍼실리테이터(Facilitator)나 코디네이터(Coordinator), 진로 지도(Career Guidance and Orientation), 경력 발전(Career Development) 지도자로서 일할 사람들이다. 이들이 훈련 과정 하나라도 놓치지 않게 하라. 적극적으로 참여하도록 지원하라.
산로렌소 기술훈련센터(CTFP-PJ)를 제외한 나머지 8개 훈련 센터 관계자들은 NEO의 취지나 진행 내용을 잘 이해하지 못하고 있다. 몇 개 센터는 아직도 자체 평가서를 제출하지 못하고 있다. 이들을 도와줄 체계적인 방안을 강구하라.
NEO 프로그램은 내년이면 끝이 난다. NEO 관계자들이 떠난 이후 어떻게 훈련 품질을 유지할 수 있을지 생각하라. 9개 대상 기관을 제외한 나머지 기관에 어떻게 훈련 기법과 훈련 성과를 전달하고 파급시킬지 방안을 강구하라!"

전문적이라기보다는 상식적인 내용을 이야기하고 자리에서 일어섰다. 그리고 라몬 마시엘 청장을 만났다. 그는 곧바로 NEO 관계자 모두가 참여한 회의를 소집했다. 기획담당관 노르마가 프로그램을 설명했고 참여자들이 그동안의 진행 과정에서 보고 느낀 것을 이야기했다. SNPP와 취업 알선 기관, 그리고 고용 보험 등을 담당하는 사회 보장 기관이 연계하여 청소년들의 상담 창구를 만들겠다는 구상이 나왔다. NEO 업무를 총괄하는 코디네이터를 임명하기로 했고 프로그램이 끝난 후 양질의 훈련을 지속할 수 있도록 시스템을 갖추고 인력을 키우자고 했다. 정기적으로 관계자들이 모여 머리를 맞대기로 했다.

나는 이날 회의가 하나의 중요한 전환점이 되기를 기대했다. 지금까지 일선 훈련 기관에만 맡겨 두고 챙겨 보지 않았던 NEO를, 이제부터는 SNPP 본부가 챙기고 조율하고 지원하기를 바랐다. 가르쳐 주니까 배운다는 자세에서 벗어나 이왕이면 제대로 배우겠다는 자세로, 시키니까 마지못해 따라가는 수동적인 자세에서 벗어나 팔 걷고 나서서 적극적으로 이끌어가는 능동적인 자세로 변화하기를 기대했다.

남이 시켜서 마지못해 할 것이 아니라 스스로 알아서 한다면,

일에 대한 재미도, 일에 대한 성과도 한층 더 커지지 않을까? 그렇게 해야만 이 프로그램이 성공하지 않을까?

NEO를 배우고 진행 사항을 파악하려고 간 자리가 오히려 가르치고 지도하는 자리가 되었다.

NEO 파라과이 코디네이너가 나와 기술훈련센터(CTFP-PJ) 관계자들을 심층 면접하면서 추진 사항과 애로 사항을 파악하였다.

사람이
달라졌다!

2016년 7월 29일

　　인사국장 마를레네(Marlene Ramirez Kraurer)가 한껏 들떠서 찾아 왔다. 역량 강화 프로그램 "파라과이의 새로운 미래를 위해 다 함께 가자!(JUNTOS, PARA UN NUEVO FUTURO DEL PARAGUAY Capacitación especial a los Regionales de Trabajoy SNPP)" 추진 계획을 장관에게 보고 했더니 매우 기뻐하며 몇 가지 구체적 지침을 줬다고 했다.

> "훈련을 시작하는 행사, 첫 연찬회는 한국이 지어준 고등기술훈련원(CTA)에서 실시하라. 장관이 행사에 참석할 테니 행사 날짜는 일단 8월 16일로 하자.
> 파라과이 정부 계획과 고용노동부 정책 방향을 설명할 수 있도록 고용노동부 본부 간부 두 사람을 지명하라. SNPP 지방 훈련 센터 57곳뿐만 아니라 고용노동부 산하 11개 지방 노동사무소도 교육 대상에 포함시켜라!"

　　인사과장이 달라졌다. 달라져도 많이 달라졌다. 지난해 직원 태도 변화를 위하여 상황극을 만들어 교육하자고 했을 때 그녀는 매우 소극적이었다. 한 달이 지나도 팀을 구성하지 못하였고 행사 날짜도 잡지 못하고 계속 미루기만 했었다. 하지만 등 떠밀려 성사된 상황극은 크게 주목을 받았고 행사가 끝난 후 장관을 비롯한 여러 간부로부터 참 좋은 교육을 했다는 칭찬을 들었다. 그때 마침 한국 연수 교육 기회가 있어 인사과장을 교육 대상자로 추천하여 한국을 다녀오게 했다. 그 이후 과장급 자리가 국장급 자리로 격상되었다.

이때부터 국장의 태도가 크게 달라졌다. 적극적으로 변했다. 간부 역량 강화 교육을 하겠다고 하자 "자기가 장관에게 보고하겠다"고 했고 SNPP 간부들을 교육시키겠다고 하자 "지방 노동사무소 책임자들도 교육시키자!"라고 했다. 곧바로 장관에게 달려가 행사 장소와 행사 날짜까지 지침을 받아 왔다. 그뿐만이 아니다. 바로 내 앞에서 SNPP 청장에게 전화를 걸어 "장관이 각별한 관심을 가지고 있다. 행사가 잘 진행되도록 참석자 연락, 커피 브레이크 준비, 그 외 행사장 준비를 철저하게 해 달라!"고 부탁까지 했다. 날짜와 장소가 확정되었으니 장소를 준비할 책임자를 만나야 했다. 다비드 까노(David Cano) 고등기술 훈련원(CTA) 원장은 8월 16일 거행될 수료식 행사를 준비하느라 매우 바빠 보였다.

"이 훈련원을 지을 때 너무 어려움이 많아서, '과연 이 건물을 완성할 수 있을까?' 걱정한 적이 한두 번이 아닙니다. 하지만 우리는 역경을 극복했고 이제 다음 달이면 첫 번째 수료생 1,400명을 배출합니다.
감개무량합니다. 우리는 이 행사를 대대적으로 치를 것입니다.

장관께서 직접 수료증을 주실 것입니다. 다시 한번 한국 정부에 감사드립니다!"

까노 원장은 들떠 있었고 자부심이 넘쳐나고 있었다. 처음에는 역량 강화 프로그램을 시작하는 연찬회를 이곳에서 8월 16일에 열기로 했었다. 하지만 이날 1,400명에게 일일이 수료증을 주어야 하기에 행사 날짜를 30일로 변경하기로 했다. 원장은 적극적이었다. "연찬회 행사를 잘 준비하겠습니다. 강의 준비도 철저히 하겠습니다." 내가 요청하는 사항을 일일이 메모해 가면서 차질 없이 준비하겠다고 굳게 약속했다.

그러면서 덧붙였다. "지금 고용노동부 사무실에 계시는 것으로 알고 있는데 혹시 여기로 옮기시지 않겠습니까? 사무실이 필요하면 바로 준비해 드리겠습니다." 올해는 사무실 풍년이다. 제공하겠다는 곳이 세 곳이나 된다. 그러면서 모두 자기들과 함께 일하자고 한다.

이날 오후 SNPP 청장이 보낸 공문이 도착하였다. 파라과이의 새로운 미래를 위해 다 함께 뛰자! 라는 부제를 단 "지방 훈련 센터 역량 강화 계획"을 공식 프로그램으로 채택하기로 결정했다고 알려 왔다.

SNPP 청장은 간부 역량 강화 프로그램을 공식 훈련 프로그램으로 받아들이고 시행하겠다는 공문을 보내왔다.

프로그램이 공식 채택되었으므로 당장 다음 월요일부터 지방 훈련 센터를 방문해야 한다. 시범적으로 몇 곳을 찾아 교육하고 현장 적합 여부를 판단해야 한다. 그렇게 하려면 먼저 본부에서 지방 소장들에게 행사 내용과 일정, 사전 준비 사항을 알려주고 준비시켜야 한다. 차량과 운전기사도 준비해야 한다.

3주일 전에 필요한 사항을 알려 주고 준비해 달라고 했지만 아직까지 아무런 대답이 없다. 무슨 사정이 있는가 싶어 실무 책임자인 교육 본부장 넬슨 로뻬스(Nelson López Irala)를 찾아갔다. 넬슨은 카리스마가 넘치는 사람이었고 권위적인 사람이었다. 웃으면서 점잖게, 그리고 무게를 잡으면서 나를 맞았다. 뜸을 들이고 기다리면서 내용을 설명해 주기를 바랐고, 기세에서 밀리지 않으려고 곳곳에서 의견을 제시했다.

하지만 내면은 약한 사람이었고 외로움을 타는 사람이었다. 지방 소장들을 통솔하고 지휘하는 위치에 있지만, 소장들이 제대로 보고하지 않는다고 했다. 소장들은 불평하고 요구만 할 뿐 스스로 나서서 해결하려고 하지 않는다고 했다. 교육 과정 중에 소장들을 평가하게 되면 그 결과를 알려 달라고 했다. 그리고 담당 직원을 불러 몇 가지 사항을 바로 확인해 주었다. "지방 소장들에게는 이미 교육 내용을 통보했고 잘 준비하게 시켰다. 운전기사와 차량도 준비되었다. 월요일 아침 출발에 지장이 없을 것이다"

이곳에서는 일상적인 작은 일을 준비하는데 시간이 너무 많이 걸린다. 여러 차례 전화하고 독촉했지만 결국 책임자를 만나 확인을 해야 했고, 금요일 오후가 되어서야 월요일 출장이 가능하다는 연락이 왔다. 하지만 SNPP 공무원들이 태만하거나 고의로 결정을 지연시킨 것은 아니었다. 그들이 일하는 방식과 절차가 그러했을 뿐이다. 철저히 분업이 이루어지고 자기 일 이외에는 모른 체하는 이들은 담당자들끼리 협의하는데 많은 시간이 걸렸다.

단순하고 반복적인 업무를 마치 새로 하는 일처럼 번거롭고 힘들게 했다. 이런 관행이 바로 행정력을 떨어뜨리는 요인이 아니겠는가? 반복적인 업무를 표준화하고 매뉴얼로 만들어 일상적인 일에 소요되는 시간을 단축해야 한다. 그것이 바로 변화이고 개혁이다. 그것이 바로 행정의 효율을 높이는 첫걸음이다.

마를레네 인사국장은 작년에 역할 연기 경연 행사 이후부터 내가 하는 일에 매우 협조적이다.

까노 다비드(Cano David) 고등기술훈련원장은 첫 번째 수료생을 배출하게 된 것을 감개무량해 했다. 그리고 한국 정부에 감사를 표했다.

첫 번째
찾아간 곳!

2016년 8월 1일

일곱 시 정각까지 집 앞으로 온다던 차가 30분이 지나도 오지 않는다. 확인 전화를 하려는 데 곧 도착한다는 연락이 왔다. "9시 강의 시간은 맞추기 어렵겠구나!" 걱정하면서 여행 가방을 싣는 데 함께 가는 앙헬라(Angela)가 "시작이 오전 9시가 아니라 오후 2시예요. 다음 날 일정과 혼동하여 9시라고 했어요!"라고 한다. 쓸데 없이 허둥댔다는 생각에 속이 상하면서도 '내가 왜 이러나! 내 자신의 일정도 기억하지 못하다니!'" 이것도 나이 탓인가 하면서 엉뚱한 데서 핑계를 찾았다.

착각했던 탓에 약속보다 이른 시간, 9시 40분에 빠라구아리 훈련 센터(Dirección Regional Paraguarí)에 도착했다. 센터는 아순시온에서 엔까르나시온으로 가는 1번 국도 길가에 있었다. 조그마한 2층 건물이고 강의실이 두 개였다. 연락을 받고 허둥지둥 달려 나온 메르세데스(Mercedes Isidoro Ruiz Díaz) 소장은 적극적인 사람이고 과시적인 사람이었다. 현황부터 설명하겠다고 했다. 중간중간 자기 자랑을 섞어 가며 쉬지 않고 이야기를 이어 나갔다.

빠라구아리(Paraguarí) 데파르타멘토는 8,705km²의 면적에 약 30만 명이 살아가고 있으며 18개의 행정 구역으로 나뉘어 있다. 수도의 이름도 빠라구아리이다.

"28명의 훈련 교사가 있고 이 지역 18개 기초 행정 구역에서 1년에 246개의 강좌를 개설한다. 현재 약 50%의 강의가 끝났다. 필요한 강좌를 개설하기 위해 셀 수도 없이 본부를 들락거렸고, 교육 훈련에 필요한 물품을 확보하기 위해 시청과 민간 기업을 찾아가고 또 찾아갔다. 그래서 상당 부분 문제를 해결했다. 1회성 지원이 아니라 항구적이고 체계적인 지원을 받기 위해 정부 기관, 민간 기업, 시민 단체가 참여하는 연합체를 구성하였고 잘 운영해 나가고 있다.

훈련 교사들과는 년 초에 하나의 약속이랄까, 일종의 계약을 한다. 관할 구역을 크게 4개로 나누어 책임자를 지정하여 관리하고 있다. 수업 실태를 현장에서 모니터하면서 약속 이행 여부를 확인하고 있다. 최근에는 성실하지 못한 교사 두 명을 해고하였다. 하지만 하루에 100km를 달려가 강의하는 열성적인 교사들도 많다."

메르세데스 소장은 "빠라구아리 센터는 질서가 있고 정돈되어 있다."고 자랑했다. 그러면서 벽에 붙은 표어를 가리켰다. 정리(定理) · 정돈(整頓) · 청소(淸掃) · 청결(淸潔) · 습관화(習慣化)라는 의미의 스페인어 구호가 Seiri · Seiton · Seiso · Seiketsu, 그리고 Shitsuke 라고 표기된 일본 말과 함께 쓰여 있었다. 이 훈련 센터를 이용하는 사람은 학생이든 선생이든 누구나 깨끗하게 주변 청소를 해야 하고 정리 정돈부터 해야 한다고 했다. 이것이 자기의 방침이며 그래서 질서가 있다고 했다. 하지만 이 구호는 소장이 창안한 것은 아니었다. 2013년에 SNPP 본부에서 일본에서 개발한 5S 운동을 전국 훈련 센터에 대대적으로 보급하고 적극적으로 실천하게 한 것이다. 치밀하고 정교한 일본인들의 정신이 이곳 훈련 센터에도 깊숙이 침투하고 있었다.

소장의 설명이 끝난 후 강의실을 돌아보고 오후에 진행될 강의 준비를 했다. 파워 포인트 자료를 사용하기 위해 USB를 넣었더니 화면이 이상하다. 예비 USB를 넣어봐도 마찬가지다. 훈련 센터의 컴퓨터가 바이러스에 걸려 있어 USB를 연결하는 순간 감염되고 화면이 뒤틀린다. 나는 당황스러웠지만 그들은 태연했다.

교육은 예정대로 진행되었다. 오후 두 시 오분 전, 강의실에 가보니 모두 모여 기다리고 있다. 정확하게 시간을 지키고 있다. 먼저 소장에게 훈련 현황을 소개하고 향후 운영 방향에 대해 발표하게 시켰다. 늘 함께 생활하니 훈련 교사들도 SNPP 계획이나 소장의 방침을 잘 알고 있을 것 같지만 그렇지 못한 경우가 대부분이다. 이번 기회를 통해 공감대를 형성하고 팀워크를 생각해 보라는 취지였다. 발표 주문이 부담을 주는 것이 아닌가 걱정을 했지만 오히려 소장은 신이 나 있었다. 이 시간을 즐기는 모습이었다. 그동안 할 말이 많았던 듯 훈련 현황에서 시작하여 훈련 센터 전반의 문제점을 하나하나 짚었다.

소장의 발표 다음은 내 차례였다. 내 강의는 일종의 정신 교육이다. 파라과이가 처한 현실을 각종 데이터를 제시하면서 설명했다. 파라과이와 파라과이 국민의 꿈을 생각하게 했고 파라과이 발전 계획을 보여주며 질문을 유도했다. 시민에 대한 서비스 정신을 강조하고 공직자로서의 사명감과 책임감을 강조했다. 교육 훈련의 중요성과 청년들의 장래를 이야기하면서 선도적으로 변화와 혁신에 앞장서도록 당부했다. 어떻게 교육 훈련을 내실 있게 할 것인지 스스로 생각하게 했다.

서울시의 행정 사례와 한국의 압축 성장에 관한 이야기는 필수 소재다. 늘 그렇듯이 압축 성장의 비결에 대한 질문이 뒤따랐다. "꿈을 가지자! 할 수 있다! 우리가 먼저 나서자!"라는 이야기에 모두가 호응한다. 지금까지 듣지 못한 이야기였고 새로운 이야기였기 때문이리라. 강의가 끝나니 다가와 말을 붙여 보려 하고 악수하고 싶어 하고 함께 사진을 찍고 싶어 했다. 그리고 뭔가 해결해 줄 수 있으리라 기대하고 명함이나 전화번호를 건네 준다.

강의가 끝나고 발전 방안에 대한 토론이 이어졌다. 소장이 사회자가 되어 토론을 진행했다. 솔직했고 진지했다.

"훈련 교사들이 최신 정보를 너무 모르고 있다. 훈련 교사들부터 교육을 받아야 하고 더 공부해야 한다. 인터넷을 통하여 자료를 얻을 수 있으니 이를 최대한 이용해야 한다.
SNPP 본부에서 훈련 교사 교육 기회를 늘려 줬으면 좋겠다. 특히 과목별 교사들의 연찬회나 토론회를 개최하도록 건의하자.
학생들이 흥미를 잃고 중도에 탈락하는 경우가 많다. 정작 수료를 하고 나서는 어디로 갈지 몰라 우왕좌왕한다. 기능 교육을 하면서 정신 교육을 함께 해야 한다. 왜 공부를 해야 하는지 생각하게 하고 올바른 진로 지도나 상담까지 할 수 있어야 한다. 수료증을 주는 것이 끝이 아니다. 과정을 마친 졸업생들이 취업을 하고 제대로 일을 하고 있는지 모니터도 해야 한다

각종 교육 물품이 모자라 가난한 학생들이 부담하게 하거나 교사들이 개인적으로 준비하기도 한다. 교육 물품 확보를 위해 지방자치 단체를 더 자주 찾아가야 하고 자치 단체를 찾아가 시장을 만나 설득해야 한다.

수업에 제대로 참석하지 않았거나 수준에 미달했음에도 수료증을 주는 일은 이제는 없어야 한다. 학생들을 망치는 일이요 부정행위를 하는 것이다. 엄격한 기준을 지켜야 한다. 학생들에게 올바른 정신을 불어 넣어야 한다. 적당히 넘어가지 않도록 해야 한다. 물건 하나를 만들어도 정성을 다해 만들게 하고 장인 정신을 가지고 최고의 품질을 추구하도록 가르쳐야 한다.”

인구가 2만이 넘는 도시이지만 음식을 사 먹을 곳이 마땅치 않다. 물어보고 찾아봤지만, 마땅한 곳이 없어 점심때 이용했던 식당을 다시 찾았다. 식당 문을 나서는데 갑자기 정전되었다. 호텔에 돌아오니 오토바이 헤드라이트로 건물 입구만 불을 밝히고 있다.

객실은 촛불 하나 없이 그대로 어둠이다. 정전은 흔한 일이라 했고 통상 20분 후면 복구가 된다고 했다. 놀라지도 않고 답답해

하지도 않으면서 자연스럽게 받아들인다. 덕분에 호텔 앞마당에서 하늘 가득한 별구경을 했다. 한 시간이 지나서야 불이 들어 왔다. 방으로 들어가니 전기 코드가 하나밖에 없다. 그조차 높고 엉뚱한 곳에 있어 도저히 컴퓨터를 연결할 수가 없다. 텔레비전도 화면이 흐려 제대로 볼 수가 없다. 덕분에 초 저녁에 잠자리에 들었다.

강의와 토론을 마치고 함께 기념사진을 찍었다. 사무실이 대로변에 있다 보니 지나가는 차량 때문에 사진 한 장 찍기도 쉽지 않았다.

07 과이라

초상이 났는데
교육을 한다고?

2016년 8월 2일

아순시온에서 출발하기 전 방문할 사무소마다 일일이 연락을 취했지만 싸뿌까이(Sapucai) 센터는 전혀 연락되지 않았다. 몇 번이고 전화를 걸어도 응답이 없다. 전화를 피하나 하는 의심도 들고 제대로 근무하지 않고 있나 하는 생각도 들었다.

하지만 원인은 엉뚱한 데 있었다. 우리는 사전 조사 없이 찾아갔고 본부에서도 우리에게 아무런 정보를 주지 않고 보냈다. 싸뿌까이(Sapucai) 센터는 건물은 있으되 강의는 없는 곳이었다. 주변에 있는 학교가 교통이 더 편리하다 보니 훈련 센터가 아니라 학교 교실을 빌려 강의하고 있었다.

이 센터에는 행정 요원 한 명과 교대 근무하는 경비원 1명 만이 있을 뿐이었다. 멀리서 학교로 강의하러 오는 훈련 교사가 가끔 잠을 자고 간다고 했다. 훈련생들의 동선이나 교통편을 간과하고 훈련 수요를 예측하지 못했던 탓에 4ha 넓은 부지에 제대로 된 교실 4개를 갖추고도 놀릴 수 밖에 없는 실정이었다. 행정 요원 월프리도(Wilfrido Alvarez)는 다음 달부터 이곳에서도 강의를

과이라 데파르타멘토는 3,846km²의 면적에 20만 명의 인구가 살고 있다. 수도는 비야리까이다.

진행할 예정이라고 설명했지만, 그 설명은 공허하게만 들렸다.

싸뿌까이(Sapucai)에서 훈련 일정을 진행할 수 없어 곧바로 다음 목적지 과이라 훈련 센터(Regional de Guiara SNPP)로 이동했다. 주도인 비야리까(Villarrica)로 이동 중에 소장에게 연락했으나 이번에도 전화를 받지 않는다. 여기는 또 왜 이럴까?

한 시간을 달려 도착하여 보니 교실은 비어 있고 분위기는 적막하다. 행정 요원 안드레아(Andrea Legal)가 혼자서 사무실을 지키고 있었다. "소장 부인이 아르헨티나로 수양회 행사를 갔다가 교통사고로 숨졌고 오늘 오후에 장례식을 치를 예정이다. 훈련 교사들이 장례식에 참석하기 때문에 오늘 낮 강의는 모두 취소되었다." 고 했다.

이 무슨 날벼락인가? 그럼 내일 일정은 어떻게 되는가? 오늘 장례식을 치른 소장에게 내일 보고를 시키고 토론을 시켜야 한단 말인가? 난감한 표정을 지으니 걱정하지 말라고 했다. 소장이 오늘은 나오지 못하지만, 내일 행사는 예정대로 진행할 것이라고 했다. 이미 모든 교사에게 참석 통보도 했다고 했다.

대화 도중에 인디언 교육 이야기가 나와 인디언 마을을 방문하고 싶은데 안내해 줄 수 있느냐고 물었다. 그러자 곧바로 인디언 마을에서 교육을 하는 청년 훈련 교사 후안(Juan Bazán Mancía)에게 연락하여 우리 일행을 안내하도록 했다.

으브투루수 국립공원(Parque Nacional Yvyturuzú)에 있는 인디언 마을 으브뜨미리(Yvytymiri)에는 27가구 70명의 씨족들이 모여 살고 있었다. 첩첩산중이긴 했지만 전기가 들어와 있었다. 큰바람에 건물 대부분이 날아 가긴 했지만 한 칸짜리 교실과 선생님 한 분도 있었다. 자급자족을 하기엔 턱없이 작아 보였지만 마을 공동 소유의 농토도 있었다. 조악하기 그지없지만 가족 별로 조그마한 집도 있었다. 60년대까지 있었던 우리의 화전민의 삶과 많이 비슷했다. 식수는 300m 떨어진 개울에서 길어 와야 한다고 했다. 우물을 파려고 120m 깊이까지 굴착했으나 물의 흔적만 보일 뿐 수량이 부족해 포기했다고 한다.

후안은 여기에서 농기계 사용법과 약초 재배 기술을 가르치고 있었다. 하지만 인디언들은 수렵과 채집을 하면서, 잠시 머물다가 다른 곳으로 이동하며 살아왔기 때문에 농사짓는 법을 모르고 농사짓기도 싫어한다. 그저 산속을 헤치고 다니며 열매나 따고 약용으로 쓰이는 으브라이타(Yvyraita) 나무를 베어서 파는 것이 고작이다. 조혼 관습이 있어 아이들은 채 열다섯도 되기 전에 결혼하고 아이를 낳는다. 이곳 인디언 출신 다니엘(Daniel Mendez) 선생은 인디언들이 한 가족당 하루 2만 과리니(우리 돈 4,000원 정도)로 가난하게 살아간다며 경제적 어려움을 호소했다. 지원을 당부하는 말도 잊지 않았다. 하지만 처음 이곳에서 교육을 시작했던 에바(Eva Vázquez)는 이미 지쳐 있었다.

"도대체 일을 하려고 하지 않는다. 구걸에 익숙해져 있다. 고작한다는 일이 아순시온 거리에 아이들을 데리고 나가 구걸하는 것이다.

처음 이곳에 갔을 때 안타까운 마음에 초콜릿 우유를 선물하겠
다고 약속했더니 언제 사 줄 거냐고 휴대폰으로 계속 전화를 하
더라. 얼마 지나니 전화기를 사용할 수 있도록 일정 금액을 충전
해 달라고 하더라. 두 번 정도 넣어 줬더니, 이번에는 돈을 달라
고 하더라."

과이라 센터는 NEO 프로그램을 시범으로 하는 곳이다. 하지만
NEO가 필수적 과정으로 요구하는 자체 평가서를 승인받지 못하
고 있었다. 훈련 교육 향상 계획(Plan de Mejora)도 수립하지 못한 상
태였다. 업무를 담당할 사람이 없어서 그렇다고 했다. 교사가 38
명이나 있지만, 이들은 계약직이고 수업 시간을 계산하여 수당을
받는 사람들이라 NEO 업무를 맡기기 어렵다고 했다.

행정 요원 안드레아와 에바는 이스라엘 교육 기관이 하는 또
다른 전문 교육 PIMA(Programa de Innovación en Metodologías de Aprendizaje)과
정을 이수하느라 NEO 업무를 준비할 시간도, 교육받을 시간도 없
다고 했다. 이스라엘에서 개발한 PIMA 교육은 스스로 생각하여
문제를 해결하도록 하는 창의력 향상 교육과 현장 수요 조사를 바
탕으로 맞춤형 교육 프로그램을 만드는 교육, 두 가지가 핵심이다.

이튿날 아침 일찍 사무소로 가니 필레몬(Filemón Navarro Apodaca)
소장이 출근해 있었다. 위로의 말을 전하니 "집사람은 평안하게
하나님 나라로 갔고 살아 있는 우리는 주어진 일을 제대로 하는

게 도리다!"라고 힘주어 말했다. 지난밤 행정 요원 안드레아로부터 모든 내용을 보고 받았고 밤에 나와서 필요한 준비를 마쳤다고 했다.

곧바로 센터 현황을 프레젠테이션하기 시작했다. 과이라 센터가 발전해 온 역사를 이야기했고 그동안의 어려움을 이야기했다. 훈련의 진도를 설명하면서 훈련 교사들에게 여러 가지를 당부했다. 교육 비전과 목표를 알아야 하고 수업의 질을 높여 학생들이 믿고 따르게 해야 한다고 했다. 지방자치단체의 협조가 부족함을 이야기했고 공개 채용을 통하여 행정 요원을 뽑아 보내 주기를 바란다고도 했다. 외국의 원조는 언젠가 끝나므로 실력을 길러 자신들의 문제를 스스로 해결해 나가자고 이야기했다.

이어서 내가 강단에 섰다. 이번에는 인디언 마을 이야기를 추가하였다. 인디언에 빗대어 파라과이 사람들에게 말하고 싶은 메시지를 전달했다.

"어제 인디언 마을을 다녀 왔다. 먹을 것을 비롯해 모든 것이 부족했다. 정말 어렵게 살고 있었다. 하지만 나는 가난 자체가 큰 문제라고 생각하지 않는다. 진짜 문제는 그들이 미래를 생각하지 않는다는 점이다. 자녀들을 공부시키지 않는다는 것이다. 잘 살아 보겠다는 의지도 부족하다. 그렇다면 희망이 없다. 자녀들의 시대에도 나아질 것이 없다.

우리 한국인들도 50년 전에는 매우 가난했다. 우리도 그렇게 어

렵게 살았다. 하지만 우리 부모님들은 희망을 품고 미래를 생각
했다. 우리 세대는 배가 고프지만, 우리 아이들은 가난하게 살
게 하지 않겠다고 다짐했다. 허리띠를 졸라매며 저축을 하고 아
이들을 상급 학교에 진학시켰다. 그래서 가난에서 벗어날 수 있
었다.

여기 계신 선생님들은 학생들에게 "우리가 해야 한다!" "우리는
할 수 있다!"는 정신부터 불어 넣어 주기 바란다."

토론 시간이 되었지만, 소장이 너무 지쳐 보였다. 본인은 진행
하겠다고 했지만 무리할 필요는 없다. 절충안을 내었다. 오늘은 이
것으로 종료하고 다음 기회에 소장과 훈련 교사들이 따로 모여 토
론하고 결과를 보고해 달라고 했다.

행사를 마치고 일어서는 데 여성 훈련 교사 한 분이 다가왔다.
옷 만들기 강좌가 끝났고 그동안 학생들이 직접 만든 옷을 전시해
놓았으니 함께 가서 봐 달라고 했다. 디자인이나 재봉 상태가 초
보적 수준이었지만 훈련 교사는 자기가 가르친 학생들이 옷을 만
들었다는 사실이 그저 대견스럽기만 한 모양이다. 칭찬을 듣고 싶
어 했고 "참 잘했어요!"라는 평가를 받고 싶어 했다.

조금 늦게까지 기다렸다가 오후에 개최되는 수료증 수여식 행
사에 참석해 달라고 했다. 그러고 싶었지만, 내일 행사가 있는 곳
으로 이동해야 했다. 축하한다고 말하고 참석하지 못해 미안하다
고 했더니 명함을 주면서 꼭 기억해 달란다. 명함을 받았지만 얼

굴을 기억하지 못할 것 같아 함께 사진을 찍고서 다음 목적지로
떠났다.

인디언 정착촌의 단칸 학교. 전기가
들어오고 원주민 출신 선생님(오렌지
색)과 몇 권의 교과서가 있었다.

과이라 센터의 필레몬 소장(필자의 오른쪽 뒤)은 전날 부인의 장례를 치르면서도 담
담하게 강의하고 예정된 일정을 소화했다.

노래를 부르며
반갑게 맞아주다!

2016년 8월 4일

다음 목적지는 까아싸빠 센터(Regional de Caazapa SNPP)였다. 이동 중에 연락하니 글로리아 베아트리스(Gloria Beatriz Rodriguez Rojas) 소장이 반갑게 전화를 받는다. 기다리고 있으니 어서 오란다.

도착하여 정문을 들어서니 많은 사람들이 모여 화단에 꽃을 심고 물청소를 하고 각종 시설을 손보고 있었다. 매월 한 차례씩 훈련 교사들과 학생, 직원이 모두 모여 대청소를 한다고 했고 오늘이 그날이라 했다.

소장은 짧은 시간에 이것저것을 소개하고 이모저모를 자랑했다. 2ha의 좁은 부지에 26명의 훈련 교사가 있었다. 올해 107개의 강좌를 개설할 예정이며 이미 95개가 완료되거나 진행 중이었다. 강의실은 지역의 학교로부터 도움을 받고 있으며 컨테이너를 개조한 이동 교실을 만들어 전기 실무 강좌를 하고 있었다.

내일 일정과 준비 사항을 확인한 후 숙소를 구하러 가려고 일어서는데 소장이 굳이 같이 가야 한다며 따라나섰다. 동양 사람이 방을 구한다고 하면 바가지를 씌울지 모르니 자기가 나

까아싸빠 데파르타멘토는 파라과이에서 가장 가난한 지역 중 한 곳이다. 9,496km²의 면적에 인구는 16만명 정도이고 수도는 까아싸빠이다.

서서 구해 주겠단다. 덕분에 하룻밤에 7만 과라니(14,000원 정도) 하는 괜찮은 방을 구했다.

이튿날 아침 일찍 센터에 도착하니 훈련 교사와 직원 모두가 나와 기다리고 있다. 건물 앞마당 잔디밭 한편에는 수강생들이 만든 온갖 물품들을 전시해 놓았다. 작품을 설명하기 위해 훈련 교사도 대기하고 있었다. 관심을 가지고 둘러보고 이것저것 물어 보았다.

서울에서 바자회에 가면 작은 물품 하나라도 구입하는 것이 예의이고 관행이었기에 여기서도 베개 하나와 꽃병 하나를 골랐다. 각각 6만 과라니와 4만 과라니라고 하기에 10만 과라니를 줬더니 받지 않겠단다. 그러면 안 된다고, 받아야 한다고 몇 번을 이야기했더니 베개값은 받지만 꽃병은 그냥 선물하겠단다. 손녀 이야기를 들었다며 손녀에게 줄 인형 하나까지 선물이라며 건네준다. 반대쪽 잔디밭에는 직접 생산한 각종 농산물을 전시해 놓았다. 옥수수, 땅콩, 팥 등과 토마토, 파, 마늘, 상추, 양배추, 호박 등 갖가지 채소를 가지런히 모아 놓았다.

알고 보니 바자회나 전시회는 우리의 방문에 맞추어 준비한 특별한 행사였다. 어제 대청소도 그러했다. 나의 방문에 맞추어 자신들의 활동을 자랑하려는 것이었고 청결한 모습으로 손님을 맞으려 특별히 기획한 것이었다. 그뿐만이 아니었다. 기념사진을 찍은 후 강의실에 들어가려는 데 갑자기 음악 소리가 들렸다. 부부 훈련 교사가 기타를 연주하면서 듀엣으로 노래를 부른다. 나의 방문을 환영하는 이벤트였다. 순간 당황스러우면서도 매우 기뻤다.

'동양인이 지방까지 찾아와 교육한다고 설치고 다니니 혹시라도 짜증을 내지나 않을까? 마지못해 준비하는 척하지나 않을까?' 걱정하면서 찾아갔는데 가는 곳마다 환영하고 노래까지 부르며 반갑게 맞아 주니 고맙기 그지없다.

은근한 걱정도 생긴다. 혹시 내가 완장이라도 차고 있는 것으로 오해하는 것은 아닐까? 나를 감사하러 나온 장학관쯤으로 생각하는 것은 아닌가?

글로리아 소장은 프레젠테이션에 들어가기 전에 훈련 교사 한 사람 한 사람에게 앞으로 나와 자기소개를 하도록 했다. 훈련 교사들은 교육을 담당하는 중요한 사람이고 이 모임의 당당한 주인공이란 인상을 심어 주려는 것이었다. 소장의 프레젠테이션은 간결하고 분명했다. 기관의 비전과 미션, 행정 및 교육 여건, 관련 기관과의 협조, 개설 강좌 수와 수혜 인원, 훈련의 성과와 장기적 영향을 이야기했다.

잠시 휴식을 취한 후 내가 강의를 했다. 매번 하는 강의지만 분위기 탓인지 오늘은 목소리에 힘이 실리고 더 신이 났다. 파라과이 현실을 이야기하고 파라과이의 꿈을 이야기할 때는 가슴이 뭉클한 듯 살짝 눈물을 보이는 훈련 교사도 여럿 보였다. 소장이 사회자가 되어 진행한 토론도 잘 진행되었다. 당면한 문제를 몇 개의 소주제로 나누어 토론했고 각 항목마다 4~5개씩 아이디어가 나왔다. 교육 물품 확보, 훈련 품질 향상, 훈련 교사 자질 제고, 학

생 동기 부여, 진로 지도 및 취업 알선 문제에 대하여 다양한 방안
이 제시되었다.

강의실에 들어가는 길목에서 훈련 교
사 부부가 기타를 연주하고 노래를 부
르며 반갑게 맞아 주었다.

까아싸빠 센터에서는 강의에 들어가기 직전 정문에서 참석자들과 기념사진을 찍었다.

한국에는
부정부패가 없는가?

뜨거운 환대에 감격하고 간결하면서도 의미 있는 교육 진행에 만족하며 이번 출장의 마지막 목적지로 향했다. 부에나 비스타(Buena Vista), "아름다운 풍경"이란 이름을 지닌 곳이다. 도시 입구에서부터 이름 그대로 절경이다. 시골 마을의 정겨움과 여유로움을 한껏 즐기면서 마을 입구 표지판 앞에 잠시 차를 세우고 기념사진을 찍었다.

훈련 센터는 소장 1명에 훈련 교사가 11명인 작은 규모였다. 행정 직원이 한 명도 없는 곳이라 소장이 직접 열쇠로 문을 열면서 우리를 맞았다. 각종 강좌는 인근의 학교 여러 곳을 빌려서 하고 있었다. 직원이 없다면 발표 자료라도 제대로 만들 수 있을까 우려하며 교육 진행을 상의했더니 걱정하지 말라고 했다. 숙소도, 식당도 없는 지역이라 30km 떨어진 싼 후안(San Juan)으로 돌아가 숙소를 구해야 했고 거기서 하룻밤을 지내고 아침에 다시 찾아왔다.

비센떼(Vicente Duarte Fernandez) 소장의 프레젠테이션은 특색이 있었다. SWOT 기법을 통해 센터가 처한 환경을 분석했다. 자연은 아름다운 곳이지만 파라과이에서 가장 가난한 지역이라 했다. 인터넷 연결도 안 되고 와이파이도 연결되지 않는 지역이라 했다.

시장이 직업 교육에 관심이 없고 교육 물품 지원에 인색하다고도 했다. 하지만 지역 주민들이 공부하고 싶어하고 공부를 시키려는 의지가 강한 곳이라 했다.

그는 올해에 개설한 강좌만 이야기하는 것이 아니라 내년도의 계획까지 제시했다. 발표 자리를 훈련 교사들에게 센터 현황을 알려주는 동시에 내년 계획에 대해 의견을 수렴하는 기회로 활용했다. 훈련 교사들과의 토론도 매끄럽게 진행됐다. 소주제를 정했고 이를 중심으로 아이디어를 듣고 토론을 했다. 빈센트 소장은 사회를 보며 토의 내용을 그 자리에서 정리했다. 그는 컴퓨터를 제대로 다룰 줄 아는 사람이었고 보고서 작성을 해 본 사람이었다.

파라과이 사람들이 가장 절망하는 것은 사회에 만연한 부정과 부패에 관한 것이다. 파라과이는 부정부패 때문에 발전할 수 없다고 단정하기까지 한다. 매 강의마다 예외 없이 질문을 받는다. "한국에는 부정부패가 없는가? 과연 파라과이에도 희망은 있는가?"

"부정과 부패를 없애는 일은 경제를 발전시키는 일만큼이나 어려운 일이다. 한국은 지난 50년간 경제 발전을 위해 노력해 왔듯이 지난 50년간 부정부패와의 전쟁도 치러 왔다. 아직도 전쟁을 하고 있다. 지난해에는 총리가 부정에 연루된 의혹을 받아 사임하였고 올해는 현직 검사장 한 사람이 부정한 방법으로 축제를 했다가 구속되는 일도 있었다.

하지만 50년 전에 비하면 많이 나아졌다. 이제는 길거리에서 경찰관이 돈을 받지 않는다. 창구 공무원이 급행료를 챙기는 일도 없어졌다. 그러나 아직은 만족할 만한 단계는 아니다. 최근에는 공무원이 민원인으로부터 접대받는 소지를 완전히 차단하기 위해 '김영란법'이라는 새로운 법을 만들었다.

절망할 필요는 없다. 파라과이도 좋아질 것이다. 파라과이는 작년에는 공공정보 접근법을 만들었고 2년 전에는 공무원의 보수를 공개하는 법을 만들었다. 경제 활동을 정상화하기 위해 영수증 주고받기 운동도 시작하고 있다. 이런 노력을 꾸준히 계속한다면 파라과이는 반드시 좋아질 것이다."

이날 교육을 마지막으로 첫 번째 여행을 무사히 마쳤다. 예정했던 모든 프로그램은 순조롭게 진행되었다. 과연 환영을 받을까? 제대로 준비할까? 출석률은 어떨까? 토론은 제대로 이루어질까? 출발하기 전 우려했던 것들은 기우였다.

소장들은 기대했던 것보다 더 철저하게 준비했다. 기본 현황을 정리했고 필요한 통계를 제시했다. 그리고 이 기회를 적절히 활용했다. 적극적으로 발표하며 훈련 교사들에게 자신의 방침을 이해시키고 교육시키고 다잡는 기회로 활용했다. 모든 행사는 예정된 시간에 정확히 진행되었다. 출석률도 좋

사회 전반에 만연한 탈세와 무자료 거래 등 지하 경제를 줄이기 위해 영수증 주고 받기 운동이 한창이다. 반드시 영수증을 받아가라는 포스터가 거의 모든 가게에 붙어 있다.

왔다. 모두가 제시간에 도착하였고 중도에 자리를 뜨는 경우도 드물었다. 발표나 관심도 많았고 적극적으로 호응했다. 진지하게 질문하고 자유롭게 의견을 밝혔다. 강의 수준을 높여야 하고 훈련 교사 자신들이 가진 지식과 기술, 교수 방식도 새롭게 해야 한다는 인식도 깊어졌다.

이번 교육이 장기적 효과를 단정하긴 이르지만 적어도 단기적 각성 효과는 분명하다. 교육 효과가 크다면 교육 시간을 늘리고 교육 수준을 한층 더 높여야 하지 않을까? Angela 현영 씨는 4시간이 아니라 하루 정도로 교육 시간을 늘리자고 한다. 이론 강의에 덧붙여 체험 교육, 행동 변화 교육을 도입하면 좋겠다고 했다.

욕심은 나지만 혼자서는 해내기 어렵다. 올해 시행도 불가능하다. 대신 9월 교육부터는 노동 사무소 소장을 함께 참여시켜 소관 업무를 설명하게 하려고 한다. 직업 훈련과 취업 알선을 연계하고 고용 보장과 노동 권익에 관한 내용을 알려 주도록 보완하려 한다.

행정 요원이 없는 곳이라 비센떼 소장이 자료를 직접 만들고 컴퓨터를 조작하면서 토론을 진행했다.

CHAPTER 2

낯선 곳에서
어떻게 살아가나?

파라과이는 연줄 사회이다. 공적인 네트워크가 아니라 사적으로 맺어진 연줄이 공적인 결정에 크게 영향을 미친다. 혈연으로 맺어진 친인척과의 유대는 매우 중요하다. 그 연줄은 주로 집안의 어머니를 중심으로 형성되고 관리되며 연줄이 닿는 대로 도와가며 산다. 연줄이 심한 사회이다 보니 연줄이 없으면 직장을 얻기도, 승진하기도, 출세하기도 어려운 사회다.

파라과이 사람들은 정이 많고 매우 낙관적이다. 아무런 걱정도 없어 보인다. 어려운 일이 닥쳐도 가볍게 생각하고 쉽게 받아들인다. 직장에서, 일터에서 억울한 일을 당해도 투쟁하고 바로잡으려 하기보다는 곧바로 체념하고 현실을 인정하려는 모습을 보인다. 새로운 도전을 하기보다는 말썽 없이 평안하게 사는 것이 최고라고 생각한다.

오랜 억압과 복종의 역사에서 승산이 없는 무모한 싸움보다는 새로운 현실을 받아들이는 것이 더 유리하다는 것을 체득하였고 그러한 경험이 생활 방식으로 굳어졌는지도 모를 일이다.

2015년 3월 20일은 UN이 정한 '국제 행복의 날(International Day of

Happiness)'이었다. 이날을 맞아 여론조사 기관 갤럽은 세계 138개국의 성인 1,000명씩을 대상으로 조사한 '긍정적 경험으로 본 행복 지수 (Positive Experience Index)'라는 것을 발표하였다.

당신은 어제 하루 "충분한 휴식을 취했는가? 남들로부터 존중받았다고 생각하느냐? 미소를 짓거나 많이 웃었느냐? 무엇인가를 배웠고 재미있는 일을 했느냐? 즐겁다고 느꼈는가?" 등을 질문했더니 조사 대상 파라과이인들의 무려 89%가 그렇다고 대답하여 연속 3년 세계에서 가장 행복한 국민이라는 명예를 얻었다.

낯선 곳에서 즐겁고 일하고 행복하게 살아가는 비결은 무엇일까?
그들 속에 들어가 그들과 함께 하는 것이 아닐까?

사람 사는 것은
어디나 마찬가지야!

2016년 8월 9일

부에나 비스타에서 교육을 마치고 아순시온으로 출발하려는 데 비센떼 소장이 자기 집에 가서 점심을 먹자고 했다. 부담이 될까 하여 사양했더니 이미 식사 준비를 마쳤단다. 집에서 기른 닭을 잡고 집에서 재배한 상추로 만든 샐러드를 곁들였다. 안주인이 손수 준비한 음식이다. 소박하지만 정겹다. 덕분에 오랜만에 포식을 했다. 서울에서는 사라져가는 따스한 인정이 파라과이에는 옛날 그대로, 아직 살아 있다.

본부와 산하 기관들이 서로 떨어져 있고 이 사무소 저 사무소를 다니며 일하다 보니 거의 매일 운전기사들의 도움을 받아야 한다. 자동차가 흔하지 않던 시절 우리 기사들 중에는 성깔을 부리는 사람이 가끔 있었다. 우연을 가장하면서 급발진이나 급정차를 하고 차량 정체를 핑계로 출발이나 도착 시간을 제대로 지키지 않는 등 교묘한 방법으로 탑승자를 골탕 먹이는 횡포를 부렸다. 다행히 오늘의 여기에는 그런 일은 없어 보인다. 대체로 호의적이고 친절하다. 늘 신세를 지니 한 끼 점심이라도 사고 싶지만 하는 일의 특성상 모두를 한 자리에 모으기가 쉽지 않다. 숯불구이 아사도 파티를 열어 보겠다고 몇 번을 시도했지만, 도저히 시간을 맞추지 못해 피자 몇 판을 사서 보내는 것으로 고마움을 대신했다.

지방 출장을 갈 때면 SNPP에서는 운전기사와 차량을 제공한다. 차량과 기사가 모두 부족한 상황에서 일주일씩 전용차를 배정하고 전담 기사를 붙여주는 것은 각별한 배려이다. 운행에 필요한 기름은 정부 쿠폰으로 지급한다. 출장 명령을 받아 가는 것이니 운전기사에게도 공식으로 출장비가 지급될 테지만 실비에 못 미치는 소액이고 제때 받지 못하는 모양이다. 어려움이 많다 보니 차에서 자겠다는 기사도 있고 집에서 음식을 싸오는 사람도 있다.

이런 사정을 알고 나니 운전기사의 숙박비와 식비, 도로 통행료를 비롯한 일체의 경비는 자연스레 내가 부담할 수밖에 없게 되었다. KOICA에서 받은 출장비를 나눠 쓰는 처지가 되니 호텔도, 식사도 수준을 낮출 수밖에 없다. 싼 맛에 들어가 보면 더운물이 나오지 않거나 에어컨이 나오지 않는 방도 있다. 수건 한 장 주지 않는 숙소도 있다. 하지만 잠자리를 배려해 주는 것만으로도 운전기사들은 감사하고 감격해 한다. 같은 숙소에 머물고 함께 음식을 먹는 것을 고마워한다. 다음 출장 때도 자기를 데려가 달라고 부탁하고, 자기 집에서 식사하자고 하기도 한다.

출장에서 돌아와 현관문을 여니 전기 요금 통지서가 바닥에 떨어져 있다. 14만 2천 과라니(3만원 정도)라고 하니 예상보다 큰 금액이다. 파라과이는 겨울이 그리 춥지는 않다. 여기 사람들은 추위를 많이 탄다. 10도 이하로 내려가는 날 바람이라도 불게 되면 춥다고 온통 난리다. 나도 이달에는 4~5일 동안 전기난로를 사용했다. 반면에 여름은 몹시 덥다. 몇 달 동안은 대낮 기온이 40도를 넘나든다.

작년에는 레지던스 호텔 우찌야마다에서 지냈다. 월세 부담은 있었지만 대신 아침 식사가 포함되어 있었다. 올해 다시 와서 그 방에 들어가 보니 그렇게 답답할 수가 없다. 이 좁은 방에서 어떻게 지냈나 싶었다. 배경동 국장에게 연락했더니 자기가 사는 건물 2층에 적당한 집이 나왔단다. 널찍한 거실이 있어 보기에도 시원하다. 도착 다음 날 집을 보고 나흘 만에 짐을 옮겼다. 가구 딸린 집이지만 세탁기는 없었다. 여름에는 10분만 걸어도 땀으로 범벅이 되니 하루에 두 번 이상 샤워를 하고 그때마다 옷을 갈아입어야 한다. 속옷과 양말을 충분히 챙겨 왔기에 갈아입는 것은 문제가 없지만 좁은 세면대에서 매일 해야 하는 속옷 빨래는 불편하고 힘이 든다. 큰맘 먹고 나가서 7kg 용량의 세탁기부터 하나 샀다.

1~2년 살다 떠나는 살림이라 어지간한 물건은 얻어 쓰고 주고 간다. 윤민재 교장 선생은 전기난로를 주고 갔고 배경동 국장은 헤어드라이어기와 선풍기를 주고 갔다. 설거지용 수세미, 때밀이 수건에서부터, 플라스틱 반찬통, 와인 잔에 이르기까지 사소해 보이지만 없으면 불편한 것들을 이 사람 저 사람으로부터 물려받아 쓰고 있다.

퇴근 이후 동료들과 잔을 기울이며 온갖 인생사를 서로 나누는 저녁 문화는 없다. 일과가 끝나면 집으로 달려가기 바쁘다. 일과 중에는 함께지만 저녁에는 늘 혼자이다. 혼자 놀고 혼자 밥해 먹고 혼자 살아가는 일이 익숙해지고 당연해진다. 주말은 밀린 빨래를 하고 장을 보러 가야 한다. 오늘도 세탁기에 빨래를 넣고 나서 마트로 달려가 와인 한 병에 갈비까지 사 왔다. 소갈비 1kg에 우리 돈 5,000원이니 무척이나 저렴하다. 제대로 손질할 줄 몰라 그대로 냄비에 넣고 삶고 또 삶았다. 얼기설기 썰어 놓고 와인 한 잔을 따라 놓고 식탁에 혼자 앉으니 이제까지 보지 못한 또 다른 세상이다. 외롭고 단조롭지만 자유로움이 있고 편안함이 있다.

일정이 끝나자 비센떼 소장은 우리를 자기 집으로 초청하여 집에서 기른 닭을 잡아 정성껏 점심을 대접해 주었다.

산이 없다면
도심이라도 걸어 보자!

2016년 8월 15일

8월 13일부터 3일 연휴다. 아순시온 창립기념일인 8월 15일이 월요일이기 때문이다. 1537년 8월 15월 후안 살라사르(Juan de Salazar de Espinosa)가 아순시온이라는 도시를 만들었고 아순시온이 모태가 되어 파라과이라는 나라가 생겼다. 당연히 국가가 지정한 경축일이고 공휴일이다.

8월 13일 아침 9시, 평소의 습관대로 산책길에 나섰다. 산이 없으니 등산할 곳이 없다. 가까운 주변에 마땅히 산책할 만한 곳도 없다. 그래서 매일 한 차례, 시내 중심가를 한 바퀴 돌아 보고 있다. 예그로스(Yegros) 941번지 집을 나서 아욜라스(Ayolas)길에서 우회전을 하고 다시 코스타네라 쪽으로 직진했다.

경쾌한 행진곡이 들려와 고개를 들어보니 군악대였다. 경축일을 맞아 파라과이 군대가 시가지 행진을 하고 있다. 위장 그물을 덮어쓰고 얼굴을 분장한 특수 부대도 지나가고 잠수복에 오리발을 갖춘 수중 작전 부대 모습도 보인다. 하지만 긴장감은 느낄 수 없고 칼 같은 절도도 찾아보기 어렵다. 군인들의 행진이지만 개인 소총을 제외하고는 공용 화기나 특수 장비가 한 가지도 없다. 군대라기보다는 전투 경찰에 가까운 수준이다. 어설픈 행진이지만 이들에게는 귀하고 소중한 행사다. 길거리마다 사람들이 모여 군가를 따라 부르고 박수를 치며 환호를 보낸다.

마지막 행렬이 지나는 것을 보고는 팔마길로 향했다. 팔마길은 아순시온 최고의 문화 관광 거리다. 영웅들의 광장, 민주주의 광장, 자유 광장 등 네 개로 구분해 놓은 광장이 있다. 많지는 않지만 외국 관광객들도 더러 보인다. 관광객들보다 더 많은 환전상들도 만날 수 있다.

지난해 아순시온 시청에서는 영웅전이 있는 중심 구간을 문화의 거리로 조성했다. 주말이면 길을 막아 차량을 통제하고 다양한 행사를 개최한다. 환경 단체가 나와 "지속 가능한 개발" 캠페인을 벌이고 군악대가 나와 특별 공연을 하기도 한다. 현악 연주를 하는 때도 있고 전통문화 행사를 할 때도 있다. 반정부 집회도 열리고 성 소수자들이 보무당당하게 시위도 한다.

지난주에 왔을 때는 구두를 닦는 아이 하나가 따라붙으며 호객을 했다. 어디에 앉으면 되느냐고 했더니 이웃 가게인 '리도바' 의자를 가리킨다. 이것저것 말을 붙이고 있는데 구두통을 어깨에 멘 작은 아이들 서너 명이 우르르 몰려와 구경한다. 자기는 12살이고 구경하는 아이들은 사촌 동생들이라 했다. 자기를 따라 거리로 나선 동생들에게 시범이라도 보이려는 듯 최선을 다해 윤기를 내었다. 3천 과라니(600원)를 달라고 했지만, 정성을 다해 닦아 주었기에 4천 과라니(800원)를 줬다. 이 장면을 본 꼬마들이 고마웠던가 보다. 돌아갈 때 마주치니 엄지손가락을 치켜들고 고맙다고 인사한다.

팔마 거리를 따라 걷다 보니 어느새 우루과이 광장까지 왔다. 광장과 공원이 어떻게 다른지 모르지만 내 눈에는 그저 잘 가꿔진 공원일 뿐이다. 공원이 뭐, 별다른 곳이겠는가? 벤치에서는 젊은 남녀들이 진하게 사랑을 나누고 있고 갈 곳 없는 노인네들도 이곳저곳 한 자리씩 차지하고 있다. 아이들을 데리고 나와 함께 놀아 주는 엄마 아빠 모습도 보이고 애완견에 끌려가듯이 허둥대며 산책하는 사람도 있다. 청소용 수도 주변에는 머리 감고 빨래하는 노숙자들도 보인다.

떼레레 차를 파는 사람, 아이스크림 파는 사람, 기념품을 파는 사람, 갖가지 장사꾼들이 기웃기웃 손님을 찾는다. 공원 한편에는 어린이 도서전이 열리고 있다. 조그만 부스 하나에 아이들 책을 전시해 놓고는 손님을 모은다고 공연이 한창이다. 소박하지만 사람 냄새가 물씬 풍기는 곳이다.

8월 15일은 아순시온 창립일이자 한국의 광복절이다. 매년 광복절에는 한국 교민들도 이곳에서 성대하게 축제를 연다. 길거리 아이들 재활 프로그램을 돕고 있는 박민경, 손명희 단원과 함께 한인 행사가 열리는 강변 공원 코스타네라를 찾아갔다. 수많은 한인들이 가족들과 찾아와 음식을 즐기고 공연을 즐기고 있다. 우리의 광복절은 이곳의 교민들까지 뭉치게 한다.

광복절을 맞아 아순시온 코스타네라에서 열린 한인들의 축제장에서 박민경, 손명희. 송진영 단원과 함께 기념사진을 찍었다.

아순시온 창립 기념일을 맞아 파라과이 여군들이 시가행진을 하고있다.

일 복에다
사람 복까지!

2016년 8월 18일

추석이 한 달이나 남았는데 벌써 추석 선물이 도착했다. 본부에서 서둘러 보낸 모양이다. KOICA에서는 추석과 설날, 일 년에 두 번 봉사 단원들에게 격려품을 보내 준다. 된장과 고추장, 깻잎 등 양념과 밑반찬에서부터 라면, 초코파이, 레모나에 이르는 간식 물품에 이르기까지 다양한 품목이다.

외국에 나와 있는 단원들에게는 라면 한 봉지, 참치 통조림 하나도 귀하고 소중한 물건이다. 외롭게 명절을 보내야 하는 단원들에게는 소중한 위로요 위문이다. 40년 전 육군 사병으로 복무하던 시절, 연말에 위문품을 받던 생각도 난다. 당분간 반찬 걱정을 하지 않게 되기에 마치 부자라도 된 듯한 느낌이다.

KOICA에서는 단원들이 현지에서 잘 적응하고 제대로 근무할 수 있도록 여러모로 도움을 준다. 단원이 도착하면 공항으로 마중을 나가고 앞으로 일하게 될 곳까지 안내한다. 현지 책임자들에게 부임 인사를 시키고 근무 장소를 찾아가 근무 환경이 어떠한지 일일이 확인한다. 단원들이 집을 구하면 그 집을 찾아가 위험하지 않은지 구석구석 살핀다.

안전 확인은 귀찮을 정도이다. 비상 연락망을 통해 수시로 연락이 온다. 터키에서, 프랑스에서 테러 소식이 들리거나 칠레에서 혹은 네팔에서 지진이라도 났다는 뉴스가 나오면 어김없이 전화가 온다. 아침에도 울리고 저녁에도 울린다. 어디에 있는지 수시로 확인한다. 한 명이라도 연락이 닿지 않으면 확인될 때까지 난리를 피운다. 그뿐만이 아니다. 정기적으로 사무실로 소집하여 안전 교육을 거듭하고 반복한다. 시도 때도 없이 울리는 전화에 짜증이 나기도 하고 정말 이렇게까지 사생활을 통제하나 싶어 기분 상할 때도 있다. 하지만 곰곰이 생각하면 이 모두가 안전을 지켜 주는 일이고 나를 위한 일이다.

KOICA 직원들은 친절하고 성실하다. 조한덕 소장은 외모에서부터 덕이 넘친다. 웃으면서 맞아 주고 무슨 일이든 해보자고 한다. 김나형 부소장은 맡은 일에 철저하고 빈틈이 없는 사람이다. 자문단 관리를 담당하는 이희경 코디네이터는 모범생이다. 성실성을 인정받고 스페인어 실력을 인정받아 치열한 경쟁을 거쳐 선발되었다. 오랫동안 일반 봉사단으로 활동한 경험이 있어 단원들의 어려움을 누구보다 잘 알고 있는 듯하다. 비자를 받아 주고 체류증을 만들어 준다. 은행 계좌를 개설해 주고 체크카드를 발급받아 준다. 출장 가고 행사를 할 때면 이것저것 행정적으로 처리할 일을 신속하고 빠르게 도와준다.

한명재 대사는 적극적이고 활달한 분이다. 파라과이 정부 인사들과 친분이 매우 깊다. 대통령과 가족들을 여러 차례 관저에 초청하여 한국 음식을 접대했다. 수시로 장관들을 만나 우리 기업을 소개하고 어려움을 해결해 주고 있다. 추석과 명절이면 가족 없이 혼자 지내는 파견자들을 관저로 초청하여 떡국과 송편을 먹이고 김치와 각종 전을 봉지에 가득 담아 준다.

KOICA 직원 못지않게 고용노동부 직원들도 호의적이다. 실정을 잘 모르는 거북한 고문관이 아니라 자기들과 생활을 같이하는 동료로 받아들이고 있다. 우정의 날에는 뽑기를 하여 내가 뽑은 친구에게 조그만 선물을 보냈고 나를 뽑은 친구로부터 선물도 받았다. 지나가다 우연히 만나면 손을 흔들며 반갑게 인사를 한다. 이들은 아이들 돌잔치에도 초대하고 생일 파티에도 초청한다.

기획국장 라우라도 자기 생일 파티에 초청했다. 저녁 여덟 시에 시작한다기에 5분 전에 도착했더니 우리 말고는 아무도 온 사람이 없다. 어색하게 기다리는 데 아홉 시가 지나서야 하나둘 나타났다. 주인공은 참석자와 하나하나 이야기를 나누고 사진을 찍었다. 간단한 소품을 가지고 재미있게 장난을 치면서 찍었다. 어린이 소꿉장난 하는 듯하지만 모두 정말 즐거워했다. 열 시를 넘기자 인사말을 했고 열 시 반이 되어서야 저녁 식사가 시작되었다. 라우라는 생일 파티를 두 번 한다고 했다. 한 번은 가족들과 다른 한 번은 학교와 직장 친구들을 초청했다. 우리가 회갑이나 칠순을 소중하게 여기듯이 이들은 매년 맞는 생일에 특별한 의미를 부여하고 힘 닿는 대로 성대하게 생일 파티를 준비한다.

꼭 언급해야 할 사람은 앙헬라 김(Angela KIM, 한국명 김현영)이다. 파라과이 교민 2세이고 파라과이에서 성장했다. 서울대학교에서 심리학을 전공한 재원이다. 지난해에 이어 올해도 나를 도와주고 있다. 단순한 통역이 아니라 비서이고 함께 일을 하는 동료이다. 내가 일의 가닥을 잡고 내용을 설명해 주면 연락을 하고 문서를 보내고 제대로 진행되고 있는지 확인한다. 혹시라도 내가 불편해하고 어색해할까 봐 현지인들의 모임에도 같이 가고 힘 드는 지방 출장도 기꺼이 동행한다. 마지 못해 일하는 사람이 아니라 즐기면서 일하는 사람이고 적당히 넘어가는 사람이 아니라 세심하게 챙기는 사람이다.

나는 어딜 가나 일이 많았다. 그리고 일을 할 때마다 좋은 동료들을 만나 왔다. 서울시에서는 빈틈없이 일정을 챙겨준 최영미라는 비서가 있었고 프랑스에서는 성심성의껏 일하는 김형진이라는 직원을 만났다. 이들은 내가 제대로 일을 하고 성과를 낼 수 있도록 커다란 도움을 준 고마운 동료들이다.

그뿐만이 아니다. 서울 시청에서 함께 일했던 동료들이 그러했고 여기서 함께 일하는 파트너들이 그러하듯이 외국에서 만났던 사람들도 늘 고마운 사람들이었다. 1988년 올림픽을 준비할 때 자주 일본 출장을 가다 보니 도쿄 도청 공무원과 친구가 되었다. 사에끼 과장의 집에 초청받아 호텔 대신 그 집에서 며칠을 머무른 적도 있다. 프랑스에서 근무할 때는 이시레물리노 시청과 낭트 시청 공무원들과 친구가 되었고 오가면서 서로를 꼭 찾아보는 사이가 되었다. 어딜 가도 좋은 이웃을 만나는 나는, 복 많은 사람이고 행복한 사람이다.

앙헬라 김은 일을 즐기는 사람이고
정성을 다해 도와주는 사람이다.

사무실에 도착하자 고용노동부에서는
조한덕 KOICA 소장이 참석한 가운데
도착 환영 행사를 조촐하게 베풀어 주
었다.

기획국장 라우라의 생일 파티에 초대받아 직원들과 즐거운 시간을 보냈다.

13 뜻밖의 즐거움

미처 몰랐던
아름다움!

"치빠(chipa)는 만디오까 가루에 우유와 치즈, 달걀 등을 넣어 만든 도넛처럼 생긴 빵이다. 오렌지 주스나 베이킹파우더를 첨가하기도 한다. 작은 것이 3천 과라니, 큰 것이 5천 과라니이다. 비교적 저렴한 가격에 보관이 쉽고 휴대가 간편하여 파라과이 사람들이 여행 중 가장 즐겨 먹는 전통 음식이다."

나는 입맛이 까다롭지 않다. 무슨 음식이든 잘 먹는다. 음식을 가리지 않기에 외국 생활을 하면서도 음식 때문에 겪게 되는 어려움은 없다. 해외여행을 하면서 김치와 고추장을 싸서 다니거나 한국 식당을 수소문하여 찾아가지 않는다. 현지에서 현지 음식을 사서 먹는다. 이번 출장 때도 그러했다. 길가 음식을 먹기도 했고 피자나 빵을 사와서 숙소에서 나누어 먹기도 했다.

이따구아(Itaguá)에서는 숙소에서 아침 식사를 주지 못한다고 했다. 안주인이 친척 집에 다니러 갔기에 식사 준비를 할 사람이 없다고 했다. 이튿날 아침 식사를 어떻게 할까 걱정하는데 운전 기사 에스떼반(Esteban)이 다음 목적지 꼬로넬 오비에도로 가는 길목 또바띠(Tobati)에 아주 유명한 치빠 가게가 있으니 거기 가서 먹자고 했다.

이른 아침 까아구뻬(Caacupé)를 떠나 20분쯤 달리다 보니 마리아 아나(Maria Ana)라는 가게가 나타났다. 이른 아침이지만 많은 차량들이 주차하고 있다. 평소 습관대로 식당 안쪽으로 들어가 주문을 하려 하니 바깥에 나가 사라고 했다. 안쪽에 있는 공장에서 만들어 길가에 내놓고 아줌마들이 판매하는 방식이었다. 먼지가 들어가지 말고, 식지 말라고 보자기로 덮어 두고 팔고 있었다. 한 사람당 두 개씩 사서 파라과이의 전통 음료 꼬시도(Cocido)를 곁들여 먹으니 그 맛이 일품이다. 고소한 맛에 매료되어 집으로 돌아 오는 길에 다시 다섯 개를 더 샀다. 그동안 파라과이의 전통 음식 맛이 어떠냐고 물으면 "맛있다, 좋아한다!"고 의례적으로 대답했는데 이제부터는 대답한 말 그대로 정말 파라과이 음식을 좋아하게 될 것 같다.

출장을 다니다 보면 지역의 명소도 보게 되고 알려지지 않은 이곳저곳도 둘러볼 기회가 생긴다. 이따(Itá)에 있는 훈련 센터에서 교육을 마치고 다음 목적지로 출발하려는 데 리노 라몬(Lino Ramón) 소장이 보여 주고 싶은 곳이 있다고 했다. '하늘과 땅'이란 이름을 가진 천하 명당이라고 했다. 멀리 지평선이 보이는 광활한 곳을 상상하며 따라갔더니 아라쁘(Arapy) 라는 이름을 가진, 아름다운 숲 속 캠프였다. 청소년들이나 기업 등에서 이용하는 자연 캠프로 강의 동과 숙소가 갖추어져 있었고 SNPP에서도 특별한 경우 이용한다고 했다. 곳곳의 나무에는 여러 가지 교훈적인 글귀가 붙어 있었다.

"매일, 매분 매초 당신이 어떤 생각을 가지느냐에 따라서 당신의 미래가 결정될 것이다. 항상 긍정적으로 생각하라." "단지 피로를 풀기 위해 잠을 잘 것이 아니라 좋은 꿈을 꾸기 위해 자도록 하라. 그러면 그 꿈은 이루어지리라!"

소장은 우리들에게 파라과이의 자연이 얼마나 아름다운지 보여주고 싶어 했다. 아울러 파라과이 청소년들에게 어떤 꿈을 심어 주고 어떤 사람으로 키워 주고 싶은지 알려 주려 애를 썼다. 그러면서 여기에 물도 좋고 경치도 좋은 정말 좋은 땅이 있으니 사라는 말도 덧붙였다.

파라과이는 내륙 국가이다. 바다가 없다. 거대한 두 개의 강이 있지만, 접근이 어렵고 대부분이 국경 지대이다. 그러다 보니 호수나 댐은 사람들이 즐겨 찾는 소중한 휴식처다. 이따(Itá)에 있는 호수도 그런 곳 중의 하나이다.

9월 5일 도착했을 때는 세찬 비, 강한 바람에 추운 날씨라 행사 걱정하느라 주변을 살펴볼 여유가 없었다. 이튿날 날이 개고 마음에 여유가 생기니 행사장 바로 뒤편 아름다운 호수 공원이 눈에 들어 왔다. 십여 마리의 악어들이 모래밭으로 기어 나와 따뜻한 햇살을 즐기고 있었고 긴 목을 가진 하얀 새들이 물가를 어슬렁거리며 물고기를 잡고 있었다. 아름답고 정겨운 곳이고 가볍게 운동하거나 산책하기에 안성맞춤인 곳이다.

하지만 오염이 심하다. 온통 녹색 조류로 뒤덮여 있다. 파아란 호수가 아니라 녹색의 호수이다. 우연히 검색해 본 ABC Color신문 기사는 "주변 사람들이 쓰레기를 버리고 세탁물을 마구 버려서 오염이 심하다"고 했다. 최근에 들어 악어의 개체 수가 줄어들고 있고 호수의 수량도 줄어든다고 걱정했다.

까아꾸뻬 성당은 평소에 찾아가 보고 싶었던 곳이다. '기적의 성녀' 혹은 '푸른 성녀'로 불리는 성녀상이 유명하다. 성녀상에 얽힌 전설은 파라과이인들에게 널리 알려져 있다.

개종한 인디언 조각가 호세가 또바띠에 있는 자신의 집 근처에서 조각할 나무 재료를 찾던 중 개종을 반대하는 므바으아 부족 인디언들에게 쫓기게 되었다. 인디언들은 호세가 숨어 있는 커다란 나무 밑까지 다가와 호세를 찾으려고 했다. 들키면 곧바로 죽음인 다급한 상황이다.

두려움에 떨던 호세는 성모 마리아에게 간절히 기도를 했다. 자신이 인디언들의 습격에서 벗어나 살아나게 된다면 자신이 숨어 있는 나무로 성모상을 조각하겠다고 약속했다. 바로 그 순간 성모 마리아가 나타나 인디언들에게 "마때 숲속으로 돌아가라!"

라고 소리쳤고 인디언들은 모두 놀라 달아났다.

호세는 자신이 살아난 것에 감사하는 마음을 담아 자기가 숨었던 커다란 나무를 잘

까아꾸뻬 성당은 파라과이에서 으뜸가는 성당이다. 매년 12월 8일이면 전국에서 순례객이 몰려든다.

라 두 개의 성모상을 만들어 작은 성모상은 자신이 보관하고 커다란 성모상은 또바띠 성당에 기증했다.

기적은 한번이 아니었다. 성모 마리아가 출현했던 바로 그 지점에 커다란 샘이 솟아 과라니 인디언들이 뜨거운 여름 더위를 무사히 넘길 수 있도록 도와주었다. 몇 년 후 대 홍수가 나서 으빠까라이 호수(el lago de Ypacaray)가 만들어졌고 호숫물이 넘쳐 근처에 있는 모든 마을이 침수될 지경에 이르렀다.

루이스 볼라뇨스 신부가 인디언 주민들과 함께 간절하게 기도를 하자 그 많던 물이 으빠까라이 호수 속으로 흘러가면서 수위가 현재 상태로 안정되었다. 이때 이상한 물체가 떠내려오는 것을 발견하여 건져 보니 호세가 나무로 깎아 만든 작은 성모상이었다. 이 성모상이 홍수를 막았다 하여 '기적의 성모상'이라고 불렸다고 한다. 매년 12월 8일이면 기적의 성모상이 있는 이 성당에 참배하기 위해 파라과이 전역에서 수많은 사람이 몰려든다.

우리가 묵은 호텔은 까아꾸뻬 성당 근처였다. 아침 일찍 일어나 성당과 주변 공원을 세 바퀴 돌았고 점심시간에도 잠시 들러 다시 두 바퀴를 돌았다. 성당 안으로 들어가 성모상 아래 손자국 조형에 손을 대고 소원을 빌며 기도를 했고 기적의 성수가 나오는 곳을 찾아가 물을 마시기도 했다. 성당 안 재단 옆에는 조그마한 현수막이 걸려 있었다.

"배고픈 자에게 음식을 주고 목마른 자에게 물을 주는 것, 헐벗은 자에게 옷을 주고 갇혀 있는 사람을 찾아 보는 것, 병든 자들의 시중을 들어 주고 죽은 자들을 묻어 주는 것, 이런 일들이 바로 긍휼을 실천하는 일이다."

수없이 들어 왔으면서도 귓전으로 흘리던 이런 말들이 새삼스럽게 가슴에 깊이 와 닿는다. 까아꾸빼 성당은 유럽에서 봤던 대성당들과 느낌이 아주 다르다. 유럽의 성당들이 화려하고 위압적이라면, 까아꾸빼 성당은 단아하고 온유하다. 유럽의 성당들이 신에 대한 경외심을 심어 주는 곳이라면, 까아꾸빼 성당은 수고하고 짐 진 자들에게 휴식을 주는 안식처란 느낌을 주는 곳이다.

그런 생각을 하고 보니 오가는 사람들이 너무나 평안해 보인다. 길가에는 10여 마리의 개들이 모여 한가로이 낮잠을 즐기고 있다. 지나가는 사람들을 아랑곳하지 않고 낮잠을 즐기다가 햇빛이 뜨거워지면 나무 그늘을 따라 조금씩 자리를 옮겨 가며 다시 드러눕는다.

성당 주변을 걸으면서 근심과 걱정, 마음속 온갖 염려가 사라짐을 느낀다. 한없이 편안해지고 한없이 너그러워지는 것을 느낀다. 이런 것도 성녀의 기적이 아닐까? 이런 평화를 만끽하려고 전국에서 순례객이 찾아오고 또 찾아오는 것은 아닐까?

이따의 아름다운 호수는 녹조로 뒤덮
혀 있었다. 호수가 오염되면서 이곳에
서식하는 악어들이 줄어든다고 걱정
이 한창이다.

리노 라몬(Lino Ramón) 소장은 우리를
자연이 그대로 살아 있는 아름다운 아
라삐(Arapy) 숲속 캠프로 안내하였다.

생각을 바꾸니
재미가 붙어!

2016년 9월 15일

"자, 모두 손을 앞으로 내밀어요! 손등이 하늘을 보도록 해요!"

60년대 초반 국민학교 시절 운동장에서 조례 시간이 끝날 즈음에는 늘 용의 검사를 했다. 선생님은 가늘고 긴 회초리를 가지고 다니면서 아이들이 얼굴과 손을 제대로 씻었는지, 옷은 더럽지 않은지 하나하나 검사했다. 손등이나 손톱 밑에 때가 긴 아이들은 회초리가 두려워 작은 가슴을 졸여야 했다.

당시에는 시골에 사는 아이들은 제대로 씻지 못했다. 얼굴에는 땟국물이 흘렀고, 머리와 몸에는 이가 기어 다녔다. 몸속에는 회충을 비롯한 여러 기생충이 살고 있었다. 제대로 씻을 곳도 없고 비누도 없고 위생 관념도 부족하다 보니 손등에는 묵은 때가 눌러붙었다. 손톱 밑이 새까만 아이들도 많이 있었다.

용의 검사를 하는 날이면 개울가로 달려가 가늘고 고운 모래로 손등을 문지르고 또 문질러 보지만 오랫동안 찌든 때는 좀처럼 벗겨지지 않았다.

파라과이에서는 젊은 봉사단원들이 주축이 되어 분기마다 333 봉사 활동을 한다. 뜻 있는 봉사단원들이 비용과 시간을 내어 초등학교를 찾아가 아이들을 가르치고 재미있게 놀아 준다.

333 활동의 기본은 양치질 교육이다. 하루에 세 번, 식사 후 3

분 이내, 한 번에 3분 양치질을 해야 한다는 것을 노래와 율동을 하면서 재미있게 가르친다. 칫솔과 치약을 나누어 주고 3분간 이를 닦는 실습도 한다. 청결한 생활이 몸에 배도록 하는 위생 교육이자 생활 습관 교육이다.

신체 계측을 하고 혈액형을 검사하는 팀도 있다. 지난해까지만 해도 개발 도상국에서 봉사 활동을 하면 군 복무를 면제해 주는 대체복무 제도가 있어 의사 출신 봉사단원들이 직접 진료도 하고 의료 상담도 했었다. 하지만 지금은 의사가 파견되지 않기에 간호사 출신 단원들이 중심이 된다. 아이들은 어디서나 똑같다. 간호사 단원이 피를 뽑는다고 주사기를 꺼내면 걱정 어린 눈초리로 쳐다보고 있다가 자기 차례가 되면 찌르지도 않았는데 눈물부터 흘리거나 비명을 질러댄다.

333 활동에서 나는 풍선에 바람 넣는 일을 한다. 좋아서라기보다는 특별한 재주가 없다 보니 자연스럽게 맡게 된 역할이다. 기계로 바람을 넣은 후 풍선 입구를 묶어서 넘겨 주는 단순한 작업인데 처음에는 팔도 아프고 손가락도 아팠다. 하지만 같은 작업을 반복하다 보니 어느새 익숙해지고 효율이 높아졌다. 몇백 개 만드는 일도 이제는 쉬워졌다.

인상적인 것은 어린이 성교육이다. 여기는 성이 상당히 개방된 곳이다. 성적으로 조숙하여 아주 어린 나이에 성적인 경험을 한다. 어린이 대상 성범죄도 의외로 많다. 2년 전에는 가족 간 성폭력으로 9살 어린이가, 그리고 작년에는 10살 어린이가 임신하고 출산하는 사건이 발생하였다. 15세 미만 어린이가 출산을 하는 경우가 1년에 800건을 넘어 선다. 이런 현실을 알았을 때 나는 개탄스러워 하는 것이 전부였는데 젊은 단원들은 개탄하기에 앞서 행동에 나섰다.

풍선을 가지고 천진난만하게 장난을 치고, 주삿바늘을 두려워하며 울음을 터트리는 아이들에게 생리대 사용법을 가르치는 동시에 콘돔 사용법 등 피임 방법까지 알려 준다. 멀지 않아 어른이 된다는 것을 알려 주고 책임 있는 어른이 되는 법을 가르쳐준다.

333 활동을 끝내고 함께 모여 식사를 하는 자리에서 이날 행사를 끝으로 서울로 돌아가는 한 여성 단원이 행사에 참여한 소감에 덧붙여 귀국 인사를 했다.

"처음 333 봉사 활동에 참여했을 때는 아무런 재미가 없었습니다. 챙겨주는 사람도 없었고 무엇을 해야 할지도 몰랐습니다. 겨우 이런 일이나 하러 여기까지 왔나 하는 생각이 들었고 행사가 무의미하게 느껴졌습니다. 그래서 한동안은 참여하지 않았습니다.

그런데 가만히 생각해 보니 남이 챙겨 주기를 기다릴 것이 아니라 내가 찾아서 하면 되고 남이 시키는 것을 하는 것이 아니라 내가 앞장서서 일을 진행하면 좋겠다는 생각이 들었습니다. 333 활동이 문제가 있는 것이 아니라 나 자신에게 문제가 있었습니다. 그래서 일을 대하는 내 마음가짐부터 바꿔야겠다는 생각이

들었습니다.

그때부터 다시 활동에 참여했습니다. 남이 준비한 일을, 시키는 대로 하는 것이 아니라 내가 찾아서 준비하고, 마지못해 하는 것이 아니라 내가 생각해 낸 새로운 방식을 즐기면서 참여했습니다.

내가 즐겁게 일하니 아이들도 덩달아 즐거워했습니다. 오늘이 특히 그랬습니다. 아이들이 좋아하고 적극적으로 따라오니 저는 더 신이 났습니다. 일하면서 보람을 느꼈고, 커다란 기쁨을 맛보았습니다. 아이들도 좋아했지만 제가 더 좋았습니다."

333 활동에 참여할 때마다 젊은 단원들이 참 대단하다는 생각을 한다. 혈혈단신 외국에 나와 생활하는 것이 결코 쉬울 리가 없다. 외로움과 싸워야 하고 서울 생활의 화려함이나 편안함은 잊어야 한다. 뜨거운 날씨와 씨름 해야 하고 모기와 개미와도 싸워야 한다. 근무처 사람들과 갈등이 생기기도 하고 궂은일을 떠맡아야 하는 경우도 있다. 오해를 받는 일도 생기고 수모를 당하는 일도 생긴다. 길거리에서 소매치기나 강도를 당하기도 하고 옷 가지를 훔쳐가는 좀도둑을 만나거나 수치스러운 일을 당할 위험도 있다.

봉사단원들의 활동이 모두 성공적인 것은 아니다. 몸이 아프고 정신이 쇠약해져 중도 귀국하는 단원도 나오고 현지 환경과 문화에 적응하지 못해 고통 받는 단원도 생긴다. 하지만 대부분의 단원들은 꿋꿋하게 잘 견뎌 낸다. 간호사로서, 선생님으로서, 사회

복지사로서, 컴퓨터 전문가로서 자기가 맡은 일을 묵묵히 수행해
낸다.

　비슷한 삶을 살아가고 있지만, 봉사 단원들끼리도 속마음을 잘
드러내지 않는다. 어느 날 한 젊은 단원을 만나 식사를 하는 도중
에 뜻밖의 이야기를 들었다. 여기서 겪는 어려움과 스스로 찾아낸
위로와 다짐을 마치 남의 이야기 하듯이 담담하게 들려주었다.

"저는 비교적 부유한 환경에서 자랐습니다. 제 명의로 된 아파
트도 있고 차도 있고 번듯한 직장도 가지고 있었습니다. 지금 한
국에 있다면 자가용을 몰고 다니면서 가끔은 백화점에서 카드를
긁으며 쇼핑을 하고, 분위기 좋은 찻집에서 친구들과 우아하게
차를 마시며 지내고 있을 것입니다.

여기서는 늘 조마조마 가슴을 졸이며 버스를 타고 다닙니다. 세
탁기조차 설치할 수 없는 조그만 옥탑방에서 혼자 빨래를 하고
있으려니, 내가 "왜 여기까지 와서 이런 고생을 사서 하나?" 하는
생각이 들었습니다. 나도 모르게 손 등에 눈물이 떨어졌습니다.

그러던 제가 변했습니다. 카드 사용 명세서를 읽는 대신 매일 매
일 상세하게 가계부를 씁니다. 돈의 소중함을 알고, 아껴 쓰는
법을 알게 되었습니다.

그뿐만이 아닙니다. 사람을 어떻게 대하고 어떻게 살아야 하는
지 깨달았고 가족과 사회에 어떻게 책임을 다해야 하는지도 배
우고 있습니다. 그리고 가끔 혼자서 장거리 여행도 합니다. 세상

어디에 내놓아도 이제는 혼자서 살아갈 수 있다는 자신감도 생겼습니다. 나는 나 자신이 하루하루 성장하고 있음을 느낍니다."

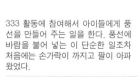
333 활동에 참여해서 아이들에게 풍선을 만들어 주는 일을 한다. 풍선에 바람을 불어 넣는 이 단순한 일조차 처음에는 손가락이 까지고 팔이 아파 왔었다.

파라과이 봉사단원들은 분기마다 시골 초등학교를 찾아가 333 봉사 활동을 한다. 각자가 비용과 시간을 내어 참여하는 봉사자들의 또 다른 봉사 활동이다.

이론이 아니고
실천이야!

11월 15일 오전 CTA에서 강의를 마치자마자 손명희 단원과 박민경 단원이 함께 이루어낸 현장 사업 준공 현장으로 달려갔다. 취약 아동 청소년 재활 훈련원(Centro de Convivencia Pedagógica Ñemity)이라는 곳이다.

메일로 안내를 받아서 갔지만 쉽게 길을 찾지 못했다. 차를 세우고 몇 번이고 물어도 이 시설이 어디 있는지 정확히 아는 사람이 없다. 그런데 운전기사가 KOICA에서 지어준 시설이라고 이야기하니 신기하게도 "아, KOICA요! 저쪽이에요!"라고 자신 있게 가리켜 준다. 재활훈련원이라는 말보다는 KOICA라는 것이 더 잘 알려져 있고 모두가 그냥 KOICA라고 부르는 모양이다.

이 훈련원은 2010년 KOICA가 파라과이 정부와 협력 지원 협정을 맺고 부지를 확보하여 건물을 지어준 곳이다. 길거리에서 방치되어 살아가던 청소년들이 단기 보호소를 거친 후 본인의 희망에 따라 이곳으로 오면 만 18세까지 돌보아 주는 곳이다. 보호 시설이고 교육 시설이며 재활 시설이다. KOICA에서는 시설을 지어주고 난 후 지금까지 계속 봉사단원을 파견해 시설 운영을 지원하고 있다.

파견된 봉사단원들은 시설의 아이들을 가르치고 돌보기도 하고 물품을 지원하거나 필요한 시설을 지어 주는 현장 사업도 수행한다. 지난번 파견되었던 단원은 소규모 동물원 기능을 갖춘 축사를 만들었다. 이곳에서 생활하는 청소년들이 소, 돼지. 양, 염소 닭, 오리 등 동물을 가까이하면서 정서를 순화하는 동시에 가축을 팔아 생기는 수입으로 시설 운영에 보탬을 주려는 좋은 프로그램이다. 손명희 단원과 박명희 단원은 어린이 놀이 시설과 수영장, 그리고 체력단련장을 지어 주었다. 재활원 아이들과 지역 주민이 함께 이용하는 운동 시설이다.

손명희 단원은 사회복지사다. 대구에 소재한 전문 대학에서 학생들을 가르치다가 "이론을 가르치는 것도 중요하지만 복지는 현장에서 실천하는 것이 더 중요하다"는 소신에 따라 휴직을 하고 이 멀리까지 찾아 왔다고 한다. 재활원에서 하는 활동 이외에 한국 학교를 찾아가 발달 장애 아이를 돌보는 일도 자청해서 하고 있다. 스스로 선택한 일을 신념을 가지고 실천하는 그녀는 억척스러운 봉사자이고 헌신적인 복지사다. 함께 일하는 박민경 단원은 간호사다. 한국에서 응급실 등에서 일하다 이곳으로 와서 열심히 일하고 있다. 여기 생활에 푹 빠져 아예 여기서 살까, 하는 생각을 내비치기도 했다.

두 사람은 파라과이 사람들 특유의 느긋한 태도에 마음 졸이고 속을 끓이면서도 6개월 만에 현장 사업을 마무리했고 이 날 파라과이 아동 청소년 장관과 파라과이 주재 한국 대사가 참석한 가운데 성대한 준공 행사를 치렀다. 무리하고 긴장했던 탓인지 손명희 단원은 하필이면 이날 병이 났다. 이 좋은 축제 날, 기뻐하는 아이들과 주민들과 선생님들과 함께하지 못하고 의무실 한쪽 구석에 누워 있어야 했다.

외국에 나와 살지만 여기서도 관혼상제 참석은 중요한 일이다. 재활훈련원 현장 사업 준공 다음 날 장관의 어머니께서 돌아가셨다는 연락이 왔다. 여기는 통상 2일 장이다. 날이 더워서 그런지 운명한 다음 날 바로 장례를 치른다.

조문 절차도 모르고 어색하기도 했지만 점심시간을 이용해 조문을 갔다. 조용했고 장관과 가족들이 나와 경건하게 조문객을 맞고 있었다. 울고불고 하는 모습은 없었다. 부조를 하는 관행도 없었고 음식을 대접하는 풍경도 없었다. 방명록은 있었지만 대부분은 기록하지 않고 그냥 돌아갔다. 특별한 인연이 있거나 꼭 하고 싶은 말이 있는 사람만 적는 것으로 보였다.

빈소에는 기관 몇 곳과 고용노동부 직원 명의로 보낸 화환을 포함하여 10개 정도의 화환이 와 있었다. 화환은 하얀색이 아니라 여러 가지 색깔의 꽃을 사용하여 정성 들여 만들었다. 우리의 화환보다는 훨씬 정갈했다. 조문실 옆에는 관이 놓여 있고 관에는 망자가 자는 듯 누워 있었다. 조문객들은 망자의 얼굴을 보면서 간단히 기도하고 돌아갔다.

장관과 인사를 마치고 나오는데 명함 크기의 쪽지를 건네준다. "소사 메르세데스 플로레스 집안의 온 가족과 유족들은 하나님의 은총이 내리는 이 어려운 순간에 우리와 함께 해 주신 이웃과 친구 여러분께 감사를 드립니다." 라고 쓰여 있었다.

MERCEDES FLORES
DE SOSA
Q.E.P.D
*24/09/1928   +16/11/2016
SUS FAMILIARES
Y DEMAS DEUDOS
AGRADECEN A
VECINOS Y AMIGOS
QUE NOS ACOMPAÑARON
EN ESTE DIFICIL MOMENTO
QUE DIOS LOS BENDIGA

조문을 마치고 돌아올 때 명함 크기의 쪽지를 나누어 주었다.
'조문을 와 줘서 고맙다'는 내용이다.

산 로렌소에 있는 취약 아동 청소년 재활원. 2010년 KOICA 해외지원 사업의 일환으로 지어준 시설이며 준공 후 KOICA에서는 지속적으로 봉사단을 파견하여 운영을 지원하고 있다.

설마
그렇게까지?

2016년 10월 10일

"에이, 씨! 재수 없어! 오늘 또 뜯겼네!" 스페인어 가정 교사 마그나(Magna)가 문을 열고 들어서면서 투덜거렸다. 마그나는 친척으로부터 급하다는 전화를 받고 오토바이를 타고 갔다가 돌아오는 길에 교통 단속 경관에게 걸렸다. 호루라기를 불며 오토바이를 세운 경찰이 다가오더니 "헬멧을 착용하지 않았습니다. 규정상 벌금이 75만 과라니 입니다. 하지만 35만 과라니만 내고 가십시오"라고 선심 쓰듯 말했다.

마그나는 가난해서 돈이 없으니 벌금 통지서를 주든지, 오토바이를 가져가든지 마음대로 하라고 하면서 돌아서 버렸다. 막무가내로 내뻗는 마그나의 배짱에 황당해 하던 경찰관은 한참을 뜸 들이더니 "사정이 어렵다면 15만 과라니로 낮춰 주겠다"고 새로운 제안을 했다.

마그나는 "옳다구나!" 하면서 적극적으로 흥정에 나섰다. "아들이 아파 급하게 갔다 오느라 안전 장구를 갖추지 못했다. 아이를 병원에 데려가야 하지만 돈도 없다." 그리고는 친척에게 전화를 걸어 경찰관이 들을 수 있도록 큰 소리로 징징거리며 우는 시늉을 했다.

단속 경관은 어려운 사정은 이해하지만 그래도 15만 과라니는 주고 가야 한다고 하면서 물러서지 않았다. 마그나가 시간을 끌면서 "이 오토바이는 내 것이 아니다. 교회의 오토바이다. 나는 오토바이를 살 돈도 없다"라고 하면서 계속 버텼다. 경관은 더 기다릴 수 없었던지 "그렇게 사정이 어렵다면 5만 과라니만 내고 가라"고 최후통첩 비슷한 제안을 했다. 그래서 마그나는 얼른 5만 과라니를 주고 왔다고 했다.

흥분이 가시지 않는지 그녀는 수업 시간 내내 씩씩거렸다. 꼬이마(coima)니 소보르노(soborno)니 하는 단어를 들먹이면서 그것은 국가로 들어가는 것이 아니라 경찰관 개인의 주머니로 들어가는 부정한 돈이라고 했다. 그러면서도 파라과이 경찰은 불쌍하다고 했다. 보수는 쥐꼬리만 하고 모자, 제복에서부터, 권총에서 실탄까지 모두 경찰관 개인이 사서 써야 한다고 했다. 국가가 지급하지 않는다고 했다. 그러니 부정한 돈을 받을 수밖에 없다고도 했다.

얼마 전 지방 순회 교육을 하기 위해 으빠까라이(Ypacaraí) 지역을 지나는 데 교통 요지 한가운데 잔디밭에 수백 대의 오토바이가 주차되어 있었고 그중 많은 오토바이들은 녹이 슬어 가고 있었다. 운전기사 에스떼반(Esteban)에게 저렇게 많은 오토바이가 왜 저기에 몰려 있느냐고 물었더니 교통경찰이 교통 위반을 한 오토바이를 끌어다 보관하는 곳이라 했다.

"교통 법규 위반 벌금이 너무 높아 벌금 내기가 어려운 사람들은 단속에 걸리면 그냥 오토바이를 가져가라고 하는 경우가 많다. 일단 압류되면 압류된 오토바이로 벌금을 내고 다시 찾아 가기 보다는 새 오토바이를 할부로 구입하는 경우가 더 많다.

벌금 액수가 75만 과라니이고 신형 오토바이를 할부로 구입하면 한 달에 25만 과라니 정도이니 벌금 내는 대신 새로운 오토바이를 사는 것이 오히려 낫다.

설령 벌금을 내고 압류당한 오토바이를 찾아 온다 하더라도 여러 가지 문제가 있다. 몇 번을 찾아가야 하고 며칠 간의 노력 끝에 막상 찾고 보면 오토바이가 문제투성이로 변해 있기 일쑤다. 보관 과정이 허술하다 보니 거울에서 타이어에 이르기까지 주요 부품이 바뀌어 있거나 손상되어 있다. 구입한 지 얼마 안된 신형 오토바이를 압류당할 경우 며칠 만에 완전 중고품으로 변해 버린다. 하지만 어디 호소할 곳도 항의할 곳도 없다. 그래서 단속에 걸리면 오토바이는 일찌감치 포기해 버린다."

상식적으로 이해할 수 없는 이야기였지만 서로 다른 곳에서 들은 에스떼반과 마그나의 설명은 정확하게 일치했다. 아순시온의 일간지 울티마 오라(Ultima Hora)도 "손쉽게 오토바이를 구입할 수 있어 벌금 제도가 조롱 거리가 되고 있다(Facilidad para

교통 범칙금이란 안전을 확보하기 위한 수단이다. 하지만 벌금 액수가 현실과 동떨어져 효과적인 단속이 어렵고 엉뚱한 부작용을 낳고 있다.

comprar motos pone en ridículo a las multas)"라고 보도하고 있다

이번 주는 스페인어 선생의 수난 주간인가 보다. CELPE 학원의 라모나(Ramona) 선생이 KOICA 사무실을 나와 불과 한 블록도 가지 못한 지점에서 노상 강도를 만났다. 오토바이 2대를 나눠 타고 나타난 2인조 강도가 라모나의 가방을 낚아채려 했다. 본능적으로 가방을 끌어 안았더니 발길 질을 해서 바닥에 넘어뜨리고 빼앗아 갔다. 오토바이 강도(Motochorro)는 파라과이의 또 다른 어두운 구석이다. 지나가는 행인을 쫓아가 넘어뜨리고 가방을 뺏어 가는 장면이 하루를 멀다 하고 뉴스를 장식한다.

아순시온 4시장은 물건값이 저렴하여 서민들이 애용하는 곳이다. 한국 교민들이나 봉사자들도 흔히 드나드는 곳이고 사람이 많이 모이는 곳이다. 그런데 이 지역도 안전하지 않다. 빼루(Perú) 길 교차로를 지나서 4시장을 통과하는 프란시아 길은 왕복 4차선의 파라과이의 대표 도로이다.

지난주 일요일 오후 두 시, 시장을 가로 지르는 이 대로에서 KOICA 봉사단원 2명이 휴대폰을 빼앗기고 돈을 털렸다. 그 전 주 일요일 오후에도 교회를 가던 한국인 할머니가 3인조 권총 강도를 만났다. 온몸을 샅샅이 뒤져도 돈이 나오지 않자 신발을 벗기고 양말까지 벗겨서 돈을 찾았고 양말 속에도 돈이 나오지 않자 신발을 가져가 버렸다.

이 지역에서 도난당하고 강도를 만났다는 이야기는 이제 놀라운 뉴스도 아니다. 어떻게 환한 대낮에 버젓이 강도질이 가능하냐

고 물었더니 마그나는 아주 간단하게 대답했다.

"프란시아 길이 지나는 4시장 코너에 강도들의 소굴이 있다. 그곳은 마약을 하는 곳이다. 경찰도 여기에는 들어가지 않는다. 강도들은 마약에 취한 경우가 많기 때문에 무슨 짓을 할지 모른다. 칼을 들었던, 총을 들었던, 혹은 맨손으로 보이던 간에 이들을 만나면 저항하지 말고 순순히 달라는 대로 주고 나오는 것이 다치지 않고 살아오는 길이다."

17 세탁기 수리

내일 온다고?
내일이 언제야?

2017년 3월 20일

몇 달 전에 샀던 세탁기가 자꾸만 멈추어 선다. 처음에는 '삐삐' 하고 고장 신호가 울리고 나서 10여 분 지나면 다시 돌아가더니 얼마 전부터는 아무리 기다려도 더 돌아가지 않는다. 사용 설명서를 찾아서 읽어 보니 물이 제대로 공급되지 않아 스스로 멈추는 것이란다.

배관에 이상이 있는지 2~3주 전부터 주방 수도꼭지의 물이 제대로 나오지 않았다. 아래층 밸브를 잠갔는가 싶어 관리인에게 연락했더니 기술자를 데려왔다. 혼탁한 수돗물에 섞여 들어온 이물질에 수도꼭지에 부착된 필터가 완전히 막혀 물이 흐르지 못한다고 했다. 수도꼭지를 풀어 필터를 청소해주니 주방 수도는 금방 정상이 되었다.

하지만 세탁기 문제는 해결되지 않았다. 세탁기에 연결된 호스를 풀고 필터를 청소해도 여전히 물은 나오지 않는다. 세탁기 내부에 설치된 제3의 필터가 막혔고 그로 인해 자동으로 물을 공급하고 차단하는 부품이 망가졌단다. 수리 보증 기한이 1년이기에 제조업체 수리 센터에 연락했다.

여러 번 전화한 끝에 가까스로 연결되었다. 이것저것 물어 보더니 기사와 연락하여 내일 확인 전화를 주겠다고 했다. 하지만 3

일이 지나도 아무런 연락이 없다. 다시 전화했다. 이번에도 같은 대답이었다. 다시 몇 가지를 물어보고는 전화를 끊고 기다리면 내일 연락을 주겠다고 했다. 구매 당시 영수증을 챙겨 놓고 기다리라 하기에 영수증을 챙겨 놓고 다른 약속도 취소하고 집에서 대기했지만 이번에도 연락이 없다.

기다리다 못해 또다시 전화를 걸었다. 지난번 두 번이나 약속을 지키지 않았다고 이야기하고 같은 내용을 다시 한번 반복했다. 이번에는 체류증을 확인하고 주소까지 물어본다. 오늘은 어렵지만 내일은 수리 기사가 찾아갈 수 있을 것 같다고 했다. 내일 12시 이후에 수리 기사가 전화하고 방문할 것이라 했다. 철석같은 다짐을 받았기에 이번에는 틀림없을 것이라 믿고 오후 내내 기다렸지만 역시나 허탕이었다.

파라과이의 고객 서비스는 한심하기 그지없다. 민간 기업이 이러하니 공공 기관은 말할 것도 없다. 고객에 대한 약속을 제대로 지키지 않는다. 약속한 시간조차 지키지 않는다. 내일이라고 대답하지만 이들이 말하는 내일은 우리가 말하는 내일이 아니다. 대답이 궁하거나 현장을 모면하고 싶을 때 그리고 인사치레가 필요하면 내일이라고 한다. 하지만 그것으로 끝이다. 과라니 어로 내일(KO'ÊRÔ)이란 말은 "만일 아침을 맞이한다면(Sí amanece)"이란 뜻이다. 내일 일은 내일 가봐야 안다는 뜻이다. 설령 내일이라고 했더라도 반드시 지켜야 하는 것은 아니란 인식이 이들의 생활 습관 속에 깊게 자리 잡고 있다.

파라과이는 바다는 없는 나라지만 물은 많은 나라이다. 거대한 강이 흐르고 있고 수량도 엄청나다. 하지만 상수도 시설이나 수질 관리는 한 마디로 엉망이다. 우선 보기에도 깨끗하지 않다. 유리 컵에 수돗물을 받아 보면 희부옇기 일쑤다. 배관이 낡았는지 가끔씩 흙탕물이 나온다. 그대로 마시기는커녕 누렇게 물이 들까 봐 빨래조차 하기 두렵다. 며칠만 비가 오면 흙탕물이 나오고 세탁기 필터가 막혀 고장난다, 수돗물을 받아 다시 걸러 내는 정수기 필터도 채 한 달을 버티기 어렵다.

아순시온의 센트로에는 수돗물 계량기 박스가 대부분 보도에 설치되어 있다. 덮개가 없거나 파손된 것이 부지기수다. 방치된 박스는 담배꽁초와 쓰레기로 채워져 있기 일쑤다. 물이 새어 나와 박스 전체가 물속에 잠겨 있는 것도 심심하지 않게 눈에 띈다. 폐수전은 그렇다 치고 사용 중인 계량기도 다를 바가 없다. 제대로 관리되지 않고 있다.

길을 오가다 보면 수도관이 터져 누수 되는 현장을 자주 만난다. 어디선가 관이 터져 길거리에 물이 넘쳐 나지만 긴급 수리를 하는 현장은 거의 보지 못했다. 아까운 수돗물이 개울을 이루듯 흘러 가도 며칠이 지나도록 그대로 내버려 두고 있다.

80년대 초반 서울의 상수도 유수율은 52%였다. 생산된 수돗물 중 요금을 받고 판매되는 양은 고작 52%에 불과했다. 생산된 나머지 물 48%는 어디로 사라지는지도 몰랐다. 물을 훔쳐 쓰는, 도수(盜水) 행위 때문이라는 의혹도 있었지만, 수천 km에 이르는 배관망이 낡아 땅속에서 물이 새나가고 있다는 주장이 설득력을 얻었다.

서울시는 이때부터 대규모 투자를 시작했다. 물이 새는 곳을 모두 잡겠다고 전쟁을 선포했다. 1985년 처음으로 400억을 투자하여 400km의 노후관을 교체하는 공사를 시작했다. 대규모 투자는 10여 년간이나 계속됐다. 엄청난 돈이 들었고 낭비성 투자라는 비판도 나왔다. 하지만 시간이 지나자 효과가 나타났다. 아파트 물탱크 청소 문제가 새롭게 대두됐지만, 노후관으로 인한 흙탕물 시비는 진작에 사라졌다. 2000년을 넘어서면서 유수율도 급상승했다. 2010년경에는 93%를 넘어 섰다. 이제는 생산된 물이 어디서 어떻게 배분되는지 한눈에 알 수 있다.

새천년을 맞으면서 고도 정수 처리 단계로 들어섰다. 수질 검사 항목도 100여 개로 늘어났다. 정수장별로, 블록별로 모든 수질을 공개하면서 선진국 최고 수준이라고 대놓고 자랑한다. 가정을

찾아가서 수도꼭지 수질 검사까지 무료로 해 주고 있다. 수질에 자신이 생기자 생수 업체와 경쟁하겠다고 나서고 있다. 아리수란 이름을 붙이고 수돗물을 생수병에 담아 시중에 팔려는 시도를 계속하고 있다.

아순시온 센트로 지역 수도 계량기 박스는 성한 것이 거의 없을 정도이다. 수도관이 터져 거리로 물이 흘러 넘쳐도 며칠씩 내버려 두는 것도 부지기수이다.

파라과이 상수도는 1980년 이전 서울의 수준이다. 파라과이의 상수도 업무는 ESSAP(Empresa de Servicios Sanitarios del Paraguay S.A)이라는 공기업이 책임지고 있다. 여기도 대규모 투자를 시작하면 서울처럼 상수도 수질이 좋아질까? 10년 후에는 흙탕물이 나오지 않고 세탁기가 망가지는 일이 더 이상 일어나지 않게 될까? 하지만 그렇게 될 것이라는 대답이 쉽게 나오지 않는다.

파라과이는 대규모 투자에 앞서 종사자들의 서비스 정신부터 길러야 한다. 고객을 어려워할 줄 알고 고객에게 응대하는 것부터 가르쳐야 한다. 작지만 기본적인 것부터 고쳐 나가야 한다. 누수가 생기면 즉각 달려가야 하고 계량기가 작동하지 않으면 즉각 수리해야 한다. 엄청난 물이 줄줄 새도 이 핑계 저 핑계 대며 "나 몰라라!" 하고 있고 흙탕물이 나온다고 신고해도 "어제 비가 많이 와서 그래!" 하고 넘어간다면 아무런 희망이 없다. 그런 상황이 개선되지 않으면 대규모 투자는 엄청난 낭비가 되고 장기 투자는 "10년 공부, 도로아미타불"이 될 공산이 크다.

CHAPTER 3

그들 속에 들어가
함께 뛰다!

고용노동사회보장부는 노동권 보장과 고용 확대 정책을 적극 추진하기 위해 2014년 4월 법무노동부에서 분리하여 신설한 부처이다. 고용노동부는 두 개의 산하 기관을 가지고 있다. 그 하나는 SNPP(국립직업훈련청: Servicio Nacional de Promoción Profesional)이고 다른 하나는 SINAFOCAL (국립노동교육훈련원: Sistema Nacional de Formación y Capacitación Laboral)이다.

SNPP는 말 그대로 직업 훈련을 담당하는 기관이다. 가정 형편이 어려워 대학에 진학하지 못하는 18세 이상 성인을 대상으로 직업 훈련을 하는 비정규 교육 기관이다. 아순시온에 본부가 있고 산 로렌소를 포함한 전국에 57개의 지방 훈련센터를 거느리고 있다.

SINAFOCAL은 한마디로 민간 교육 기관에 위탁하여 직업 훈련을 실시하는 기관이다. 직업 훈련과 교육에 관한 여러 가지 기준을 만드는 역할도 한다. "직업 훈련을 하고 훈련받은 노동자들을 시장

3

에 진출시킴으로써, 노동력의 경쟁성과 생산성을 보장하고 향상 시키며, 공공과 민간의 직업 교육과 훈련 과정을 규제하고 증명하고 인증한다"

고용노동부 청사 앞에서 전 직원들이 모여 기념 촬영을 했다. 본부 간부를 포함하여 전국 직업훈련센터의 소장과 행정 요원, 교사들을 변화시키고 행정 관리 역량을 강화 시키는 것이 나의 주된 활동이다.

솔직한 것이
최고라고?

2016년 8월 22일

  "써영인?" "쓰엉인?" 기예르모 소사 고용노동부 장관은 자리에 앉자마자 알아듣기 어려운 이상한 말을 했다. 고개를 갸우뚱하면서 쳐다봤더니 스페인어와 영어를 섞어가며 'Aprobación'을 한국어로 뭐라고 하느냐고 물었다. '승인'이라고 했더니, '승인!' '승인!'하면서 몇 번을 따라 연습을 하고는 웃으면서 "모두 승인합니다"라고 했다.

  가끔 장관이나 청장을 만나, 보고 들은 내용을 토대로 정책을 제안하고 건의한다. 이번에도 장관을 만나면서 하고 싶은 이야기를 한 페이지로 정리하여 첨부자료와 함께 보냈다. 사전에 읽어보라고 했는데 내용이 마음에 들었던 모양이다. 내가 제안한 내용을 공식적으로 받아들이겠다는 의미로 승인이라고 했고 한국말 사전을 찾아 승인이라는 말을 연습해서 왔다.

  먼저 전국의 직업훈련 센터와 노동사무소 직원을 대상으로 한 역량 강화 특별 훈련에 앞서 시작 행사로 8월 30일 교육 발대식을 겸한 합동 연찬회를 열겠다고 했더니 "고맙습니다. 무엇을 어떻게 해 드리면 되나요?" 하고 물었다. 인터폰으로 당일 장관 일정이 잡혀 있는가를 확인하고는 정책국장 후안 빠블로(Juan Pablo)를 불러들였다. "교육이 원활하게 이루어지도록 지원하고 도와줘라! 혹시

소장들이 이런저런 핑계를 대며 교육에 불참하는 일이 없도록 각별히 챙겨라!" 하고 지시했다.

NEO 프로그램에 관한 의견도 솔직하게 이야기했다.

지금 SNPP 9개 훈련 센터에서 미주개발은행(IDB)이 지원하는 직업 교육 발전 프로그램 NEO를 시행 중이다. 각 센터에서는 IYF에서 제공하는 교육 훈련 평가 기준표에 따라 자체 평가를 하고 있고 평가 결과를 토대로 교육 훈련 발전 계획을 세우고 있다.

92개의 지표로 구성된 9개 센터의 평가 결과표를 종합 분석하면 SNPP 교육의 취약점을 항목별로 정확하게 분석할 수 있고 이를 토대로 장기 발전 계획을 세울 수 있다. 우선 이 평가 결과표부터 제대로 분석하기 바란다.

지금 IYF 주관으로 Facilitator와 Tutor를 양성하기 위한 특별 교육을 실시하고 있다. 중요한 교육이지만 교육 참가자가 너무 적다. IYF 측에서는 SNPP에서 최소한 30명 이상 참석해 주기를 바라지만 교수법 향상 교육에는 14명, PTS(Passport to Success) 교육에는 겨우 9명이 참석했다. 여러 가지 어려움이 있겠지만 이 교육에 더 많은 사람을 보내어 훈련시켜야 한다.

장관이 정색하면서 "어떻게 하면 좋겠는가?" 대책을 물었다. 공문을 통해 정식으로 명령을 내리는 것이 어떻겠냐고 했다. 장관이 산하 기관의 개별 공무원 교육까지 문서로 지시한다는 것은 옳지 않다고 봤기에 그러지 말라고 했다. 대신 기관장들에게 직원들이 마음 놓고 교육에 참석할 수 있는 여건을 만들어 주라고 지시하는 것이 좋겠다고 이야기했다.

지방에 가보니 교사들의 수준이 너무 낮았다. 훈련 교사들이 새로운 교육을 받지 않아 최신 기술이나 이론을 가르치지 못했다. 대부분 초보적이고 낡은 기능을 가르치고 있어 학생들이 교육을 받고 나서 막상 사회에 나가보면 쓸모 없는 경우도 많다. 훈련 교사들도 문제를 인식하고 있었고 더 공부하고 싶어 했다. 하지만 교육 비용이 문제였고 마땅히 교육받을 만한 곳이 없는 것도 문제였다. 그러면서 SNPP 본부의 우수 교사들에게서 배울 수 있도록 분야별로 워크숍을 하거나 연찬회를 개최해 주면 좋겠다는 바람을 나타냈다.

장관은 이런 사정을 충분히 충분히 이해한다고 했다. 그러면서 시각을 넓혀서 이야기했다. 단순히 기술을 따라 배우는 수준을 넘어서 새로운 교육 기법이 필요하다고 했다. 이스라엘의 창의 교육 방식을 설명하면서 "단순히 따라 하는 교육이나 주입식 교육이 아니라 생각하게 하는 교육이나 자기 주도적 학습 방법을 도입해야 한다"고 했다. 그러면서 교사들에게 자기주도적 학습 방법을 가르쳐 달라고 했다. 하지만 나는 그 분야 전문가가 아니다. 현재로서는 그럴 시간도 없다. 혹시 한국에서 지원할 수 있을지 KOICA와 상의해 보겠다고 했다.

장관은 내 제안을 모두 받아들인다고 했지만 나와 인식을 달리하는 부분도 있었다. 특히 교육 물품 지원 부분에서 그랬다. 가는 곳마다 훈련 교사들은 교육 훈련에 필요한 소모품이 부족하다

고 했다. 본부에서 충분히 지원하지 않는다고 불평하면서 혹시라
도 본부에서 누군가 물품을 빼돌리는 것이 아닌지 의심이 간다고
했다. 그러다 보니 훈련 교사들이 개인 주머니를 털어 간단한 소
모품을 마련하거나 학생들에게 부담시켜야 하는 것이 불가피하
다. 이러한 물품 문제와 강의실 부족 등 여러 문제를 해결하기 위
해 자치 단체, 시민 단체, 지역 기업들이 참여하는 연합체를 구성
하여 도움을 받는 훈련 센터가 많았다. 그래서 이런 연합 지원 체
제를 조직화하고 강화하는 것이 필요하다고 이야기했다.

　하지만 장관은 전혀 다른 견해를 보였다. 교육 물품 문제에 대
해 장관의 생각은 단호했다. 그는 예산 부족 문제라기보다 전달
과정의 문제, 즉 부정부패 문제로 보았다. 이번에도 메모지에 그림
을 그려가며 물품 조달 시스템과 공급 시스템을 일일이 설명했다.

"매년 지방 사무소로부터 다음 해 교육에 필요한 교육 물품을
신청 받아 예산에 반영하고 있다. 엉뚱한 품목을 요청하는 경우
도 있고 과다한 요청도 있지만 전반적으로 크게 부족하지 않게
편성하고 있다.

문제는 물품의 전달 과정이다. 전달 책임자들이 정직하지 않는
경우다. 상당수 물품을 빼돌리고 있다. 이 문제를 해결하기 위해
교육 물품을 직접 해당 훈련 교사에게 전달하는 시스템을 고안
하고 운영하고 있다. 아울러 물품이 제대로 전달되고 있는지 모
니터하려고 한다."

장관을 만나고 난 며칠 후, 라몬 마시엘 SNPP 청장이 회의를 소집했다. 'SNPP 제 4차 산업혁명 4.0'이란 거창한 이름을 걸고 2017년도 전략 계획을 수립한다고 했다. 미국식 교육 방법인 NEO, 이스라엘이 주관하는 PIMA 교육, PNUD(Programa de las Naciones Unidas para el Desarrollo) 프로그램에다 내가 담당하는 SNPP 지방 사무소 역량 강화 계획까지 모두를 포괄하는 발전 계획을 구상한다고 했다. 이 구상을 8월 30일의 합동 연찬회 겸 교육 발대식에서 공식 발표하겠다고 했다.

하지만 즉흥적이었다. 아무런 자료도 없었고 실무적으로 마련한 초안도 없었다. 참석자들도 준비 없이 그냥 참석했다. 먼저 취지를 설명했고 SWOT 분석을 한다면서 참석자들의 의견을 들었다. 그리고 나에게 조언을 청했다. 나는 평소에 느낀 점 세 가지를 전략 계획의 전제 조건으로 이야기했다.

"첫째, 선택과 집중이 필요하다. 우선 순위를 설정해야 한다. 지금 SNPP는 세상에서 내노라하는 온갖 교육 방식을 모두 도입하고 있다. 하지만 현장에 가보면 어느 하나도 제대로 배우지 않고 있고 어느 하나도 제대로 시행하지 않고 있다.

NEO 프로그램도 그렇다. 9개 센터에서 자체적으로 평가하고 개선 계획을 만들고 있지만, 아무도 평가서에 나타난 취약점을 알려고도 분석하려고도 않는다. 교육이 매우 중요한데 4가지 교육 중 2가지 교육에 겨우 14명, 9명이 참석했다.

이래서는 발전이 없다. 하나를 도입하더라도 제대로 도입해야 하고 하나를 배우더라도 철저하게 배워야 한다. 배운 것을 내 것으로 만들어야 한다.

둘째, 기초 체력부터 길러야 한다. 올림픽에 출전하려면 특수 기술을 익히기 전에 체력 강화 훈련부터 하는 법이다. 교육 훈련도 마찬가지다. SNPP의 기초는 훈련 교사이고 행정 요원이다. 그런데 이들이 너무 취약하다. 인원이 부족하고 교육 수준이 너무 낮다. 투철한 직업의식도 없다. 우선 이 부분부터 강화해야 한다. 체계적으로 교육하고 전문성을 갖추도록 훈련시켜야 한다.

셋째, 총론도 중요하지만 각론은 반드시 필요하다. 대부분 계획이 총론만 있고 각론이 없다. 교육 물품이 부족하다면 말로만 할 것이 아니라 구체적인 대책을 세워야 한다. 예산을 더 많이 확보해야 하고 지방자치단체 등과 협조를 강화해야 한다. 전달 체계에 문제가 있다면 전달 체계를 고쳐야 한다. 물품 배정에 부정이 있다면 모른 체할 것이 아니라 나서서 바로 잡아야 한다. 한 센터에서 전문 교육을 받을 만한 인원이 없다면 다른 센터의 사람을 보내거나 우수 훈련 교사를 정규직으로 전환해서라도 교육을 받게 하고 전문성을 길러야 한다.”

이야기하다 보니 목소리가 높아졌고 깊이 들어갔다. 청장의 아픈 곳까지 찌르게 되었다. 참석자 대부분이 고개를 끄덕이며 동의를 표했고 맞장구를 쳤다. 하지만 이야기가 계속되면서 참석자들의 표정은 굳어졌고 분위기는 가라앉았다. 적당히 하고 말 것을 너무 많이 나간 것인가? 쉬쉬하며 피해 가는 것을 군이 들추고 끄집어낸 꼴이 되어 버렸나? 이들의 자존심을 상하게 했나?

자문관이란 무엇인가? 조언하고 충고하는 사람이다. 보고 느낀 것을 전하는 사람이다. 정책이나 집행에 대해서는 아무런 책임도 없다. 건의를 받아들이고 정책에 반영할지는 당국자의 판단과 의지에 달려있다. 의견이 받아들여지면 좋은 일이고, 받아들여지지 않는다고 해도 어쩔 수 없다.

하지만 당국자들이 자문 의견에 깊이 귀를 기울인다면 문제가 달라진다. 느낌대로 솔직하게 가감 없이 전달하는 수준을 넘어서야 한다. 정말 내 의견이 옳고 객관적인지를 먼저 생각해야 한다. 내가 권하는 방법이 정말 바람직한지, 부작용을 낳거나 의사 결정을 왜곡시키지 않을지도 생각해야 한다. 자칫하면 오버할 수 있고 경솔할 수 있다. 슬기롭지 못하면 반감을 사서 개혁 자체를 망칠수도 있다. 과연 나는 올바르게 조언하고 슬기롭게 자문하고 있는가? 과연 내가 하는 방식이 이들에게 도움이 되는가?

라몬 마시엘 청장은 관계자들과 함께 "SNPP 제4차 산업혁명 4.0"이라는 거창한 이름의 전략 계획을 논의했다.

햇빛은
최고의 살균제!

2010년 8월 25일

    합동 연찬회가 30일로 다가왔다. 연찬회는 지방 노동사무소장과 직업훈련센터 소장 전원을 대상으로 하는 특별 교육이고 종일 교육이다. 정부 정책과 고용노동부의 정책, 그리고 SNPP에서 하는 일을 소개하는 교육이고 정신을 무장시키는 교육이다. 서울에서는 흔히 있는 교육이라 가볍게 생각했는데 이들은 그렇게 생각하지 않는 모양이다. 전국의 훈련 센터 책임자가 모두 한 자리에 모이는 큰 행사이고 과거에 없던 일이라 준비하기 어려운 행사라고 생각하는 모양이다.

    SNPP를 대상으로 하는 행사이기에 연찬회 총괄 준비는 SNPP 기획담당관 노르마를 책임자로 정했다. 하지만 장관 행사를 노르마에게 맡겨 놓는 것이 불안했던지 본부 인사국장 마를레네와 정책국장 빠블로가 직접 나서서 행사를 챙기기 시작했다. 강의를 담당할 본부 간부들을 모이게 하고는 나에게 행사 취지와 강의 내용, 강의 방식 등을 설명해 달라고 했다. 간부들은 자기들끼리 강의할 분야를 나누고 강의 시간과 순서를 조정했다. 강의 자료 준비 및 제출, 점심 준비, 기타 필요한 사항을 하나하나 결정하고 챙겼다.

    준비 과정에서 재미있는 일이 벌어졌다. 본부 간부들이 서로 자기들이 맡은 일이 중요하다면서 자기들이 강의를 맡아야 한다고 앞다투어 나섰다. 나는 파라과이 정부 전체의 계획을 설명할 간부 한 사람과 고용노동부 정책을 설명해 줄 간부를 정해 달라고 했었다. 그런데 7~8명의 간부들이 서로 자기 업무를 소개하겠다고 나섰기에 몇 번의 조정을 거쳐 최종적으로 5명을 정해 강의하기로 했다. 한 사람당 20분씩 강의하되 총 100분을 넘지 않도록 조정했다.

SNPP는 본부와 정반대였다. 책임자로 지정된 노르마는 행사를 잘 준비하겠다며 두 번이나 점검 회의를 했었다. 하지만 정작 한 달이 지나도록 자기 기관에서 강의할 사람조차 정하지 못하였다. 윗사람 눈치를 보느라 그랬을 수도 있고, 일하는 요령이 부족해 그럴 수도 있다. 준비 사항을 점검하던 인사국장 마를레네가 이 사실을 알고는 바로 라몬 마시엘 청장에게 전화했다. 누구에게 강의를 시킬 거냐고 물으니 SNPP 최고위 간부인 본부장 (Gerente) 3명이 담당할 거라고 했다.

강의 준비를 시키기 위해 본부장들을 소집했더니 강의를 해야 한다는 이야기를 하루 전 인사국장을 통해 들었다고 했고 준비 시간이 부족해 당황스럽다고 투덜거렸다. 재정본부장은 회의실에 들어올 때부터 잔뜩 부어 있었다. SNPP의 비전과 미션을 모르는 사람이 어디 있다고 이런 교육을 하느냐고 시비를 걸었다. 자기 업무는 SNPP의 비전을 이해시키고 설명하는 것과 아무런 관련이 없다고 주장했다. 자기는 교육 훈련 업무를 담당하는 것이 아니라 지원 업무인 예산과 재정 분야를 담당하고 있으며 이런 것은 소장들에게 공개적으로 강의할 내용이 아니라고도 했다. 군이 다툴 필요가 없기에 "너희들끼리 필요한 사람을 정해서 강의를 하라. 당신을 제외한 다른 두 본부장이 강의를 맡아도 나로서는 아무런 문제가 없다"라고 하면서 한발 물러섰다.

어느 사회나 온종일 해만 쳐다보는 해바라기가 있고 밝은 곳을 피해 어둠을 즐기거나 햇살을 피해 그늘 속에 숨으려는 사람들이 있기 마련이다. 장관이 간부회의에서 이번 교육이 중요하다고 강조하자 본부 간부들이 앞다투어 강의하겠다고 나섰다. 장관에게 충성하는 모습을 보이기 위한 것일 수도 있다. 단순히 잘 보이기 위해 강의를 자청했다면 전형적인 해바라기다.

하지만 해바라기면 어떻고 잘 보이려고 나선 것인들 무슨 문제가 되겠는가? 자청해서 나섰으니 최선을 다해 강의 준비를 할 것이고 자신의 업무 전반을 다시 한번 돌아볼 것이다. 강의 효과는 별개로 친다 하더라도 좀처럼 움직이지 않으려는 간부들을 앞장서게 한 것만으로도 성과이고 의미 있는 변화이다.

재정본부장의 주장은 과연 옳을까? 아니다. 천만의 말씀이다. 예산이나 재정은 비전을 실현하고 미션을 완수하는 것과 직결되는 문제이다. 예산과 재정을 담당한 책임자라면 산하 기관 책임자들에게 예산 내용과 재정 사정을 구체적으로 설명해야 한다. 현장에서 교육 물품이 부족하다고 원성이 자자하다면 왜 그렇게 부족한지 사정을 설명하고 이해를 구해야 한다. 배분 과정과 절차까지

낱낱이 공개해야 한다. 결코, 숨길 일이 아니다. 숨기면 오해를 받는다. 그러나 그는 공개하기를 싫어하고 투명하게 밝히기를 두려워하고 있다. 공식적인 자리에서 물품 지원문제를 논의하는 자체를 싫어한다.

나는 이것이 재정본부장 개인에 국한된 문제라고 생각하지 않는다. 파라과이 사회에 곳곳에 재정본부장과 같은 생각을 하는 사람들이 도사리고 있을 것이다. 재정본부장의 태도는 자기도 모르게 파라과이 사회에 어두운 구석이 있음을 인정한 것이고 그런 사실을 간접적으로 알려 주고 있는 것이다.

햇빛은 최고의 살균제다. 햇빛이 들어가면 곰팡이는 더 살아갈 수 없다. 행정 전반이 투명해지면 구석구석 숨어 있던 나쁜 관행과 부정부패는 저절로 사라진다. 재정본부장은 겉으로는 강의를 거부했지만 실제로는 행정이 투명해지는 것을 거부한 것이다. 혹시라도 밝은 햇빛이 들어올까 봐 미리 문을 꼭꼭 걸어 잠근 것이다.

투명 행정으로 가는 길은 멀고도 험하다. 기득권과 특수 이익을 포기하고 과감하게 내려놓아야 하지만 그 누구도 스스로 그런 특권을 내려놓으려 하지 않기 때문이다. 하지만 이 길은 반드시 가야 할 길이고 반드시 넘어야 할 산이다.

고용노동부 본부에서 강의를 담당할 간부들이 모여 합동연찬회 준비에 대해 의견을 나누고 있다.

행군 나팔을
크게 불다!

교육 훈련 행군의 시작을 알리는 발대식 행사, 본격적인 교육 훈련을 시작하는 합동 연찬회는 대성황이었다. "파라과이의 미래를 위해 함께 뛰자!"는 이름 그대로였다.

며칠 전 반군의 공격을 받아 군인 8명이 사망하는 사건이 있었기에 장관의 행사 참석이 불투명했었다. 장관이 늦게 도착하는 바람에 시작은 늦었지만 점심시간을 30분 줄임으로써 모든 행사는 예정대로 진행되었다.

교육 대상은 노동사무소장과 직업훈련소장을 모두 합쳐 70명 남짓이었지만 차관을 비롯하여 본부와 SNPP 간부들이 대거 참석하는 바람에 200명이 들어가는 강당은 좌석이 모자랐다.

먼저 라몬 마시엘 SNPP 청장이 환영 인사를 했고 이어서 내가 기조연설을 했다. 스페인어로 강의하고 토론하는 것이 아직 자유롭지 않지만, 사전에 원고를 준비해 읽는 정도는 충분한 자신이 있다.

'내일을 맞이하기 위한 오늘의 과제'라는 제목으로 이 행사가 어떤 취지이고 앞으로 어떻게 교육할 것인지를 설명하는 내용이다. 공무원으로서의 마음가짐, 직업 훈련 책임자의 역할과 임무, 변화 주도자로서 변화를 선도하고 이끌어 갈 책임을 강조하고 "할 수 있다!"는 자신감을 가져 달라고 당부하면서 "함께 가자!"고 했다. 집중해서 듣고 있었고 깊이 공감하는 모양이다. 큰 박수를 받으며 연단을 내려오니 장관을 비롯한 간부들이 일제히 일어서서 맞이한다.

이어서 한명재 대사가 축하 인사를 했다. 한 대사는 한국 경제의 성공 비결을 국민의 높은 교육 수준이라고 이야기했다. 한국은 이십여 차례 국제기능올림픽에서 종합 우승할 정도로 기능공 양성에 심혈을 기울인 탓에 산업화에 필요한 인력을 뒷받침할 수 있었고 오늘의 과학 기술 국가를 이루게 되었다고 했다.

소사 기예르모 장관은 작심하고 나온 것 같았다. 부하 직원들에게 가슴에서 우러나오는 말을 하고 싶었던 것 같다. 의례적 인사가 아니라 심혈을 기울여 준비한 특강이었다.

먼저 기회에 관해 이야기했다. 흔히들 행운을 이야기하지만 이 세상에는 행운이라는 것은 없다. 운이 좋았다는 것은 기회를 잡았다는 것이다. 기회를 잡으려면 평소에 준비가 되어 있어야 한다. 준비되지 않는 자에게는 결코 행운이 찾아오지 않는다. 공무원인 여러분은 여러분 자신의 미래도 준비해야 하고 나아가 청년들이 기회를 잡을 수 있도록 준비를 도와줘야 한다.

다음은 겸손(humildad)에 대해 이야기했다. 공직 경험이 25년 이상인 장관은 산업부 차관으로 근무할 때까지만 해도 오직 일만 생각했다고 했다. 앞뒤를 돌아보지 않고 그저 일에만 매달리고 있던 어느 날 친구가 충고하더란다. "인생을 그렇게 사는 것이 아니다. 먼저 사람을 챙기고, 진심으로 대하고 상대방에 관심을 가져야한다."고 했단다. 이 충고를 들은 이후 그는 사람을 대하는 자신의태도를 바꿨다고 했다. 아무리 바빠도 마음을 다해 사람을 만나고어느 행사장에 가도 참석한 한 사람 한 사람과 손을 잡고 일일이인사를 나눈다고 했다. 그리고 그는 "공무원은 시민들에게 군림할것이 아니라 겸손해야 하고 마음에서 우러나오는 서비스를 해야한다"는 점을 강조했다.

마지막으로 승리하는 사람의 마음가짐(mentalidad ganadora)에 관해이야기했다. "노력하면 반드시 성공한다"는 믿음과 "할 수 있다는자신감을 가져야 한다"고 했다. 그는 한국을 예로 들었다. 한국은국토가 좁다, 파라과이의 4분의 1에 불과하다. 그 좁은 국토마저대부분이 산이다. 하지만 인구는 5천만이다. 파라과이 인구의 7배가 넘는다. 게다가 6·25 전쟁도 겪었고 파라과이가 의약품을 지원해 주었다고 고마워하는 나라였다. 그렇지만 한국은 온갖 악조건을 극복하고 가난을 벗어나 잘 살게 되었다. 원조를 받던 나라에서 원조를 주는 나라가 되었다. 한국이 성공했다면 우리 파라과이도 성공할 수 있지 않을까?

그는 이스라엘인 쉬몬 페레스(Shimon Pérez)를 만났던 일화도 소개했다. 쉬몬 페레스가 "파라과이는 땅이 있습니까? 하고 물었다,그렇다고 했더니 이번에는 "물이 있습니까?" 하고 물어 "충분히있습니다."라고 대답했더니 "땅도 있고 물이 있는데 왜 모두들 가난하지요?" 하고 반문하더란다. 온갖 자연 자원의 혜택을 누리는 파라과이는 얼마든지 성공할 수 있다. 할 수 있다는 마음만 가진다면 파라과이는 할 수 있다. 그의 목소리에는 절실함과 간곡함, 그리고 안타까움이 진하게 배어 나오고 있다.

연찬회를 마치고 소사 장관, 한명재 대사와 함께 저녁 식사를 했다. 형식상 내가 초청한 만찬이지만 사실은 한명재 대사가 지원해 주는 자리였다. 만찬 도중 느닷없이 소사 장관이 물었다. "내 연설이 어땠어요?" 장관의 생각에 전적으로 동감하며 생각이 비슷한 점이 많다고 했더니 주먹을 내밀며 서로 부딪히자고 한다. "우리는 친구! 함께 가자!"라고 한다. 이제부터는 본격적인 행군이다.

합동 연찬회 개회식을 마치고 내빈들과 SNPP 지방사무소장들이 함께 기념사진을 찍었다.

우리
함께 갑시다! 2016년 8월 30일

Excelentísimo Sr. Ministro Guillermo Sosa, Director General Ramón Maciel! Quisiera expresar mi gran respeto por todo el trabajo y esfuerzos realizados para la felicidad de los ciudadanos, y el desarrollo del país. Muchas gracias por su aprobación y apoyo para la capacitación especial en los Regionales de Trabajo y SNPP.

존경하는 소사 기예르모 고용노동부 장관님, 라몬 마시엘 SNPP청장님! 파라과이의 발전과 파라과이 국민의 행복을 위하여 항상 최선을 다해 일하시는 모습에 경의를 표합니다. SNPP지방사무소와 지방 노동사무소의 역량 강화를 위한 특별 교육을 승인하여 주시고 적극 뒷받침해 주셔서 감사합니다.

Excelentísimo Sr. Embajador de Corea en Paraguay Myung Jae Han, Representante de KOICA Paraguay Han Deog Cho. Muchas gracias por el apoyo amigable que me brindaron para seguir adelante juntos con Paraguay, como viejos amigos. Muchas gracias por acompañarnos para celebrar y estimular este día tan especial.

한명재 파라과이 주재 한국 대사님, 조한덕 KOICA 파라과이 소장님! 오랜 친구인 대한민국과 파라과이가 새로운 미래를 향해 함께 힘차게 나아갈 수 있도록 늘 지원해 주셔서 고맙습니다. 특별히 오늘 여기까지 오셔서 축하와 격려를 해 주셔서 감사합니다.

11 Directores Regionales de Trabajo, 57 Directores Regionales de SNPP! Quisiera felicitar a todos ustedes, y darles la cálida bienvenida.

57개 SNPP 지방사무소 소장님과 11개 노동사무소 소장님, 오늘 교육에 참석하신 것을 축하하고 환영합니다. 잘 오셨습니다.

Ustedes tienen que sentirse orgullosos por ser funcionarios públicos del Paraguay. Ustedes son paraguayos dignos y honrados. Siempre piensan en el sueño y en la esperanza del Paraguay. Ustedes tienen el conocimiento del Plan del Gobierno de Paraguay. Están trabajando duro para ir hacia el objetivo que el Gobierno está apuntando.

여러분은 자랑스러운 파라과이의 공무원입니다. 명예를 소중히 여기고 파라과이에 대한 무한한 자부심을 가지고 있습니다. 늘 파라과이 국민의 꿈과 파라과이의 미래를 생각합니다. 파라과이 정부가 어떤 계획을 세우고 있는지 잘 알고 있고 정부의 목표와 방향에 맞추어 열심히 일하고 있습니다.

Ustedes son componentes del equipo del Ministerio de Trabajo, Empleo y Seguridad Social. Están navegando el océano con el Ministro Guillermo Sosa. Están pensando y actuando juntos con el capitán Ministro. Ustedes saben cómo trabaja nuestro Ministro Guillermo Sosa para erradicar el mal hábito del trabajo infantil, para solucionar los problemas de las mujeres trabajadoras y sectores vulnerables, con el propósito de crear un trabajo digno.

여러분은 고용노동부의 팀원입니다. 기예르모 소사 장관과 같은 배를 타고 큰 바다를 항해하고 있습니다. 선장인 장관과 생각을 같이하고 행동을 같이합니다. 소사 장관이 아동 노동과 여성 노동, 취약한 노동자들의 문제를 어떻게 해결하고 품위 있고 안정된 일자리를 만들기 위하여 어떻게 노력하는지 항상 눈여겨 보고 있습니다.

Ustedes son los centros y corazones del SNPP. Conocen muy bien lo que es la misión y visión del SNPP. Saben muy bien cuán importante es la formación y capacitación de los jóvenes. Ustedes están luchando continuamente para ofrecer cursos de buena calidad.

여러분은 SNPP의 핵심 간부들입니다. SNPP의 비전과 미션이 무엇인지 잘 이해합니다. 청년들을 교육하고 훈련하는 것이 얼마나 중요한지 잘 압니다. SNPP는 청년들을 더 잘 가르치기 위해 끊임없이 노력하고 있습니다.

Actualmente, se está implementando en 9 Centros del SNPP, el programa NEO, Nuevas Oportunidades de Empleo. Hicieron la autoevaluación y elaboración del plan de mejora. Están recibiendo una capacitación profesional por ejemplo habilidades para la vida, orientación vocacional, intermediación laboral y metodología de enseñanza y aprendizaje. Ustedes están participando activamente en esto.

현재 9개 SNPP 지방사무소에서 NEO 프로그램을 진행하고 있습니다. 자기 평가를 하고 부족한 요소를 보완하여 개선 계획을 만들고 있습니다. 전문적인 교육을 받고 새로운 훈련 기법을 배우고 있습니다. 여러분은 이러한 노력에 적극적으로 동참하고 있습니다.

11 Directores Regionales de Trabajo, 57 Directores Regionales de SNPP! Ustedes son los encargados de la formación y capacitación de su regional y al mismo tiempo, son los planificadores del

ámbito laboral. Conocen muy bien la situación actual del curso de formación y capacitación laboral y cuáles son las expectativas de las empresas.

여러분은 지역의 교육 훈련 책임자이고 노동 행정 책임자입니다. 여러분 지역의 직업 교육 현장과 노동 현장을 속속들이 알고 있습니다. 여러분은 현실에 만족하지 않습니다.

Están luchando continuamente para mejorar sus cursos. Pretenden mejorar la calidad de los cursos a un nivel más alto. Quieren apoyar y facilitar los trabajos de los instructores y funcionarios administrativos. Desean preparar a los formadores para que ellos puedan ser profesionales.

직업 훈련을 더 발전시키려 합니다. 여러분이 담당한 지역의 교육 훈련의 질을 한 단계 높이고 싶어 합니다. 교사들과 행정 직원들이 더 열심히 일하도록 도와주고 싶어 합니다. 훈련을 담당한 강사들의 질을 높이고 전문가로 만들고자 노력합니다.

Ustedes quieren ofrecer a la sociedad gente con mano de obra cualificada. Quieren que tengan ellos un trabajo digno. Anhelan conseguir aulas e infraestructuras, materiales e insumos para la capacitación, y mantenerlas en buenas condiciones. Tratan de solucionar faltas de insumos en forma creativa. Forman Alianzas para recibir apoyo de sus cursos. Están fortaleciendo las Alianzas con los municipios, ONG, y las empresas.

지역 사회에서 필요한 기술 인력을 양성하여 적시에 공급하려 합니다. 직장에서 품위 있게 일하고 사회적 책임을 다하도록 도와주고, 건물과 강의실, 훈련 장비와 물품들을 확보하고 잘 관리하려 합니다. 교육 물품 부족 문제를 슬기롭게 해결하기 위해 교육훈련 지원을 위해 자치단체, 시민단체, 지역의 기업체와 더 연합 관계를 구축하려고 합니다.

Ustedes Son líderes muy responsables. Antes de hablar de problemas, buscan soluciones. Procuran demostrar con sus acciones, no solo con las palabras. Procuran empezar ahora y no dejar para mañana. No esperan que los demás cambien primero, sino procuran empezar consigo mismo, hoy. Tratan de mejorar, lo más básico y lo más importante, uno por uno. Tratan de empezar a mejorar, con lo que está en su alrededor.

여러분은 책임 있는 지도자입니다. 문제를 제기하기에 앞서 문제를 해결하려 합니다. 말로만 하지 않고 행동으로 실천하려 합니다. 나중으로 미루지 않고 지금 당장 시작하려 합니다. 남의 변화를 기다리지 않고 나부터 먼저 변하려고 합니다. 기초적인 것부터, 쉬운 것부터 하나하나 고쳐가려 합니다. 멀리 있는 것이 아니라 가까운 내 주변부터 먼저 개선하려 합니다.

Ustedes son los líderes que estudian y progresan por sí mismo, por su propia voluntad. Procuran para cubrir sus necesidades y fortalecer las habilidades gerenciales por medio de la educación. Aprenden cómo establecer las metas y prioridades para trabajar con eficiencia. Aprenden a mediar los conflictos y así para trabajar juntos con alegría. Buscan forma de estimular a los estudiantes que tienen mucha dificultad, para que ellos puedan seguir estudiando. Quieren traer profesionales para implementar servicios de orientación vocacional.

여러분은 스스로 공부하며 발전하는 지도자입니다. 공부를 통해 부족한 부분을 채우고 자신의 관리 역량을 키우려고 합니다. 목표를 설정하고 우선순위를 결정하여 효율적으로 일하는 방법을 공부합니다. 갈등을 관리하고 다 함께 즐겁게 일하는 방법을 배우려 합니다. 청년들이 어려운 상황에서도 공부를 계속하도록 동기를 부여하고 그들의 진로를 상담하는 전문기술을 갖추려 합니다.

Y yo, para apoyar y acompañar en esto, les voy a visitar a cada uno en sus respectivos Regionales, para realizar un taller. Allí vamos a analizar los problemas para luego debatir y buscar la solución, juntos con los funcionarios administrativos, instructores y estudiantes. Luego, en base a nuestro taller, vamos a presentar con orgullo al Ministro, el plan del mejoramiento.

여러분의 친구인 나는 여러분의 지역을 차례대로 방문해서 여러분의 교육을 도울 것입니다. 여러분은 여러분의 지역에서 교사와 행정 직원과 수강생들과 머리를 맞대고 문제를 분석하고 해결책을 찾기 위하여 토론할 것입니다. 이것이 끝나면 모든 사무소장들이 한자리에 모여서 정보를 공유하고 좋은 점을 서로 배우는 시간을 갖도록 하겠습니다. 그리고 사무소별로 훈련 개선 방안을 마련하여 자랑스럽게 장관께 제출하도록 돕겠습니다.

Hoy, en este seminario, estamos dando ese primer paso de nuestro taller. Hoy, vamos a armar nuestra mente, como funcionario público del Paraguay. Ese paso que estamos dando ahora, a lo mejor es algo pequeño, pero sí, es algo muy importante.

오늘의 이 세미나는 교육의 첫 단계입니다. 오늘은 파라과이 공무원인 여러분들이 정신무장을 하는 날입니다. 여러분들이 거치고 있는 이 단계는 작은 일이지만 중요한 일입니다.

Si Ustedes lo empiezan a cambiar ahora, los demás instructores y estudiantes le van a seguir. Si lo empiezan en su zona, eso se difundirá a todo el país. Ustedes serán las personas que van a traer nuevo rumbo y nuevo cambio. Construiremos el futuro hoy.

여러분이 시작하면 교사와 학생들이 따라 할 것입니다. 지역에서 시작하면 전국으로 확산될 것입니다. 여러분은 파라과이의 새로운 변화와 흐름을 만들어 낼 것입니다. 오늘부터 함께 미래를 건설해 나갑시다.

Ustedes como profesionales y encargados, sí, lo pueden lograr. Pueden mejorar la calidad de los cursos para los jóvenes. Pueden formar buenos técnicos que hace falta en Paraguay. Ustedes pueden crear un futuro brillante y cumplir el sueño del Paraguay. Con sus propias manos pueden crear "Paraguay, país de oportunidades para la gente y para las empresas".

책임자이자 전문가인 여러분은 할 수 있습니다. 여러분은 청년들을 위한 교육훈련 수준을 더 높일 수 있습니다. 파라과이가 필요로 하는 기능 인력을 더 잘 길러낼 수 있습니다. 여러분은 파라과이의 미래를 더 밝게 하고 꿈을 더 앞당겨 이루게 할 수 있습니다. 여러분의 손으로 "국민과 기업에 기회의 나라, 파라과이"를 만들 수 있습니다.

Hay un dicho de Nelson Mandela que dice "Todo parece imposible hasta que se hace". Sí, así lo es, si lo hace, todo será posible. Si lo sueña con todo su corazón, se hará realidad. Yo, como su amigo, les estaré acompañando. Vamos a trabajar juntos, para un nuevo futuro del Paraguay.

넬슨 만델라는 "일을 해 보기 전에는 모든 것이 불가능하게만 보였다"라고 했습니다. 그렇습니다. 하기 전에는 그렇습니다. 그렇지만 하면 안 될 것이 없습니다. 간절히 꿈을 꾸면 이루어집니다. 여러분의 친구인 저도 힘을 보태겠습니다. 파라과이의 더 나은 미래를 위하여 우리 함께 갑시다.

"Vamos Juntos!" Muchas gracias! Agüije!

우리 모두 함께 갑시다. 대단히 감사합니다!

장관을 비롯한 간부들과 전국의 지방 노동사무소장, 직업훈련소장 등이 모두 참석한 합동 연찬회에서 기조연설을 했다.

En jornada con directores de todo el país, el Ministro Sosa del MTESS, destacó los cursos de capacitación en la "zona dura", donde asesinaron 8 soldados

Durante la capacitación "Juntos para un nuevo futuro del Paraguay", que reunió a los 11 directores regionales del trabajo y los 57 directores regionales del SNPP, se esbozaron conceptos que ayudarán a mejorar el trabajo del MTESS y su incidencia en la calidad de vida y la economía de los paraguayos.

Fue aleccionadora la primera de las jornadas, llevada a cabo ayer, en el auditorio del Centro Técnico de Avanzada Paraguay - Corea del SNPP, en San Lorenzo. Escuchando los discursos, se pudo aprender mucho de lo que Corea demostró al mundo, en cuanto a alcanzar el máximo desarrollo social y económico.

Cuando el Ministro de Trabajo Dr. Guillermo Sosa, a su turno dirigió la palabra, dijo: "Si Corea logró vencer la pobreza y de receptor pasó a país donante, porque nosotros no podremos enfatizó y recordó a los 8 soldados asesinados el pasado sábado. " Corea era un país más pobre que Paraguay" dijo. "Y la clave secreta ha sido la educación de su pueblo".

Estamos en la tercera revolución industrial

El director Ramón Maciel, ubicó ésta época histórica como "unidad operativa 3.0". Dijo. "Estamos en la tercera revolución industrial y habrá que ponerse a la altura con calidad y conocimientos".

Del asesor de la Koika Ariel Younggyu Kwon, se esperaba que trasmitiera lo que debería ser importante en la labor de los directores del MTESS. Cuando habló, les dijo "deben sentirse orgullosos de ser funcionarios públicos y estar haciendo conocer el plan de gobierno del Paraguay, formando parte del equipo del MTESS". Habló del trabajo infantil, de las mujeres trabajadores, del trabajo digno y de los centros del SNPP.

"Ustedes deben ofrecer a la sociedad mano de obra calificada" les dijo. Los comparó con "tigres" que deben cumplir con la expectativa de las empresas y facilitar el acceso al trabajo, con responsabilidad, no solo con palabras".

Habló de la importancia de establecer metas y de trabajar con alegría. Se comprometió a visitar a cada uno de los directores en su lugar de trabajo, y como amigo, buscar soluciones a los problemas.

Habló del futuro brillante que el Paraguay puede obtener a través del aprovechamiento de las oportunidades. Ejemplificó con una frase de Mandela. "Todo parece imposible hasta que se hace". Alentó.

Si Corea pudo, Paraguay puede

El embajador de Corea, Myung Jae Hahn, recordó que en 1960, Corea era un país pobre que salió adelante, a través de la educación. Hoy el país basa su desarrollo en las Ciencias y Tecnología.

Dijo que espera el milagro del Nuevo PARAGUAY.

El Ministro Sosa, sorprendió, dirigiéndose al embajador y sus acompañantes en idioma coreano. Completó los ejemplos del desarrollo económico de Corea, relacionando el tamaño del país asiático con el nuestro. "En un cuarto de nuestro país, en ese espacio viven 50 millones de personas, que pudieron salir adelante, y que no tenían recursos y habían salido de una guerra". Recordó.

Recordó el agradecimiento coreano, repetido siempre, de cuando durante la guerra, Paraguay envió medicamentos.

Para salir adelante, a través de la educación, Corea, quería tener 100.000 PHD. Refirió como Alemania les dio tecnología y como política del país, se entregó una casa a cada familia coreana, luego un teléfono, después un automóvil y un televisor, todo de industria coreana.

Si hay agua y tierra, todo se puede

Dio un ejemplo sobre las riquezas no aprovechadas del Paraguay. Contó la anécdota de una charla con Shimon Pérez en Israel. El estadista le preguntó: ¿Ustedes tienen agua? sí le dijo. ¿Y tienen tierra? sí tenemos mucha tierra, le dijo. ¿Y si tienen agua y tienen tierra, porque son pobres? le dijo Shimon Pérez.

La importante labor de capacitar en las zonas "duras"

El Ministro habló del fracaso de la Reforma Educativa y de la importancia de enseñar oficios, tarea fundamental del SNPP y el SINAFOCAL. Preguntó al director Ramón Maciel y Maria Victoria Diesel, sobre los cursos de capacitación en las "zonas duras" como Arroyito, Curuzú de Hierro, Hugua Ñandu". Contó de los aproximadamente 60 cursos que se dictan con profesores que de este modo desde el MTESS están luchando contra la pobreza.

Insufló ánimo a los directores del MTESS

Habló de la mentalidad ganadora que se tiene en el SNPP, en la tarea de llevar capacitación a todo el país. Sobre la tecnología adquirida consultó sobre la cantidad de computadoras con que cuentan los alumnos del SNPP. El director del área le habló de 800 más 400 nuevas computadoras y manifestó que a los alumnos no les faltan elementos tecnológicos.

Manifestó que los tiempos que se vienen en el MTESS, serán de mucha supervisión del trabajo realizado, como prueba de que el Paraguay puede y que el MTESS, cumple su misión. Comentó que ahora se están visitando los colegios, para llegar a los alumnos de la tercera de la media. Nos gustaría que vengan a San Lorenzo, a este importante centro a estudiar Mecatrónica, dijo. Terminó entusiasmando a los participantes de la jornada de capacitación diciéndoles: "Somos buenos, pero podemos ser mejores. Ustedes son los líderes en sus comunidades y son sus compueblanos los que les pedirán resultados".

책임자들을
앞장세우다!

일이든 교육이든 높은 사람이 앞장서야 성공한다. 그래서 솔선수범을 강조하고 중요시한다. 하지만 현실은 그렇지 않다. 바람직한 일이라 해도 실속 없는 일이나 하기 싫은 일은 아랫사람 차지이기 일쑤다.

지난해 실시했던 태도 교육에서도 그랬다. 공무원들이 친절하지 않다는 여론이 높아 서비스 교육을 하기로 했고 그래서 상황극 경연 대회를 준비했었다. 하지만 과장급 이상 간부들은 교육에 관심이 없었다. 친절 교육이나 태도 교육은 아랫것들에게나 필요한 것으로 생각했다. 교육에 앞장서기는커녕 눈길조차 주지 않았다. 그러다 보니 연극팀은 힘없는 하위직으로만 구성되었다.

그래서 꾀를 내었다. 장관을 찾아가 참석을 부탁했고 두 명의 차관과 두 명의 청장까지 모두 초청했다. 그리고 이들 다섯 명이 직접 심사위원을 맡도록 했다. 장차관이 참석하니 고위 간부들도 모두 참여할 수밖에 없었고 모두 현장에 나와 청중이 되었다. 200명 남짓 들어가는 강당에는 일반 직원보다 간부들이 훨씬 더 많았다. 직원들은 연기하고 간부들은 모두 참관을 하니 경연 대회는 하위직 공무원들이 간부들을 교육시키는 교육장이 되었다. 간부들은 모두가 매우 놀라는 표정이었다. 직원들의 창의적인 연기에 놀랐고 청중들의 열광적인 호응에 놀라는 듯했다. 결과적으로 경연 대회는 대성공이었다.

올해는 이러한 여세를 몰아 고위 간부들을 교육에 앞장서게 했다. 객석에서 듣기만 하는 것이 아니라 직접 훈련소장들 앞에서 발표하도록 만들었다. 합동 연찬회에 주요 간부 11명을 선발하여 발표하고 강의하게 했다. 고용노동부에서 5명, SNPP 본부에서 3명, SINAFOCAL, CTA(고등기술훈련원-한국), CTFP-PJ(기술훈련센터-일본)에서 각각 1명이다.

고용노동부의 자문관인 빠울리노 박사(Dr. Paulino Villagra)의 강의는 탁월했다. 간이 나빠 입원과 퇴원을 반복하느라 얼굴에는 병색이 완연했지만 당면한 파라과이의 현실에 연계하여 국가 발전 계획을 설명할 때는 완전히 다른 사람이 되었다. 현실을 직시하고

있었고 계획을 완벽히 소화하고 있었다. 통계 자료를 바탕으로 파라과이의 현실을 설명했고, 강약을 조절하고 완급을 조절하면서 청중을 사로잡았다. 기획국장 라우라(Laura Díaz Grütter)도 정부 계획을 무난하게 설명했고 로께(Roque Gómez)는 노사정 대화 문제를 알기 쉽게 설명했다. 모두 제한 시간을 넘기며 강의하는 열정을 보였다.

교육본부장 넬손(Nelson López)은 SNPP가 무엇을 하는 기관이고 당면한 문제는 무엇이며 지금 어떤 노력을 하고 있는지 간략하게 설명했다. 파라과이의 교육 체계. 정규 교육과 비정규 교육, SNPP의 역할과 비중, SNPP의 설립 근거와 조직 구성, 2016년도 운영 계획, 목표와 집행 실적을 설명했다. SNPP가 당면한 과제를 양적인 측면과 교육의 질이란 두 가지 측면에서 분석하고 앞으로의 활동 방향을 제시했다.

기술본부장 빠띠마 박사(Fátima Loncharich)는 소신이 있었고 자신이 넘쳤다. 그녀의 강의 역시 간결하면서 핵심을 찔렀다. SNPP의 정책 과정, 즉 기획, 프로그램 작성, 교육 훈련 실행, 결과 평가와 피드백의 과정을 설명하면서 좋은 교육이란 무엇인지, 직업 훈련 수준을 높이기 위해서 기술 본부에서 어떤 노력을 하고 있는지 설명했다. 퍼실리테이터 교육, 새로운 교수 방법의 도입 및 지원 방향을 설명하고 전산 정보화 시스

템 업데이트를 통해 수강생들이나 교사들에게 어떤 것을 제공하고 있는지를 설명했다.

무려 11명이 강의를 하다 보니 시간이 모자랐다. 토론이 부족했고 일선 책임자들의 고민이나 궁금한 사항을 제대로 들어보지 못했다. 라몬 마시엘 청장이 행사를 마무리하기 위해 다시 연단에 섰다.

"하루종일 교육받느라 수고 많았습니다. 여러분은 오늘 무엇을 생각하고 무엇을 배웠습니까?" 이 단순한 질문에 여기저기서 대답이 터져 나온다. "약속·소속감·계획·통합·자기 분석·교육 품질·자율성·팀 워크·겸손·하면 된다는 마음가짐·지도자……" 대답은 쉬지 않고 이어졌고 청장은 "그렇지! 그렇지! 옳지! 옳지!" 하고 맞장구를 치고 추임새를 넣으면서 참석자들의 호응을 유도했다. 아주 단순한 행동이었지만, 그는 참석자들의 기분을 풀어 줬고 이날 부족했던 점을 상당 부분 보완했다.

이것으로 연찬회 행사는 끝이 났다. 간부들의 참여와 관심이 높았고 참석자들의 호응도 좋았다. 능력 있는 발표자도 발굴하였고 괄목상대할 만한 간부들도 알게 되었다. 행사 이틀 후 라몬 마시엘 청장과 넬손, 빠티마 본부장, 그리고 까르멘과 저녁 식사를 하면서 연찬회를 평가하고 피드백하는 시간을 가졌다. 본부 간부들의 교육도 되었고 지방소장들에게 자극을 주었으니 기대 이상의 큰 성공이라는데 의견이 일치했다. 발표했던 간부들도 자신들의 역할에 크게 만족해했다.

어떤 역량을
키울 것인가?

"57개 지방 사무소의 소장, 공무원, 훈련 교사 전원을 대상으로 역량 강화 특별 훈련을 실시한다. 본부 간부들에게는 훈련 과정 참여를 통해 관리자로서의 역량을 강화할 기회를 제공한다."

· 파라과이 정부와 고용노동부, 그리고 SNPP의 비전과 미션을 이해시킨다.

· 업무 처리 수준을 높이고 이들이 담당하는 직업 훈련의 질을 향상시킨다.

· 간부로서의 관리 능력과 공무원으로서의 행정 기량을 향상시킨다.

　지금까지 역량 강화 계획이라고 말을 하면서도 역량이란 무엇인지, 어떤 역량을 어떻게 강화할지 일절 이야기하지 않았다. 공식적인 교육 발대식, 즉 합동 연찬회를 거치면서 일선 공무원과 간부들의 교육에 대한 이해가 높아졌으므로 이제는 좀 더 논리적으로 설명할 필요가 생겼다.

　역량이란 맡은 바 직무를 효율적으로 수행하는데 필요한 태도요 자질이며 기량이다. 고위직과 하위직에 요구되는 역량이 서로 다르고 직무의 성격과 내용에 따라 필요한 역량이 서로 다른 것임은 말할 필요도 없다.

　한국의 인사혁신처는 "역량이란, 조직의 목표 달성과 연계하여 뛰어난 직무 수행을 보이는 고성과자의 차별화된 행동 특성과 태도"이며 "기존의 능력 개념이 개인 측면의 보유 자질에 초점을 맞춘 것이라면, 역량은 조직 측면에서 조직의 성과 창출을 위한 자질이라 할 수 있다"라고 설명하고 있다.

역량이란 말은 경쟁과 성과에 바탕을 둔 것이다. 하지만 파라과이에서는 아직 공개 채용이 일반화되지 않고 있고 보수나 승진에서도 실적이나 성과 개념이 도입되지 못하고 있다. 실적주의에 바탕을 둔 공무원 제도 자체가 생소한 곳이다.

파라과이는 '공무원은 국민에 대한 봉사자'란 개념부터 확립해야 하고 이에 상응하는 풍토와 여건을 조성하는 일이 시급한 곳이다. 그러기 위해서는 우선 공무원으로서 갖추어야 할 기초 역량이 무엇인지부터 이해시켜야 한다. 채용에서부터 경력 개발에 이르

기까지 전 과정에서 이런 기초 역량을 갖추도록 교육하고 훈련시켜야 한다.

공무원들이 우선 갖추어야 할 기초 역량은 도구 역량과 태도 역량으로 나누어 생각할 수 있다. 파라과이 고용노동부와 산하기관 공무원들에게 가장 필요한 도구 역량은 어학 능력과 컴퓨터 사용 능력이다. 영어 자료를 읽고 이해하고 구사할 수 있는 능력과 워드 프로세서, 파워 포인트, 엑셀과 같은 기초적인 소프트웨어 프로그램을 자유롭게 사용할 수 있는 능력을 향상시켜야 한다.

공무원으로서 갖춰야 할 태도 역량으로서는 과업을 완수하겠다는 책임감, 미래에 도전하는 용기, 할 수 있다는 자신감, 그리고 서비스 정신 확립이 무엇보다 절실하다. 아울러 시간을 지키고 약속을 지키는 습관과 태도부터 우선 갖추도록 해야 한다.

부서와 지역을 책임진 간부들은 지역 사회의 자료를 살펴보고 훈련 우선순위를 생각하는 정책 능력, 의사소통 능력, 이해관계 조정 능력, 동기 부여를 포함한 팀 형성 능력을 갖추어야 한다.

지방사무소 역량 강화 계획은 지난 1년간의 경험과 판단에 기초하여 마련한 것이다. 그래서 합동 연찬회, 지방사무소 순회교육, 중간평가보고회 및 최종평가보고회 등을 개최하기로 했고 이런 일련의 과정을 직업 훈련을 담당하는 공무원으로서 필요한 역량을 강화하는 목표와 서로 연결시켰다.

소장의 프레젠테이션, 자문관의 특강, 정책 방향 및 정책 사례 발표, 참가자 토론, 역할 연기 등의 세부 프로그램 역시 기초 역량과 간부 역량을 강화하는 효율적인 수단이다. 다만 기초 역량 중 도구 능력 향상은 이번 특별 훈련의 목표가 아니다.

훈련 계획과 역량 강화의 상관성을 염두에 두고 지방 순회 교육의 프로그램과 시간을 표준화했다. 4시간을 기준으로 하되 소장의 업무 현황 보고 50분, 기조 강연 100분, 참가자 토론 50분, 비디오 상영 및 마무리 강연 30분으로 했다. 노동사무소 직원들이 함께 교육을 받는 11곳에서는 노동 업무 현황 보고를 20분 추가하고 토론 후 강평을 넣어 4시간 30분 정도로 계획했다. 교육 전에는 훈련소장을 만나 준비 사항을 확인하고 프레젠테이션과 토론 요령을 지도한다. 필요하면 훈련 현장을 찾아가고 NEO나 PIMA 등 특수 사업의 진행 내용도 파악하고 도움을 주기로 했다.

프로그램 내용과 교육 일정을 사전에 통보한 후 지난 5일부터

La Correlación entre el Entrenamiento y Fortalecimiento

		Capacidad básica		Capacidad de un jefe			
		Habilidad	Actitud	Manejo de la política	Comunicación	Negociación y mediación	Trabajo en Equipo
Inicio del Taller	Charla especial del Ministro		o		o		o
	Presentación del Director			o	o		o
Visitas a las Unidades Operativas	Entrevista al Director		o	o	o		
	Presentación del Director	o		o	o	o	o
	Charla especial/cierre		o	o	o	o	o
	Debate entre los participantes				o	o	o
Evaluación Semestral-Final	Charla especial del Ministro		o		o		o
	Presentación del Director			o	o		o
	Presentación del casos	o	o	o	o	o	o
	Presentación del Juego de Rol				o	o	o
	Evaluación y Feedback		o	o	o	o	o

9일까지 다섯 곳을 찾아갔다. 이따(Itá)에 있는 두 곳의 훈련 센터, 이따구아(Itauguá)에 위치한 훈련 센터, 그리고 꼬르디예라(Cordillera)와 까아과수(Caaguazú) 데파르타멘토의 지역 거점 훈련 센터가 그곳이다.

소장의 업무 보고는 정책 능력과 의사소통 능력을 확인하고 길러주려는 것이다. 그래서 센터가 처한 환경을 SWOT 기법으로 분석하고 분석 결과 나타난 문제점을 해결할 전략 계획을 프레젠테이션하도록 했다. 그러면서 지역 경제 여건이나 인력 수요에 어떻게 대응하여 프로그램을 마련하고 있는지 생각해 보도록 했다.

통일된 지침을 주고 사전에 만나 설명하고 교육까지 했지만 실제로 이루어진 업무 보고 수준은 천차만별이었다. 까아과수와 이따의 소장은 완벽하게 내용을 소화하고 알아듣기 쉽게 설명하면서 참석자들의 공감을 끌어냈다. 까아과수의 소장이 발표한 내용을 보면 지방의 직업 훈련 센터가 처한 사정을 한 눈에 알 수 있다.

까아과수 거점 훈련 센터의 약점

① 기대 이하로 낮은 훈련 교사의 보수

② 교사와 행정 직원의 교육 훈련 부족

③ 터무니없이 부족한 행정 인력

④ 본부에 집중된 권한과 번잡한 행정 체계

⑤ 소장에게 집중된 재정 및 회계 처리 책임

⑥ 수업 현장을 통제하고 지원하는데 필요한 차량 부족

⑦ 수업에 필요한 소모품이나 각종 학습 재료 지원 부족

⑧ 지원 요청에 대해 지나치게 늦은 본부의 대응

⑨ 일부 행정 직원과 교사들의 기관에 대한 무관심과 약속 미이행

⑩ 턱없이 부족한 장비와 장비의 노후화

⑪ 부족한 ICT 기술과 구태의연한 처리 방식

⑫ 학생들의 높은 중도 포기 또는 기준 미달 탈락

⑬ 졸업생들에 대한 취업 기회의 부족

반면 이따구아의 소장은 교사가 대신 작성해 준 자료를 화면에 띄워 놓고도 내용을 설명하지 못했다. 훈련 교사로 재직 중 불과 이틀 전 소장 직무 대행으로 발령을 받았기 때문이라 했다. 십수년을 근무했다지만 그는 센터가 어떻게 운영되는지 전혀 모르는 듯했다.

개인이 아니라 팀이 중심으로 움직이는 우리와는 달라 엽관제에 직위분류제 성격의 공직 체계를 가진 이곳에서는 책임자나 담당자 외에는 누구도 다른 사람의 업무를 모르고 있다. 남의 일이라 생각하고 알려고 하지 않고, 내 권한이라 생각하고 가르쳐 주려고 하지 않는다. 담당자가 교체되거나 휴가라도 가면 이를 대행할 시스템이 없다.

그동안 주제 강연을 하면서 지역 사정에 따라서 조금씩 내용을 달리해 왔고 때에 따라서는 임기응변으로 대응하기도 했다. 그

동안 수강생들이 어떤 내용을 듣고 싶어 하고 어떻게 반응하는지 완전히 파악했기에 이번부터는 반응이 좋은 내용만을 골라 강조하고 추가했다.

① 파라과이의 역사와 오늘의 현실, 그리고 꿈

② 한국과 파라과이의 새로운 관계

③ 한국의 발전과 고속 성장의 비결

④ 공직자로서의 서비스 자세

⑤ 파라과이 발전 계획과 고용노동부의 전략 계획

⑥ 용기와 도전, 할 수 있다는 마음가짐

⑦ 원대한 꿈, 그러나 시작은 기본부터!

⑧ 그래, 할 수 있어! 나부터! 지금부터!

　참석자 토론은 이들이 가장 어려워하는 부분이었다. 토론 주제를 정하지 못하기에 'SWOT 분석에서 나타난 위기 요인과 약점을 강화하는 방안'이나 NEO 자체 평가에서 미비하거나 부족하다고 나타난 지표를 중심으로 개선방안을 찾아보라고 했다. 어떻게 하면 강사들의 수준을 높이고 수업의 질을 높일 수 있는지 생각해 보라고 했다.

　토론 후에는 비디오를 보여 주었다. 고용노동부 직원들이 '민원인을 대하는 실제 태도'를 연기로 보여 주는 것이다. 시민들을 대하는 공무원의 태도가 불성실하다는 의견이 많아 지난해 역할 연기 방식을 도입하여 태도 교육을 실시한 적이 있었다.

이 교육이 호응이 좋고 교육 효과가 매우 크길래 이를 촬영한 비디오를 짧게 편집하여 가는 곳마다 보여주고 있다. 그리고 이 비디오에서 하는 방식 그대로 연말에 훈련 소장과 훈련 교사들이 직접 참여하는 역할 연기 경연 대회를 할 예정이다.

8월 30일 합동 연찬회를 개최하여 모든 내용을 잘 알게 된 탓에 소장들의 준비는 한층 철저했다. 소장들은 최대한 많은 사람이 참석하도록 불러왔고 안내했다. 꼬로넬 오비에도에서는 시작 시간에 참석 대상 70명 중 50여 명만이 참석하는 등 상대적으로 참석률이 저조했다. 소장이 업무 브리핑을 하면서 교육 참석 여부를 연말 교사 평가와 연계시키겠다고 으름장을 놓았고 잠시 후 휴식 시간이 되자 모두 서둘러 출석부에 서명하느라 줄을 서는 해프닝도 있었다.

이번에도 참석자들의 반응은 뜨거웠다. 강의가 끝나자 모두 흡족해했고 만족해했다. 더 자주 이런 강의를 들어야 하고, 강의를 듣고 끝낼 것이 아니라 행동으로 옮겨야 한다고 이야기했다. 그리고 파라과이는 "할 수 있다"고 대답하고 "지금, 내가 하겠다"고 다짐했다.

나도 만족스럽다. 하지만 점점 부담이 생긴다. 교육 성과가 큰 만큼 더 새로운 것을 기대하고 점점 더 많은 것을 바라기 때문이다. KOICA에서 더 많은 도움을 달라고 하고 더 많은 교사들을 한국에 데려가 훈련해 달라고 부탁을 한다.

특강에 앞서 소장이 기관의 현황과 SWOT 분석 결과, 그리고 전략 계획을 교사들과 직원들에게 보고하도록 했다.

환자를 돌보다
시장이 되고 보니!

2016년 9월 18일

    지난 1월 8일 아순시온에서 50km 떨어진 인구 3만 5천의 야과론(Yaguarón) 시를 초청받아 방문했다. 지난 연말 당선된 시장 루이스 로드리게스(Luis Rodriquez)는 도시의 구석구석을 보여 주며 도시의 발전 구상을 설명했다. 그리고 이 구상을 구체화하기 위해 분주히 주민을 만나고 전문가를 초청하여 의견을 듣고 있었다. 지난주에 "지나가는 길에 들렀다"며 루이스 시장이 다시 사무실을 찾아 왔다. 시청을 다시 방문하여 전체 공무원을 상대로 특강을 해 달라고 했다.

    "시장이 되고 보니 공무원이 정말 중요합니다. 하지만 일을 할 만한 사람이 없습니다. 9년 경험을 가진 직원도 있지만, 훈련이 되어 있지 않습니다. 열심히 하지 않습니다. 모두가 연줄로 들어온 사람들이고 내보내기도 어렵습니다. 이들이 변해야 합니다."

    9월 13일 시청에 도착하니 시장은 먼저 자기 방으로 안내했다. 보건 관계자들을 불러들이고 손으로 그린 도면을 벽에 걸게 했다. 16개 가구와 25개 가구가 모여 사는 두 개 블록을 선정하여 가구 조사를 한 도면이었다. 도면에는 고혈압이나 당뇨를 앓고 있는 가구, 임신한 여성이 있는 가구와 장애인이 있는 가구가 색깔별로 구분해 표시되어 있었다. 그러면서 각 가구를 조사하여 사람 이름을 하나하나 손으로 기록한 노트를 내보였다. 이 조사 결과를 바탕으로 고혈압 환자와 당뇨병 환자들이 검진을 받도록 안내한다고 했다. 건강에 관심을 가지도록 건강 교육도 실시할 예정이라고 했다. 4개 블록을 대상으로 주민 참여 시범 사업을 시작했으며 주민들의 반응이 좋다고 했다.

지금 파라과이 국민의 평균 기대 수명은 72세 남짓이다. 파라과이 정부는 2030년까지 이 기대 수명을 79세로 높이려는 계획을 가지고 있다. 루이스 시장은 자기가 추진하는 시범 사업이 아주 모범적인 기대 수명 높이기 사업이 될 것이라고 했다. 그러면서 이 사업을 어떻게 보는지, 앞으로 어떻게 하면 좋을지 의견을 달라고 했다.

"이 사업의 취지나 접근 방법은 아주 좋다. 특히 직접 가가호호 건강 상태를 조사하고 이를 바탕으로 정책을 수립하고 추진하는 것은 정말 바람직하다. 환자를 돌보듯이 시민 한 사람 한 사람의 어려움을 파악하는 것은 정말 인간적이다.

프로그램의 내용을 좀 더 충실히 하는 것이 좋겠다. 주민 참여 사업이라고 했는데 구체적으로 무슨 사업인지 잘 모르겠다. 고혈압과 당뇨병 등 만성 질환을 줄이자는 건강 관리 사업이라면 사업 내용을 더 충실하게 개발할 필요가 있다. 단순히 환자를 찾아내는 것만으로는 부족하다. 어떻게 정기적으로 검진을 받게 할 것인지, 어떤 방식으로 건강 관리 교육을 할 것인지, 그리고 생활 습관을 어떻게 바뀌게 할 것인지 좀 더 내실 있는 체계적인 프로그램으로 발전시켜야 한다.

단계적으로 사업을 확대하는 방안도 생각해야 한다. 시민 전체를 바라보고 시민 전체를 대상으로 생각해야 한다. 야과론 시는 4개의 블록이 아니라 무려 81개의 블록으로 나뉘어 있다. 1년 후, 2년 후, 그리고 4년 후 이 사업을 어디까지 확대할지 지금부터 생각해 보는 것이 좋겠다. 장기 계획까지는 어렵다 하더라도 시장 임기 안에 어디까지 추진할지 구체적인 목표를 세워라! 예를 들면 내년에는 100개, 2년 후에는 400개로 확대하는 식이다.

반드시 컴퓨터를 활용하라. 이 사업을 확대 시행하려 한다면 자료를 노트에 적어 놓고 매번 그 노트를 가지고 다니면서 여백에 검진 기록이나 방문 기록을 추가하는 방식은 한계가 있다. 컴퓨터를 다룰 줄 아는 직원을 채용하여 개별 조사 자료를 모두 입력시켜 데이터베이스를 만들어라. 그리고 이 자료를 바탕으로 모든 활동을 기록하고 정리하게 하라! 그래야 전체 사정을 파악하여 계획을 세울 수 있고 제대로 성과를 평가할 수 있다."

시범 사업 설명이 끝나자 강당으로 자리를 옮겼다. 하지만 강의실이 아니라 자재를 쌓아 놓는 창고였다. 이 창고를 정리하여 한가운데에 컴퓨터와 빔프로젝터를 설치했고 음향 장치까지 가져와 설치해 놓았다. 하지만 햇빛 가리개가 없어 파워 포인트 화면은 보이지 않았고 천정이 높고 방음이 안 되다 보니 소리 울림이 너무 심해 마이크를 쓰기가 마땅하지 않았다. 몇 번 테스트해 보다가 그냥 육성으로 하기로 했다. 잘 들릴 리가 없고 분위기도 산만하다.

하지만 시장의 열정은 최고였다. 그는 40여 명의 직원 모두에게 강의를 듣게 했다. 행정 직원들은 물론이고 교통경찰에서부터 환경미화원까지 모두 모이게 했다. 시장 자신도 끝까지 자리를 지켰다.

루이스 시장은 가정의학과 의사 출신이다. 가문이 좋고 파라과이에서는 상류층에 속한다. 아순시온으로 돌아오는 차 안에서 이 도시의 한 간부 공무원은 이렇게 말했다.

"우리 시장님은 기존의 정치인과는 달리 때가 묻지 않았습니다. 순수하고 열정이 넘칩니다. 하지만 아직은 의사의 티를 벗지 못했습니다. 요즈음 들어 조금씩 진짜 시장이 되어 가는 것 같습니다.
하지만 우리는 그가 능수능란한 정치인으로 변하는 것을 원하지 않습니다. 그가 진정한 시장이 되어서도 지금의 순수성을 잃지 않고 기성 정치인처럼 되지 않기를 바랍니다. 우리는 일단 그를 믿고 따라 볼 생각입니다."

야과론의 시민들은 33세의 이 젊은 지도자에게 희망을 걸고 있었다. 때 묻지 않은 열정적인 젊은 시장을 통해 야과론시의 새로운 미래가 펼쳐지고, 나아가 파라과이 사람들의 꿈과 희망이 피어나기를 갈망하고 있었다.

루이스 시장은 4개 마을을 선정하여 주민들과 함께 건강 관리 사업을 벌이고 있었다.

루이스 로드리게스 야과론 시장은 일반 직원은 물론이고 교통 경찰에서 환경 미화원까지 모든 직원들을 참석시켜 강의를 듣게 했다.

사람은 무엇보다
소중한 자원!

2016년 9월 26일

"와아! 그렇게 많아요?" 스페인어 선생 라모나가 탄성을 지른다. 지방 순회 교육을 갔을 때 "강의를 듣는 사람이 얼마나 되느냐?"라고 묻길래 "지역에 따라 다르지만 평균 30여 명 정도다"라고 했더니 깜짝 놀라서 하는 말이다. 겨우 30명인데 많다고 한다. 서울에서는 50만 명이 참석하는 행사도 직접 기획해 봤고 3,000명 앞에서 수차례 강의도 해 봤는데!

한국과 파라과이가 다른 것 중의 하나는 교육이나 행사, 회의에 참석하는 인원의 규모이다. 행사든 회의든 참석하는 인원이 서울과 비교할 수 없을 정도로 적다. 행사뿐이 아니다. 식당에 가도 사람이 없고 공원이나 유원지에 가도 사람이 없다. 한국에서는 고속도로 휴게소든 바닷가 백사장이든 어딜 가나 사람이 넘치고 사람에 치인다. 하지만 여기서는 어딜 가도 사람이 없다. 한가하기 그지없다.

서울시 월드컵추진단장 시절 월드컵 응원전을 준비했을 때는 경기 때마다 시청 주변에만 50만 명의 인파가 모였었다. 문화국장 시절 광화문에서 동아 마라톤을 개최할 때, 시청 앞 서울광장에서 정명훈 음악회나 조용필 공연을 개최했을 당시에도 한 자리에 무려 2만여 명이 넘는 사람들이 모여들었다. 분기별로 세종문화회관에서 열리던 서울시청 직원 조례에도 3,000명이 참석했고 1,000명이 넘게 참석하는 학술 행사를 책임지고 개최한 것도 여러 차례 있었다.

이런 경험이 몸에 배어 있던 탓에 아순시온에 도착한 지 얼마 안 되어 행사장에 갔을 때 참석 인원이 적은 것이 너무나 이상했다. 장관이 주관하는 행사라고, 아주 중요한 세미나라는 이야기를 듣고 막상 참석해 보면 참석 인원이 불과 수십 명에 지나지 않는 경우가 대부분이었다. 처음에는 어떻게 이렇게 무성의하게 행사를 준비하나 하는 생각도 들었고 겨우 이 정도 행사를 하면서 그렇게 난리를 피우다니 한심스럽다는 생각도 들었다. 그런데도 그들은 많은 사람이 참석해서 행사가 성황을 이뤘다고 자랑했다.

어색하고 이상했다. 하지만 조금 더 깊이 생각하니 이상할 것도 없다. 6백여km²에 불과한 좁은 면적에 1천만 명이 넘는 인구가 사는 서울과 40만km²가 넘는 거대한 땅에 겨우 700만 인구를 가진 나라가 어떻게 수적으로 비교가 되겠는가? 시청 직원만 16,000명인 서울 시청의 행사와 본부 직원이 겨우 350명인 이곳 고용노동부 행사가 어찌 같을 수 있겠는가?

인구가 많고 사람이 많다는 것은 커다란 축복이다. 여기 와서 보니 경제 규모가 얼마나 중요한지 실감이 난다. 이곳에는 신간 서적을 출간하는 일이 아주 적다. 소설책도 그러하고 교양서적도 그러하다. 제대로 제본이 된 스페인어 교본조차 구하기 어렵다. 다른 나라에서 나온 교재를 복사하여 사용하는 것이 일반적이다. 자국의 음반도 거의 없다. 기초 생활용품 대부분도 수입품이다.

만들지 않고 만들지 못하고 만들려고도 하지 않는다. 기술 부족, 자본 부족이 원인이기도 하지만 더 큰 이유는 따로 있다. 인구가 적고 소비자 시장이 너무 작아 만들어도 팔리지 않고, 수지를 맞추기 어렵기 때문이다. 일정한 수요를 가진 소비재 시장 자체가 형성되지 않기 때문이다.

파라과이 사람들은 아직도 사람이 자원이라는 말을 이해하지 못하는 것 같다. 잘 훈련된 인력이 국가 발전의 원동력이라는 사실을 그저 막연하게 생각하는 것 같다. 인구 규모에 대해서도 별다른 생각이 없다. 자국의 인구가 많다고 생각하지는 않지만, 그렇다고 인구를 늘려야 한다고 생각하지도 않는다. 잘 살지도 못하면서 무작정 아이를 낳아서는 안 된다고 생각하고 있다. 최근에는 다른 선진국처럼 점차 출산율이 줄어들고 있다. 그렇지만 특별한 인구 정책도 없는 것 같다. 인구 이야기가 나오면 한국의 가족 계획 정책 변천사를 들려준다.

"지난 50년간 한국에서 가장 성공한 정책이 무엇인 줄 아느냐? 가족계획이라고 부르는 산아제한 정책이다.

한국 전쟁이 끝났을 당시 한국은 매우 가난했지만, 인구는 급속히 늘어나기 시작했다. 소위 말하는 베이비 붐이 일어났다. 그러자 정부에서는 인구 증가를 억제하고자 가족계획이라고 부르는 산아 제한 정책을 폈다."

정부는 국민들을 설득했다. 무작정 아이를 낳으면 부모들의 경제 사정도 어려워지지만 아이들을 제대로 키우기 어렵다고 했다. 잘 살기 위해서 아이를 많이 낳지 말자고 했다. 아들딸 구별 말고 둘만 낳아 잘 기르자는 구호를 비롯해 수많은 구호가 등장했다. 더 이상 아이를 낳지 못하도록 남자들에게는 무료로 정관 수술을 해줬다. 가족계획 교육은 예비군 훈련장에서조차 필수 과정이었고 정관 수술을 받으면 훈련을 면제해 줬다. 여자들에게는 루프 시술을 권장했고 콘돔을 무료로 나누어 주기도 했다.

경제 발전과 더불어 인구 증가 억제 정책은 성공을 거뒀고 그 영향으로 급속하게 출산율이 떨어졌다. 이제 한국은 세계에서 출산율이 가장 낮은 국가가 되었다. 한 여성이 평생 낳는 아이 수가 1명을 간신히 넘는 나라가 되었다.

이렇게 되자 국가적으로 비상이 걸렸다. 장기적으로 인구가 줄어 들지 모른다고 걱정하게 되었다. 무엇보다도 소중한 인적 자원

메세지로 본 가족계획 표어				
1961년	1963년	1966년	1971년	1980년
알맞게 낳아서 훌륭하게 키우자	덮어놓고 낳다보면 거지꼴을 못 면한다	3명 자녀를 3년 터울로 35세 이전에 단산하자	딸, 아들 구별 말고 둘만 낳아 잘 기르자	잘 키운 딸 하나 열 아들 안 부럽다
1982년	1986년	1990년	2004년	2006년
둘도 많다 하나 낳고 알뜰살뜰	하나로 만족합니다 우리는 외동딸	엄마건강 아기건강 적게 낳아 밝은 세상	아빠! 하나는 싫어요 엄마! 저도 동생을 갖고 싶어요	낳을수록 희망 가득 기를수록 행복 가득

한국의 가족 계획 정책은 가장 성공적인 정책이었다. 하지만 시간이 지나면서 더 이상 바람직하지 않은 정책이 되었다.

이 줄어들고 양질의 노동력이 줄어들어 장기적으로 국가 발전을 저해할 것이라는 우려가 제기되기 시작했다. 2000년대에 들어서면서 정부 정책이 바뀌었다. 출산 장려 정책을 펴기 시작했다. 아이를 더 낳으라고 권장하고 출산 장려금도 지급하고 있다.

사람은 무엇보다도 소중한 자원이다. 석유나 금은과도 비교할 수 없는 훨씬 더 소중한 자원이다. 잘 훈련되고 교육받은 인적 자원이야말로 성장과 발전의 바탕이자 동력이다.

파라과이는 인구 규모가 너무나 작다. 인구가 늘면 먹고 살기 어렵다는 생각을 할 것이 아니라 파라과이를 발전시킬 소중한 인적 자원이 늘어난다고 생각해야 한다. 파라과이는 이 소중한 자원을 더 늘려야 하고 교육과 훈련을 통해 더 잘 길러내야 한다. 이런 관점에서 장기적인 대책을 마련하고 꾸준히 추진해 나가야 한다.

7월 말에 기획국장 라우라가 소속 직원들을 교육시켜 달라고 했다. 자기는 기획국 당면 현안 업무를 소개할 테니 나에게는 기획이 무엇인지, 행정이 무엇인지 강의해 달라고 했다. 말이 기획국이지 규모가 작아 우리나라 중앙 부처의 과 단위 규모다. 굳이 우리와 비교하자면 과장 1명에 사무관 4명, 주무관 3명이 있다고 생각하면 정확하다.

직원들은 기획에 대한 전문성이 없다. 행정학이나 정책학을 공부한 사람도 없고 경험도 없다. 그저 어쩌다 보니 기획실에 왔을 뿐이고 본격적인 기획은 생각할 수도 없다. 연간 업무 계획에 따라 주기적으로, 체계적으로 일하는 게 아니라 그때그때 장관이 지시하는 업무를 받아와 처리하기 바쁘다. 하지만 대체로 성실하다. 작년에는 파라과이가 남미공동시장 메르코수르(Mercosur: Mercado Común del Sur) 의장국이어서 일 년 내내 회의 준비에 매달렸다.

먼저 기획실의 역할이 무엇인지를 생각해 보게 하고 정부의 기본 계획과 고용노동부 계획의 연계와 연동을 이야기했다. 정책 수단과 여러 정책 수단이 혼합된 정책 MIX, 그리고 프로그램의 구조를 설명했다. 부처 전체 업무를 모니터링하고 심사 분석을 한다기에 이에 필요한 몇 가지 기초 개념도 가르쳤다. 목표를 설정하는 기본 원칙 SMART(Specific, Measurable, Assignable, Realistic, Time-based)를 설명했고 성과 관리(Performance Management)의 이론과 현실에서 부닥치는 문제와 어려움을 설명했다.

파라과이 정부는 미국 USAID가 새천년 프로그램으로 지원한 MECIP이라는 내부 통제 시스템을 가지고 있다. 이 시스템을 제대로 사용하면 정부의 모든 활동을 통제하고 평가하고 표준화할 수 있다. 정부 모든 기관에 이 시스템을 전담하는 부서까지 설치했지만 현장에서는 시스템에 대한 이해가 부족하고 시스템 도입 자체를 달가워하지 않는다.

하지만 모니터링을 하고 심사 분석을 하자면 MECIP을 이해해야 한다. MECIP에서 가장 중요한 것은 '성과와 지표'이다. 이런 점을 감안하여 '성과'를 이해하는 데 반드시 필요한 개념인 Inputs · Activities · Outputs · Outcomes · Impacts가 무엇인지 구체적인 실례를 들어 설명했고 우선순위를 설정하는 원칙과 주요 지표

(Key Indicator)에 대해서도 시간을 들여 설명했다.

오랜만에 행정학 실전 강의를 했다. 강의하고 나니 이들은 바로 이 내용을 고용노동부 웹사이트에 올려 여러 사람에게 알리고 자랑했다. 덕분에 몇 사람으로부터 그 내용을 봤다고 하는 인사도 들었다. 내가 와서 특강을 했고 그 강의를 들었다는 것이 이들에게는 자랑인 모양이다.

정규 교육 수준이 낮은 이곳에서는 조금만 교육을 해도 반드시 수료증을 준다. 그리고 수료증을 받으면 그 내용을 자랑스럽게 이력서에 기재한다. 그래서 나도 지방 순회교육을 모두 마치고 나면 강의를 들은 사람들 전원에게 장관과 SNPP 청장 공동 명의로 수료증을 줄 예정이다.

기획국 직원에 대한 강의를 마치고 나자 이들은 곧 바로 그 내용을 웹사이트에 게재하고 페이스북에도 올려서 널리 자랑했다.

CHAPTER 4

센트랄 지역을
먼저 찾아가 보니!

　여느 사회나 그러하듯이 파라과이도 많은 문제를 안고 있다. 사회 전반에 만연한 부정과 부패, 지나치게 비대해진 비공식 경제, 심각한 빈부 격차, 토지 소유의 편중, 부가가치세 중심의 조세 체계와 소득 분배 시스템의 미비, 엉성하기 그지없는 공직 시스템 등 하루아침에 해결하기 어려운 과제들이 산적해 있다.

　외국 원조 기관들은 파라과이의 문제 해결을 위한 개혁 활동을 적극 지원하고 있다. 미국은 USAID를 통하여 파라과이의 부정부패를 줄이기 위해 계속 노력하고 있다. 행정 내부 통제 시스템(MECIP)을 만들어 주고 이 시스템이 정상적으로 시행되도록 수년째 기술 집행을 지도하고 있다. 세계은행(World Bank)은 조세 체계와 재정 운영 체계, 금융 시스템 개선에 많은 관심을 보이고 있다. 미주개발은행(IDB)은 행정 시스템을 개혁하고 효율적인 공무원 시스템 구축을 지원하는 노력을 10여 년째 지속하고 있다. 한국 정부도 다양한 분야에서 파라과이를 돕고 있다.

4

이들 원조 기관들은 원조를 제공하면서 사업을 집행하는 기관의 능력을 향상하거나 공무원을 훈련하는 프로그램을 반드시 포함시키고 있다. 공무원의 교육 훈련이나 행정 시스템의 향상 없이는 어떠한 물적 지원 사업도 파라과이 사회의 구조적이고 실질적인 변화를 가져오지 못한다고 보기 때문이다. 내가 여기 온 것도 이런 목적 때문이다.

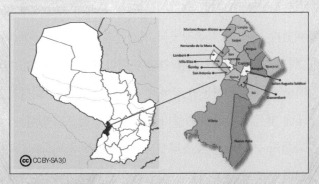

센트랄 데파르타멘토는 아순시온을 둘러싼 지역이고 아순시온과 함께 파라과이의 중심이다. 면적은 파라과이 국토의 6.6%에 불과하지만 인구는 200만여 명으로 전체의 30%를 차지하고 있다. 19개의 자치 행정 구역으로 나뉘어 있다.

독재자의
비참한 말로! 2016년 10월 5일

10월 4일 화요일 아침 람바레를 찾았다. 람바레는 아순시온 남단에 연접한 도시이다. 마리아 아르가냐(María Argaña)길을 지나 까시께 람바레(Cacique Lambaré)길로 접어드니 곧바로 람바레 언덕(Cerro Lambaré)이 나타난다. 람바레 언덕은 해발 139m의 야트막한 야산이다. 서울의 남산이 해발 270m이니 남산 높이의 절반이다. 하지만 산이 없는 나라 파라과이에선 높은 곳이고 아순시온에서는 가장 높은 곳이다. 따라서 파라과이 사람들에게 아주 특별하고 소중한 곳이다.

정상에는 오각형의 거대한 기념탑이 자리하고 있다. 기념탑 꼭대기 위에는 천사의 형상이, 기념탑 바로 아래 지상에는 람바레 추장의 동상이 설치되어 있다. 이 언덕은 과라니 족들에게 성스러운 곳이었다. 과라니 부족장들이 자신들의 하나님인 뚜빠(Tupa)를 만나 교감하고 중요한 회의를 하던 곳이다. 역사적 기록은 어디에도 없지만 동상의 주인공인 람바레 추장이 스페인 정복 당시 스페인 군대에 맞서 용감하게 싸웠다는 전설이 전해오고 있다.

오각형의 기념탑은 구스따보 그라모트(Gustavo Gramont Berres)라고 알려진 범죄자요 사기꾼인 사업가가 당시의 철권 통치자 스트로에스네르(Alfredo Stroessner)의 환심을 사려고 세운 것이다. 승리를 상징하는 평화의 기념탑 건설을 제안하면서 통치자의 동상을 설치 하겠다고 했다. 독재자는 기념탑을 세우기 위해 람바레 언덕의 11ha의 땅을 아순시온 시로 귀속시켰다. 사기꾼 사업가는 동상을 세워주는 대가로, 언덕 아래 전망 좋은 강변에 호텔 건설 허가를 받아내는 등 엄청난 이권을 챙겼다. 동시에 기념탑 건설에 대해서도 거의 백지위임을 받아 내었다.

기념탑의 설계는 스페인의 독재자 프란시스코 프랑코 대통령의 동상을 제작했던 조각가 후안 데 아바로스와 가르시아 또르바다(Juan de Ávalos and Garcia Taborda)가 맡았다. 오각형 기념탑의 중간, 다섯 개 코너에는 파라과이의 영웅인 초대 대통령 프란시아(Jose Gaspar Rodriguez de Francia,)와 2, 3대 대통령인 로뻬스 대통령 부자(Carlos Antonio Lopez y Marshal Francisco Solano Lopez), 그리고 콜로라도 당의 창시자인 베르나르디도 까바예로 (Bernardino Caballero)의 동상을 세웠다. 그리고 가장 돋보이는 한쪽 면에 독재자 스트로에스네르의 동상을 세움으로써 이 독재자를 파라과이 역사상 최고의 영웅들과 같은 반열에 서도록 배열하였

람바레 언덕은 높이가 해발 139m에 불과하지만 아순시온에서는 가장 높은 곳이다. 정상에 있는 기념 타워 바로 밑에는 전설 속의 람바레 추장의 동상이 있다.

다. 이 거대한 기념탑은 1982년 4월 28일 스트로에스네르 대통령이 직접 참석해 준공식을 가졌다.

하지만 영원할 것 같던 이 독재자도 1989년 유혈 쿠데타로 하야하게 된다. 1991년 새로운 헌법이 제정되었고 이해 5월 파라과이 역사상 처음으로 민주적인 지방 선거가 실시되었다. 이 선거에서 콜로라도 당 출신이 아닌 '모두를 위한 아순시온 시민운동' 소속의 까를로스 삘리솔라(Carlos Filizzola)가 아순시온 시장으로 당선되었다.

이해 10월 7일 이른 아침, 까를로스 시장은 긴급 간부 회의를 소집하고는 독재자 스트로에스네르의 동상을 철거하겠다고 전격 발표했다. 그리고 시장 자신이 직접 작업 인부들을 인솔하고 람바레 언덕으로 달려갔다. 5m 높이의 콘크리트 동상은 워낙 견고하게 만들어져 철거하는데 상당한 장비와 시간이 필요했다. 철거 도중에 군인들이 철거를 방해하여 현직 대통령과 담판을 해야 하는 등 우여곡절이 있었다.

하지만 결국은 발이 잘리고 목에 쇠사슬로 된 밧줄이 걸린 체 크레인으로 땅바닥으로 끌어 내려졌다. 철거된 동상은 아순시온 시청으로 옮겨져 4년간 보관되었다.

그 후 스트로에스네르를 추종하는 사람들이 엄청난 금액을 제시하면서 철거된 동상을 사겠다고 제안하기도 했고 이 동상을 다른 곳에 옮겨 설치하자는 아이디어도 이어졌다. 그러던 와중에 예술가이자 작가인 까를로스 꼴롬비노(Carlos Colombino)가 철거된 동상을 재활용해 독재자에게 희생당한 사람들에게 헌정하자고 제안했고 이 제안이 받아들여졌다.

이에 따라 철거된 동상의 각 부분은 토막 토막으로 잘려 콘크리트 몰탈 속에 묻혔고 얼굴의 일부와 양손 등 잘 알아볼 수 있는 부분은 밖으로 드러내 비참한 모습의 새로운 조형물로 만들어졌다. 1995년 이 새로운 조형물은 대통령 궁(Palacio de López) 바로 옆에 있는 '실종된 사람들을 위한 광장(La plaza De los Desaparecidos)'에 설치되었다.

동상이 철거된 후 동상 주변을 경비하던 군대가 철수해 버리자 람바레 언덕은 수년 동안 아무도 관리하지 않는 무법천지가 되었다. 강도와 마약에다 섹스까지 온갖 추잡스런 일이 벌어지는 방탕스런 곳이 되었고 너무나 위험하여 일반 시민들은 접근하기조차 어려운 지역이 되었다. 다행히 2010년 이후부터 아순시온 시청에서 경비원을 배치하여 24시간 경비를 서고 있고 주변 청소도 하고 있다.

람바레 훈련 센터는 람바레 언덕에서 가까운 곳에 있었다. 현장에 도착하여 인사를 나누고 나자 소장은 우리를 사무실로 안내하지 않고 학교 정문 앞으로 안내했다. 그리고는 학교 간판 앞에 서서 강의실이 어떻고 장비가 어떻고 설명했다.

매우 의아했는데 알고 보니 람바레 센터는 자체 사무실이나 강의실이 하나도 없는 센터였다. 정식 센터라기보다는 일종의 출장소였고 작년에 문을 열었다고 했다. 소장을 포함한 두 명의 직원이 파견되어 학교의 한쪽 구석 공간을 빌려 사무실을 차리고 시청 건물과 학교 건물을 빌려서 강좌를 개설하고 있었다.

교육 수요에 맞춰 강좌를 개설하되 지역의 시설을 빌려 최소한의 비용으로 강의하는 효율적인 시스템이다. 하지만 아무리 그렇다고 해도 센터라는 이름을 걸어 놓고 책상도 없고 컴퓨터도 없다면 너무 지나친 것이 아닌가 하는 생각도 들었다. 강사는 10명에 불과했지만, 아순시온에서 가까운 탓에 SNPP 본부 강사들이 출강하는 경우가 많아 강사들의 수준은 우수한 편이라고 했다.

오후 두 시에 시작한 이 날의 특별 교육도 콜로라도 당이 소유한 건물을 빌려서 진행되었다. 벽 뒤쪽에는 전직 대통령 오스카 니까노르 두아르테(Óscar Nicanor Duarte Frutos)의 사진이 걸려 있었고 콜로라도 당 깃발이 꽂혀 있었다. 강사 개인 컴퓨터와 빔프로젝트를 빌려서 설치했지만, 커튼이 없다 보니 빛이 그대로 들어와 파워포인트를 사용할 수 없다. 교사들이 나서서 공사장 가림막 같은 것을 찾아와 앞쪽 유리창 하나를 엉성하게 가림으로써 그나마 강의할 수 있었다.

2016년도에 총 93개의 강좌를 개설할 예정이었지만 10월 초까지 겨우 26개 강좌를 마쳤고 17개 강좌가 진행 중이었다. 50개의 강좌는 시작조차 못 하고 있었다. 공간과 장비가 부족한 탓이다. 소장도, 두 명의 행정 요원도 모두 지쳐 보였다.

최근에 행정 보조 요원이 한 명 보충되었기에 내년에는 람바레 지역에 대한 교육 수요를 조사하고, 강사도 늘리겠다고 했다.

하지만 본부의 적극적인 지원이 없다면 이 계획은 그냥 생각으로
끝날 공산이 커 보였다.

람바레 센터에서는 겨우 10명을 상대로 교육을
했다. 교실 한 칸, 교육용 컴퓨터 한 대조차 없어
서 이곳저곳에서 빌려 교육하다 보니 목표 강좌
수의 50%도 개설하지 못하고 있었다.

람바레 언덕 기념탑에서 끌어 내려진 독재자 스트로에스네르의 동상은 토막 토막 잘려
이런 비참한 모습으로 그에게 희생을 당한 사람들을 추모하는 '실종된 사람들을 위한
광장'을 지키게 되었다.

두 번을
찾아가다!

람바레 교육을 마치고 비야 엘리사 센터를 찾았다. 펠리시아나 플로렌틴 소장(Feliciana Florentin de Belotto)은 우리의 방문을 탐탁하지 않게 여겼다. 교육 일정을 통보받고는 바빠서 교육 준비를 하기 힘들다고 전화를 했다. 이날 찾아갔을 때도 같은 말을 되풀이했다. 아주 바쁘다고 했다. 뭐가 그리 바쁘냐고 물었더니 강사들의 강사료를 지급해야 하는 시기인데 강의 시간 기록 자료를 모아 본부에 제출하려니 바쁘다고 했다.

매월 지급하는 강사료 때문에 교육 준비가 어렵다는 것은 말이 되지 않기에 묵살했더니 이번에는 강사들이 그 시간에 수업을 해야 하므로 참석이 어렵다고 했다. 나도 모르게 반박했다. "그런 사정은 다른 곳도 마찬가지다. 수업이 있거나 불가피한 사정이 있는 강사들은 참석하지 못한다. 교육을 받아야 하는 그 시간에 수업해야 하는 강사가 몇 명이냐?"고 물었다. 정확한 숫자는 모르지만 많을 것 같다고 막연하게 답변하기에 알았다고 하고 새로운 제안을 했다.

"내일 교육은 예정대로 실시한다. 개인적인 사정이 있는 사람들은 참석하지 않아도 좋다. 다만 내일 참석하지 못하는 사람을 위해 2주 후에 다시 찾아와 교육하겠다. 그 사람들이 교육받기에 가장 편리한 시간에 보충 교육을 하도록 하자. 내일 참석하지 못하는 사람들은 그때 참석하도록 미리 연락해 달라!"

혹을 떼려다 더 큰 혹을 붙인 꼴이 된 소장은 잠시 벌레 씹은 듯한 표정을 보였다. 하지만 곧바로 태도를 바꿨다. 친절해졌다. 손으로 작성한 회의록을 하나 하나 넘겨 가면서 자기가 얼마나 치밀하게, 그리고 열정적으로 일하는지 부각하려 애를 썼다. PIMA 교육을 받는 강사도 있고 특별히 NEO 프로그램도 시행한다고 했다. 지역 기업체를 찾아가 지원 협정을 맺고 도움을 받는다는 이야기도 했다. 함께 강의실을 둘러 보자고 했다. 강의실에 들어가서는 길게 설명을 했다.

"우리는 교실을 다목적으로, 아주 효율적으로 사용한다. 주간 재봉틀 교실이 야간에는 가정 전기 교실이 되고, 낮 시간 컴퓨터 교실이 밤에는 마케팅 교실이 된다!"

별다른 관심을 보이지 않자 이번에는 다른 곳으로 데려갔다. 가톨릭교회의 사회복지관이었다. 요리 수업 현장을 자랑하려 했으나 강좌가 끝나 수강생 대부분이 집으로 돌아간 후였다. 대신 업소용 커다란 가스레인지를 보여 주며 이것을 얻어 오기까지 얼마나 노력했는지 설명했고 용접 실습을 하던 현장과 철근 배관 교육 현장을 구체적으로 설명했다.

이튿날 약속 시간에 맞춰 강의실에 도착하니 모두들 기다리고 있었다. 소장은 예쁘게 차려입고 브리핑을 했다. 하지만 강의 실행률은 형편없었다. 올해 106개 강좌에 1,500명을 교육할 계획이지만, 현재까지 완료된 강좌가 40개, 교육생은 943명에 불과하다고 했다. 그렇지만 내년에는 131개 강좌를 개설하여 2,220명을 교육할 것이라고 했다.

소장은 훈련 교사들에 대한 동기 부여 부족, 지나치게 본부 위주로 진행되는 프로젝트, 전략 계획에 대한 모니터링 부족, 지역 기업의 협조와 지원 부족 등을 센터의 약점으로 꼽았다. 지역과 기업이 필요로 하는 맞춤형 강좌를 개설하고. 원서 제출 과정이나 입학 사정 과정에서 지원자의 학습 능력을 확인하여 선발해야 하며, 행정의 효율을 높이기 위해 절차와 과정을 표준화한 매뉴얼을 보급해야 한다고 강조했다.

하지만 소장은 컴퓨터 사용이 익숙하지 않은 듯했다. 컴퓨터 교사의 도움을 받아 가며 프레젠테이션을 했지만, 파워포인트 자료와 워드 문서의 차이를 모르는 듯했다. 워드 문서를 화면에 올려 놓고는 파워포인트 자료처럼 화면이 바뀌지 않는 것을 답답해했다.

강의하고 비디오를 보여준 후 토론 없이 바로 마무리 강의를 했다. 2주 후에 다시 만나자고 하면서 토론은 그때 하자고 했다. 기념사진을 찍고 돌아서는 데 소장이 조심스럽게 앙헬라에게 묻는다. "정말 다시 한번 더 교육할 겁니까? 오늘 불참자가 행정 요원을 포함하여 다섯 명밖에 안 되는 데!" 10월 초로 예정된 9개 센터의 지방 순회 교육을 모두 마치고 사무실로 돌아오니 메일이 와 있었다.

"비야 엘리사 훈련 센터에서는 아리엘 선생님께 약속드린 대로 10월 18일 저녁에 다시 교육할 수 있도록 모두 준비해 놓겠습니다."

펠리시아나 소장은 성당의 사회복지관을 빌려 강의하는 곳을 찾아가 여러 가지 상황을 설명했고 요리 강사(가운데)와 함께 사진을 찍었다.

비야 엘리사 센터는 출석이 저조하여 1차 방문 이후 다시 찾아가 보충 교육을 했다.

군부대에서
수재민 교육!

10월 6일 찾아간 곳은 RC4(Regimiento de Caballería Nº 4 Acá Carayá,)라는 군부대 영내에 위치한 훈련 센터였다. 2014년에 대홍수가 발생하였을 때 파라과이 강의 수위가 7m 이상 상승하면서 아순시온만에 있는 짜까리타 지역(CHACARITA, barrio Ricardo Brugada)이 침수되어 수천 명의 수재민이 발생하였다. 갈 곳 없는 수재민들은 파라과이 강변의 공원이나 사유지를 무단 점유하여 판잣집을 짓거나 텐트를 쳤다.

무단 점유가 심해지자 파라과이 정부는 수재민들에게 RC4부대 영내에 부지를 내어 주고 임시 거처를 마련하고 살 수 있도록 허용하였다. 이에 따라 463가구의 수재민과 40가구의 인디언 가족들이 이 지역으로 옮겨와 임시 거처를 마련하였다. 이 중 많은 사람들은 2016년 10월 현재까지도 여기를 떠나지 못하고 있다.

현지 주민의 안내를 받아 이 임시 거처를 찾아가 보니 집단 판자촌이었다. 60년대 청계천의 모습과 흡사했다. 입구에는 군인들이 보초를 서며 치안을 맡고 있었다. 미국 해외원조처 (USAID)의 마크가 붙어 있는 이동식 화장실이 곳곳에 설치되어 있었고 공동으로 이용하는 간이 샤워장도 있었다. 지금은 나아졌지만 사람이 많았을 때는 아침이면 화장실 앞에 긴 줄을 서는 진풍경도 있었다고 했다.

수재민 집단촌과 인디언 거주지는 마주 보고 있었지만 서로 넘나들지 못하도록 구획되어 있었다. 인디언들을 위해서는 정부에서 이따 지역에 땅을 마련하여 이주시킬 준비를 하고 있다고 했다.

지난해 파라과이 주택청(SENAVITAT)은 홍수가 일어날 때마다 침수되는 짜까리타 지역 주민들과 군부대 내 임시 거처에 살고 있는 수재민들을 위해 사회 주택 단지를 만들겠다고 발표했다. 그리고 아순시온 식물원과 연접한 지역, 샌프란시스코에 1,111호의 주택과 3층 이하 아파트 1,130가구를 짓고 있다. 지난 6월 착공하여 10월 현재 땅을 고르고 기반 시설을 설치하는 토목 공사가 한창이다.

주택 건설에 발맞추어 파라과이 고용노동부도 수재민 지원에 나섰다. 올 2월부터 이 지역 수재민들에게 취업 기회를 늘려 주기 위한 직업 훈련을 시작하였다. 주택 건설 사업이 마무리된 후 입주민들에게 항구적으로 직업 훈련을 실시하기 위해 군부대 영내에 훈련 센터 건물을 지었다.

올해 처음으로 강좌를 개설했지만 이미 많은 성과를 내고 있었다. 전반기에는 옷 만들기, 자동차용 전기와 가정용 전기, 미용 강좌 등 11개 강좌를 개설하여 220명이 수료하였고 후반기에는 13개 강좌에 260명이 수료할 예정이다. 내년에는 자동차, 기계, 건축, 건강 및 체육, 수송 및 물류 등 44개 강좌에 660명을 교육할 계획이라고 했다. 샌프란시스코의 주택 단지가 준공되면 2,300가구에 10,000여 명이 주민이 입주할 예정이다. 가구마다 3명씩 전체 6,900명에게 직업 훈련 기회를 주겠다는 공격적인 목표도 세워 놓고 있었다.

레티시아 아키노(Leticia Aquino) 소장은 친화력이 뛰어나고 열성적인 여성이었다. 수재민들을 대상으로 직업 훈련을 하는 것을 자랑스러워했다. 교육을 받는 사람들도 긍정적이고 적극적이었다. 소장의 안내를 받아 재봉틀 교실에 들어가 보니 다양한 연령층의 사람들이 즐겁게 참여하고 있었다. 냉소적인 반응을 보이리라는 예상과는 달리 이들의 얼굴에서는 구김살이나 그늘을 찾아볼 수 없었다. 소장이나 강사들에게 신뢰를 보였고 이런 교육 기회를 고맙게 생각했다.

KOICA에서 나왔고, 특별 교육을 할 예정이라고 하자 자기들도 강의를 듣겠다고 했다. 강사들과 행정 요원을 모두 합쳐도 전체 인원이 10명에 불과한 이 작은 센터에서 수재민과 수강생들이 함께 참여해 40여 명이 교육받았다.

수재민을 위한 임시 거주처는 집단 판
자촌이었다. 하지만 우리를 안내한 현
지 주민은 매우 낙천적이고 긍정적이
었다.

RC4 센터는 강사가 7명에 불과한 작은
센터였지만 학생들과 수재민들이 함께
참여해 30명이 넘게 강의를 들었다.

늘어만 가는
빈민촌!

2016년 10월 12일

10월 1일 토요일 오전, 평소 주말처럼 센트로 지역 산책에 나섰다. 팔마 길을 따라 영웅전 앞을 지나고 있는데 우루과이 광장 쪽에서 일단의 시위대가 나타났다.

데모 행렬이었지만 뜻밖에 조용했다. 요란한 구호를 외치거나 선동하는 모습이 보이지 않았다. 지나가는 사람들에게 팜플릿을 나눠 주면서 조용히 걷고 있었다. 하지만 참가자들의 얼굴은 웃음기 하나 없었고 침통해 보였다. 지치고 힘들어하는 모습이었다. 이들은 영웅전 앞에서 행진을 멈추더니 우루과이 광장으로 돌아가 진을 쳤다.

이들은 까아과수 데파르타멘토의 구아오리 꼴로니아(la colonia Guahory)에서 상경한 농민들이었다. 구아오리에는 약 200가구에 1,200명의 사람들이 벽돌이나 목재로 집을 짓고 살고 있었다. 이들은 수십 년 동안 밀과 콩을 경작하고, 돼지와 닭을 키우며 살아왔다. 마을에는 전기도 들어 왔으며, 아이들을 위한 조그마한 학교도 셋

구아오리를 포함하여 전국 농촌 지역에서 쫓겨난 농민들은 연례행사처럼 팔마 거리에서 시위를 벌이곤 한다.

이나 있었다.

이 평온한 마을에 지난 9월 15일 1,200명의 경찰이 들이닥쳤다. 경찰은 이들의 집을 모두 부숴 버렸고 경작 중인 농작물을 불태우고 돼지와 닭까지 모두 가져가 버렸다. 경찰 작전의 배후에는 이 지역 토지의 소유권을 주장하는 브라질계 파라과이 몇몇 지주들이 버티고 있다. 이번 경찰 작전을 위해 이들 지주는 경찰에게 20만 달러를 제공한 것으로 알려졌다.

이 사태를 다룬 일간지 울띠마 오라(Ultima Hora)의 10월 13일 자 사설은 다음과 같다.

"구아오리 사건은 파라과이 토지 투쟁사에서 새로운 하나의 장이다. 피와 땀으로 쓰인 하나의 스토리이다. 부정과 부패로 더럽혀진 손이 농민들에게 폭력을 행사하는 일은 자주 있었다. 이번 갈등도 한 달 전에 일단의 브라질 출신 파라과이 사람들이 200세대의 농민들을 폭력적으로 쫓아내면서 불거진 것이다.

하지만 근본적인 원인은 국립 농촌토지개발청(INDERT: Instituto Nacional de Desarrollo Rural y de la Tierra)의 부패한 관리들이 브라질 출신 파라과이 사람들에게 토지를 취득할 근거를 마련해 주기 위해 서류를 위조하면서 시작된 것이다.

비록 브라질 출신 지주들이 농업법에 정한 각종 준수 사항을 지키지 않았더라도 농민들이 자기 땅이라고 주장하는 토지를 다시 찾기는 쉽지는 않을 것이다. 비록 이들이 10년 보유 후에 전매가

가능하다는 규정을 어기고 농토를 전매하였고 농지를 구입한 사람은 농토가 있는 현지에 거주해야 한다는 규정을 어겼다고 해도 등기소 토지대장에는 엄연히 이들이 소유주로 등록되어 있기 때문이다.

파라과이 정부는 쫓겨난 농민들에게 그들이 살던 토지에 들어갈 수 있도록 허용해야 하고 수십 년 이어져 온 부정부패를 끝내야 한다. 이러한 마찰을 초래한 부정행위는 분명히 가려내야 하고 책임을 져야 할 사람들과 죄를 지은 사람들에게는 마땅히 책임을 물어야 한다.

경찰의 공권력의 남용은 경찰의 신뢰를 떨어뜨릴 뿐이라는 걸 알아야 한다. 불평등과 가난이 팽배한 나라에서 폭력적인 공권력 사용은 결코 대안이 될 수 없다. 우리는 부정부패나 폭력이 이번 개임에서 승자가 되기를 원하지 않는다. 토지에 대한 많은 다른 개탄스러운 사례에서처럼 되돌아올 수 없는 지점에 이르기 전에 구아오리에서의 충돌 사태를 해결할 대안을 찾아 내야 한다."

아무런 대책도 없이 쫓겨난 농민들은 어디에도 갈 곳이 없다. 시골 어디에서 다른 땅을 찾거나 아순시온 근처로 몰려와 천막이라도 쳐야 한다. 이처럼 쫓겨난 사람들은 흔히 공원을 무단 점유하거나 강변이나 사람이 살지 않는 언덕을 찾아 집을 짓는다.

쫓겨난 농민들과 갈 곳 없는 수재민들이 막다른 골목에서 살아 남기 위해 무작정 세운 마을이 아센타미엔토(asentamiento) 다. 아센타미엔토는 빈민촌이자 판자촌이다. 불량 주택 지구다. 이들 대부분이 홍수에 취약한 강변이나 호수 주변, 산사태 위험이 있는 산기슭에 자리 잡고 있다. 수돗물이나 전기 공급이 제대로 되지 않으며 난방도, 배수도, 하수 처리도 어렵다. 집까지 연결되는 도로가 없다. 조그마한 길이 있더라도 가파르고 팬 곳이 다반사이다. 소방차 접근이 어렵고 구급차나 경찰도 오기 어렵다. 판자로 지은 집은 그나마 좋은 것이다. 각종 포장재나 플라스틱, 그리고 종이로 얼기설기 가림막을 한 정도이고 추위나 더위, 바람이나 먼지를 막아 내지 못한다.

파라과이에는 1,000여 개의 아센타미엔토가 있다. 태초 파라과이(TECHO Paraguay) 조사 결과에 따르면 아순시온 메트로폴리탄 소속 10개 자치에만 405개의 아센타미멘토가 있고 31,948채의 천막 혹은 판잣집에 33,000가구가 살고 있다고 한다. 어느 사회에서나 불량 주택 지구는 있기 마련이다. 하지만 파라과이에는 아센타미엔토가 너무나 많다. 숫자가 많은 것도 문제지만 지금도 줄어들지 않는 것은 더 큰 문제이다.

파라과이는 토지 소유의 편중 현상이 매우 심한 나라이다. 토지 소유자의 2.6%가 경작 가능한 토지의 85%를 차지하고 있다. 파라과이의 가장 주요한 수출 품목인 콩을 재배하는 농장이 끝없이 펼쳐져 있다.

우리는 자랑스러운
메스티소야!

2016년 10월 14일

10월 7일 교육은 마리아노 로께 알론소(Mariano Roque Alonso)에서 있었다. 로께 알론소는 수도 아순시온에서 18km 떨어진 위성 도시이다. 산업과 상업, 각종 서비스 산업이 발달한 곳이며 매년 전국 산업 박람회가 열리는 도시이다.

마리아노 로께 알론소는 혼혈 인종인 '메스티소'의 요람(Cuna del Mestizaje)이다. 수도 아순시온의 역사는 1537년 후안 데 살라싸르와 에쓰피노싸라는 스페인 탐험가에 의해 시작되었다. 젊은 여자들이 낯설고 위험한 땅에 함께 오길 꺼렸기에 초기 스페인 개척자들은 남성 중심이 될 수밖에 없었다.

북쪽 차코(Chaco)지역 침입자들로부터 시달림을 받아오던 인디언 과라니 족장들은 일찍이 이런 사정을 간파했고 이들에게 손을 내밀었다. 땅과 재산을 지키기 위해 자기 종족의 여자 300명을 보내어 정복자들과 동맹을 맺었다. 스페인 정복자들과 인디언들은 피로서 맺어졌고 그 결과 과라니 여자들은 이 세상에 없던 새롭고 젊은 인종 '메스티조'를 탄생시켰다.

하지만 혼혈 과정이 어찌 이런 자발적인 방식뿐이었겠는가? 스페인 정복자들은 부족장이 넘겨주는 여자들 외에도 온갖 방법으로 더 많은 여자를 차지하였다. 이렇게 탄생한 혼혈 인종 메스티소는 현재 파라과이 전체 인구의 95%를 차지한다.

혼혈 1호는 스페인 선장과 과라니족 추장의 딸 사이에 태어났다. 정복자들이 아순시온에 도착했을 때 과라니 족의 추장 모키라세(Cacique Mokirasé)가 제일 먼저 자기의 딸 으보뜨 싸으주(Yvoty Sa`yju)를 따뿌아(Tapuá) 강변에 머물고 있던 스페인 선장 도밍고 마르티네스 데 이랄라(Domingo Martínez de Irala)에게 보냈다. 이 선장이 나중에 파라과이의 초대 총독이 된다. 얼마 지나지 않아 스페인 선장과 인디오 여인 사이에서 파라과이 최초의 메스티소인 우르술라(Ursula)라는 여자아이가 태어났다. 우르술라는 자라서 또 다른 선장 알론소 리켈매(Alonso Riquelme de Guzmán)와 결혼하였고 파라과이 최초의 역사학자 루이 디아스(Ruy Diíaz de Guzmaán)를 낳았다.

이러한 혼혈의 역사가 맨 처음 시작된 곳이 바로 지금의 마리아노 로케 알론소이다. 마리아노 로께 알론소 시청은 1999년 조례 54호로 이 도시를 '메스티소의 요람(Cuna del Mestizaje)'으로 지정하고 새로운 젊은 인종 메스티소를 탄생시키고 과라니 어를 보존하게 된 역사를 자랑하며 기념하고 있다.

우리 한국인들이 순수한 혈통의 단일 민족임을 자랑하듯이 파라과이 인들은 혼혈 인종 메스티소가 세상에 없었던 새로운 인종이며 젊은

로께 알론소는 메스티소의 요람이다. 노에미 래스까노(Noemi Lezcano) 소장은 우리를 요리 교실로 안내했고 수강생들은 아주 반갑게 맞아주었다.

인종이라고 자랑한다. 파라과이 국민들은 인디오 여인들을 용맹한 스페인 전사들에게 몸을 바쳐 새로운 인종을 탄생시킨 나라의 어머니요 과라니의 전통문화를 고스란히 유지 계승시킨 교육자라고 칭송하고 있다.

노에미 래스까노(Noemi Lezcano) 소장은 우리를 요리 교실로 안내했다. 이미 여러 차례 찾아가 봤고 수업이 중단되는 것이 마음에 걸려 머뭇거렸지만 방해가 되지 않는다며 함께 교실에 들어가 보자고 했다. 위생 복장을 갖췄고 다른 곳에 비해 조리 기구나 재료도 잘 갖춘 곳이었다. 열기가 넘쳤고 분위기가 밝았다.

이것저것 살펴보고 몇 가지 질문하다 돌아서는데 덕담 한 마디라도 하고 가란다. 억척같이 살려고 노력하는 파라과이 여인들을 보면서 온갖 고생을 하며 우리를 키우던 어머님 생각이 났다. 그래서 어머님 이야기를 했다. 우리 어머님 이야기이자 대한민국 어머님들 이야기다.

"나는 두메산골에서 자랐다. 우리는 매우 가난했다. 온 동네가 모두 가난했다. 지난번 찾아가 본 인디언 마을의 삶과 별다른 것이 없었다. 항상 먹을 것이 부족했다. 미국이 원조해 주는 분유와 강냉이죽도 몇 번 얻어먹었다.
나는 전기가 있다는 것조차 몰랐다. 고무신이 최고인 줄 알았고 가죽으로 만든 구두가 있다는 것도 몰랐다. 12살이 되어 중학교 시험을 보러 갈 때 처음으로 버스라는 걸 구경하고 타 보았다.

집안은 어려웠지만, 어머님은 강했다. 어머님은 가난하게 살지만 자식들은 절대 가난하게 살게 하지 않겠다고 다짐했다. 어머님은 제대로 공부하지 못했지만, 자식들은 꼭 공부를 시키겠다고 결심했다. 아무리 집안일이 바빠도 아이들은 학교에 가게 했다. 숙제를 하지 않으면 심하게 야단을 쳤다. 배가 고파 맹물을 마시고, 허리띠를 졸라 매면서도 갖은 노력을 다해 학비와 책값을 마련하고 우리를 학교에 보냈다.

50년 전 나는 미국이 주는 강냉이 가루를 얻어먹었지만 지금은 도움을 주러 다닌다.

열 두 살에 처음 버스를 타 봤지만, 지금은 비행기를 타고 전 세계를 여행한다. 어려서는 두메산골에서 살았지만, 성인이 되어서는 미국에서도 살았고 프랑스에서 살았으며 지금은 남미에서 살고 있다. 이제는 전 세계가 내 삶의 터전이다.

전깃불도 없는 시골에서 자란 시골뜨기지만 대한민국의 수도 서울 시청에 들어가 최고의 지위에 올라 보기도 했다.

내가 이렇게 성장할 수 있었던 것은 어머님 덕택이다. 배고픔을 참고 나를 공부시켜 준 덕분이다. 희망과 용기를 주고 미래를 대비하는 길을 가르쳐 주신 덕분이다.

여러분은 지금은 어렵게 지내고 있다. 하지만 꿈과 희망을 가지고 꾸준히 노력하면 여러분과 여러분 자녀들의 미래는 매우 밝다. 여러분이 기르고 가르친 여러분의 자녀들은 여러분보다 훨씬 더 좋은 환경에서 더 나은 삶을 살아갈 수 있다!"

증손녀 현서를 돌보고 계시는 어머님. 어머님은 두메 산골의 어려운 살림에 허리 띠를
졸라메면서도 우리 5남매에게 꿈을 심어 주고 공부를 시켰다.

민간 시장 안에 있는
공공 훈련 센터!

림삐오 훈련 센터는 아바스토 노르떼(ABASTO NORTE) 시장 안에 있었다. 아바스토 노르떼 시장은 11ha의 부지에 7개의 블록으로 나뉘어져 있고, 321개의 가게에 임대인 119명을 비롯해 약 1,200명의 인력이 종사하고 있는 곳이다.

2012년에 문을 열었고 찾아오는 고객은 하루 평균 5,000명이다. 과일, 채소, 곡물을 비롯한 농산물, 소고기, 우유를 비롯한 각종 축산물과 낙농 제품이 거래된다. 도매 거래는 주로 새벽 시간에 이루어지고 낮에는 소매 거래가 활발하다. 바다가 없는 나라라 해산물 시장이 없다는 점을 제외하면 서울 가락동 농수산물 시장의 축소판이다.

이 시장은 민간 사업자가 개발하고 소유하고 운영하는 시장이다. 질서 있고 깨끗하며 쉽게 사고팔 수 있도록 편리한 시스템을 갖추었다. 가격이 저렴하고 싱싱하고 품질 좋은 농축산물이 많아 맥도널드와 KFC, 피자헛도 이곳에서 음식 재료를 구입한다. 시장 운영자는 "농축산물을 거래하면서 고용을 유지하고 수익을 창출하는 단순한 시장 기능을 뛰어넘어 유통 산업에 대한 전문성을 보여 주고 서비스 정신을 길러 주는 모범 시장으로 육성하겠다"고 했다.

아순시온 주변에는 여기 말고도 대형 시장 두 곳이 더 있다. 제4시장(Mercado 4)과 아바스토 센트랄 시장(Mercado Central de Abasto)이 그곳이다. 두 시장 모두 아순시온 시청이 관리하는 공영 시장이다. 제4시장은 말 그대로 재래시장이다. 시장 현대화 사업 이전의 서울의 재래시장과 여러모로 흡사하다. 냄새가 나고 지저분하다. 무질서하고 복잡하기 그지없다.

아바스토 센트랄 시장은 현대식 도매 시장이지만 무질서와 부정으로 악명높은 곳이다. 출입증을 복제하거나 무단으로 발급하고, 지정된 장소가 아닌 곳에 상품을 하역하고 쌓아둔다. 공용 공간을 돈받고 임대하고, 가게를 불법 전매하며, 공용 전기를 무단 사용한다. 냉동이나 냉장 설비가 제대로 가동되지 않으며 허가나 검사에 의혹이 있고 쓰레기 처리에 부정이 있다는 원성이 자자하다.

이러한 부정행위는 시장 관리를 책임진 시의원과 그가 취직시킨 직원들의 부정부패 때문이라고 한다. 지난 연말 새로 취임한 마리오 아니발(Mario Aníbal Ferreiro Sanabria) 시장은 이곳을 찾아가 지금까지의 모든 적폐를 뿌리 뽑겠다고 약속하였다. 하지만 시민들은 그 약속을 믿지 않는다. 과연 달라질까? 반신반의하면서 지켜 보고 있다.

직업 훈련기관인 SNPP 림뻬오 센터는 시장 종사자들을 교육하고 동시에 시장 이용자들을 늘리기 위해 아바스테 노르떼 시장측에서 적극적으로 유치한 것이다. 2014년에 설립되었다. 지난해에만 창업 실무, 회계 실무, 컴퓨터 기초, 가정 및 자동차 전기, 냉동 기술 분야에서 1,965명을 교육했다.

림삐오 센터 소장 아르만도 알바레스(Armando Alvarez)은 정치 공무원 냄새를 강하게 풍겼다. 작년에 대통령상을 받았다는 이야기를 하면서 은근히 콜로라도 당과 연결되는 힘 있는 사람이란 걸 과시했다. 강사를 포함하여 20여 명 남짓한 조직을 관리하면서 높은 사람을 흉내내며 거드름도 피웠다. 하지만 직업 훈련 실무에 들어가면 아는 것이 별로 없었다. 그런 것은 직원들이나 강사들이 알아서 하는 것이란 태도를 보였다. 실질적으로 교육에 관한 모든 일은 수석 교사가 하고 있었고 각종 보고 자료도 수석 교사가 준비했다.

토론 주제를 어떻게 정하면 좋으냐고 묻길래 "어떻게 하면 수업의 질을 높일 수 있을까? 어떻게 하면 학생들에게 더 많은 관심을 보여줄 수 있을까?" 등 몇 가지를 생각해 보라고 했더니 잠시도 생각하지 않고 즉흥적으로 토론을 시작했다. 처음에는 강사들이 참여하고 몇 가지 의견을 내었다.

"새로운 기술을 습득할 수 있도록 교사들을 더 교육시켜야 한다. 본부에서 하는 교육을 찾아서 받아야 하고, 자기 분야 강의 내용을 수시로 업데이트해야 한다.
직업 훈련이 지나치게 젊은층에 초점이 맞춰져 있다. 40대~70대를 위한 교육도 필요하다.

센터로 찾아오는 사람을 잘 대해 주고 교육을 받을 수 있도록 상담하고 도와야 한다. 인원 초과로 접수하지 못한 학생들이 다음 과정 때 접수할 수 있도록 안내해야 한다."

하지만 소장이 의견 발표를 유도하는 것이 아니라 윽박지르는 듯한 태도를 보이자 교사들은 더는 입을 열지 않았다. 소장의 질문에 아무런 대꾸도 없이 그저 물끄러미 쳐다만 보고 있었다. 토론이 잘 진행되지 않자 소장은 슬슬 눈치를 보면서 적당히 끝내려고 했다.

강사들 중에는 여러 센터를 오가며 강의하는 사람이 많다. 이런 강사들이 한 센터에서 교육을 받은 후 다시 다음 센터 교육에도 참석하기에 같은 내용을 두 번 들을 필요가 없다고 돌려 보내곤 했었다. 림삐오 센터에도 이미 다른 곳에서 교육을 받았던 강사 두 명이 다시 찾아 왔다. 같은 내용인 줄 알지만, 다시 듣고 싶어 왔다고 했다. 그리고 끝까지 자리를 지키며 전체 내용을 다시 들었다. 세 번 이상 강의를 들었다고 하는 자랑하는 교사도 있었다. 강의가 좋다고 하고 다시 듣겠다고 찾아오니 뿌듯하고 기쁘다. 보람을 느끼고 새로운 기운이 샘 솟는다.

아바스토 노르떼 시장에 위치한 림삐오 훈련 센터
는 시장 종사자들과 이용자들에게 도움을 주기 위
한 센터이다.

아바스토 노르테시장은 민간이 소유하고 운영하는 시장이다. 파라과이 유통 사업 근
대화의 상징이다. SNPP는 이 시장 안에서 직업 훈련을 시행하고 있다.

먼저 기본부터
다져라!

림삐오 센터에서 교육을 마치고 살디바르(J. A. Saldivar) 센터에 도착하니 저녁 여섯 시가 넘었다. 한 시간이면 도착하는 거리였지만 이날은 유난히 교통 체증이 심해 무려 세 시간 가까이 걸렸다.

준비 사항을 점검하고 강의실을 둘러본 후 밖으로 나와 보니 날씨가 험악하게 변해 있었다. 심하게 천둥 번개가 치고 강한 바람에 폭우가 쏟아졌다. 지난주에 이은 강행군에 너무 지쳤고 아순시온까지 갔다가 이튿날 아침 다시 오기에는 시간이 촉박했다. 근처에서 하루를 묵기로 하고 적당한 호텔을 추천해 달라고 했더니 6km 떨어진 곳에 호텔이 하나 있지만 가격이 만만치 않단다.

차를 타고 이동하면서 저렴한 곳을 찾아보기로 했다. 비 오는 캄캄한 시골 밤 길을 더듬거리며 한참을 가다 보니 불빛이 보이고 사거리가 나타났다. 까삐아따(Capiatá)였다. 교차로에 멈추어 서는데 독일 정원(Jardin Alemán)이란 호텔 간판이 보인다. 반가운 마음에 들어가자고 했더니 "식당이 갖춰진 호텔이라 비쌀 것이다"라면서 걱정을 한다. 너무나 피로했기에 일단 들어가 보니 뜻밖에 깨끗하고 저렴한 곳이었다.

살디바르 훈련 센터의 안드레스 아니발(Andres Anibal Raszka González) 소장은 세심한 사람이었다. 올해 강좌 진행 사항과 내년 강좌 개설 계획 설명을 위해 무려 130여 쪽의 파워포인트 자료를 준비했다. 산만하고 지루했지만, 강의 실태 전반에 대해 깊이 이해할 수 있었다. 토의가 끝나자 한 훈련 교사가 번쩍 손을 들고 도전적인 질문을 했다.

"파라과이의 발전이든 혹은 개인의 발전이든, 발전하기 위해서는 교육이 필요하고 그 교육의 질이 높아야 한다는 것은 충분히 알겠다.

우리 교사들도 직업 훈련 수준을 높이고 싶다. 우리 교사들도 학생들을 잘 가르치고 싶다. 하지만 시설이 열악하고 장비가 부족하고 소모품이 부족한 것이 당면한 현실이다. 교사들의 처우가 열악하고 신분은 불안정하며 교사들의 훈련도 부족하다.

모두가 부족한 이런 상황에서 훈련 수준을 높이기 위해 우리는 무엇을 어떻게 해야 하는가? 무엇부터 먼저 해야 하는가?"

이런 질문에 대한 내 대답은 한결같다. 기본부터 다지라는 것이다. 열악한 시설이나 부족한 교육 물품 문제는 시간이 지나면 점차 해결될 것이다. 경제가 발전하고 소득 수준이 높아지면 교사들의 처우도 나아질 것이다. 하지만 의식 구조나 생활 태도가 뒷받침되지 않는다면 진정한 발전은 어려울 것이다.

"무슨 일을 하던 기본에 충실해야 한다. 교육 훈련에서 기본이란 특별한 것이 아니다. 정시에 수업을 시작하는 것, 휴강이나 결강을 하지 않는 것, 강의 계획서에 나와 있는 모든 과정을 약속한 대로 빠짐없이 실행하는 것이다.

학생들에게 했던 약속을 지키는 것이다. 제대로 강의하지 않고 수료증을 주거나 교과 과정을 편법으로 운영하는 것이 없도록 하는 것이다.

학생의 입장에서는 수업에 빠지지 않는 것, 수업에서 요구하는 과제를 제대로 수행하는 것이고, 난관에 부닥치더라도 중도에 포기하지 않고 끝까지 과정을 마치는 것이다.

인생에 있어서 가장 어려운 일은 극한 상황을 견뎌내는 것이 아니다. 에베레스트 산을 정복하는 것 같은 일이 아니다. 무료해지고 나태해지는 자신을 다잡는 일이다. 노력했지만 변화가 보이지 않아 포기하고 싶을 때, 조금 더 참고 견디며 하던 일을 계속해 나가는 것이다. 그런 순간순간을 견디는 것이 어려운 일이고 그런 고비를 넘길 수 있는 것이 진정한 용기이다.

성공하는 사람은 머리가 좋은 사람도 아니고, 힘이 센 사람도 아니고, 좋은 집안에 태어난 사람도 아니다. 일상의 무료함과 지루함을 이겨내고, 작은 일에 일희일비하지 않고 묵묵히 목표를 향해 나아가는 사람이다. 마음 먹은 일을 끝까지 해내는 사람이다. 그런 사람이 기본에 충실한 사람이고 그런 사람이 성공한다.

이런 사정은 직업 훈련에서도 마찬가지다. 좋은 강좌란 엄청난 고난도 이론이나 특수한 실험 실습을 하는 강좌가 아니다. 열정을 가진 선생님이 진행하는 강좌, 약속한 대로 수업을 진행하고 정해진 실습을 모두 하는 강좌, 착실하게 시간을 채우고 예정했던 과정을 충실하게 마치는 강좌이다."

으빠네 훈련 센터(Oficina de atención de Ypane) 의 마르코스 아르도노(Marcos Adorno) 소장은 직설적이고 저돌적이었다. 아무런 발표 자료도 준비하지 않았다. 대신 평소 가진 생각을 거침없이 이야기했다. 논리적 설명보다는 감정을 담아 흥분하면서 이야기했다. 콜로라도 당원이 아니라서 시청이나 정부에서 아무것도 지원하지 않는다면서 듣기 거북할 정도로 정치인들을 욕하고 정부를 비난했다.

휴식 시간에는 우리를 자동차 도장 작업장으로 안내했다. 본부의 도움 없이 훈련 시설을 만든 힘든 과정을 설명했다. 공장을 만들 때는 외면하고 아무런 도움을 주지 않던 지역 정치인들이 훈련 시설이 완성되자 마치 자기들의 치적인 듯 자랑하고 자기 사람들을 먼저 이용하게 해달라고 압력을 가한다고 했다.

"대통령은 괜찮은 것 같은데 주변의 정치인들이 너무 썩었다. 관료들도 나라 장래를 생각하지 않고 눈앞의 이익만 챙기고 있다. 이 지역 시장도 행사에 와서 사진 찍기는 좋아하지만 정작 직업 훈련의 질을 높이고 발전시키는 데에는 아무런 관심도 없다. 파라과이는 장래가 없다."

지방을 다녀 보면 대부분 강의실에 커튼이 없다. 정면으로 햇빛이 비치면 영상 자료나 파워포인트 자료를 사용할 수 없다. 그럴 때면 다급하게 종이로 엉성하게 창문을 가리기도 하고 포장 박스를 쌓아 일부라도 햇빛을 차단해 보려 하기도 한다.

으빠네(Pane) 센터에서도 그랬다. 강의 도중에 날씨가 화창해지자 교사들이 나서서 재봉틀 실습을 할 때 사용하던 커튼 두 장을 급하게 찾아 왔다. 금방이라도 쓰러질 것 같은 책상 위에 올라가 위태로운 모습으로 크기가 맞지 않는 커튼을 이리저리 돌려가며 햇빛을 가리려 애를 썼다. 그들의 노력이 고맙기도 했고 안쓰럽기도 했다.

살디바르 센터의 소장 안드레스는 진행되는 강좌와 내년 개설 강좌를 소개하는 데만 무려 130쪽의 파워포인트 자료를 준비했다.

으빠네 센터의 마르코스 아르도노 소장은 어려운 상황에서도 자동차 도장 실습장을 만들었다.

콩은 최대의
수출 작물이지만!

2016년 10월 20일

10월 13일에는 비예타(villeta) 센터를 방문했다. 바다가 없는 나라이다 보니 바다로 연결되는 강은 핵심 물류 통로이자 경제 동맥이다. 비예타는 파라과이 강변에 자리잡은 파라과이의 중요한 수출 항구이다.

파라과이의 수출입은 가격 기준으로 80%, 무게와 부피 기준으로 90%가 강을 통해 이루어진다. 강을 기준으로 볼 때, 파라과이는 미국 중국에 이어 세계에서 세 번째로 많은 바지선과 예인선을 가진 나라이다.

비예타 항은 13.5ha의 면적에 폭 25m, 길이 435m의 부두 시설을 갖추고 있다. 연중 10ft 이상 수심을 유지하고 있어 바지선이 드나드는데 아무런 문제가 없다. 비예타에는 연간 100척의 보트 생산 능력을 가진 쯔네이시(Tsuneishi)라는 조선소와 연간 30척의 바지선을 만들 수 있는 바르카 델 뻬스가도르(La Barca del Pescador)라는 조선소도 있다.

비예타 항은 콩을 수출하는 항구이다. 콩은 파라과이 대표 농산물이다. 파라과이는 세계 6위의 콩 생산국이고 세계 4위의 콩 가공 제품 수출국이다. 콩은 국가 전체 수출의 40%를, GDP의 10%를 차지한다. 콩은 1967년에 여름철 대체 작물로서 도입되었다. 1973년에 국제 콩 시세가 세 배로 뛰면서 면화나 밀을 생산하던 토지가 콩 농장으로 변모하기 시작하였다. 1970년에 5만 5천ha에 불과하던 콩 재배 면적은 1987년에는 72만ha로 늘어 났다. 2006년에 160만ha로 늘어나더니 2013년에는 다시 350만ha가 되었다. 미국 농무부는 2016년 파라과이 콩 산업을 다음과 같이 전망했다.

"파라과이의 콩 생산은 다음 시즌에 새로운 기록을 달성할 것이다. 2015/2016년 파라과이의 콩 재배 면적은 360만ha에 이를 것이며 2014/2015 년도에 비해 8%가 늘어날 것이다. 2015/2016 콩 생산량은 역사상 최고치인 920만 톤에 달할 것이며 콩을 파쇄하여 가공하는 능력도 늘어나 460만 톤을 파쇄 가공할 수 있을 것이다.

2011년 구제역으로 쇠고기 수출이 주춤한 사이 목장을 갈아 엎어 콩 재배 농장으로 전환시키던 추세는 국제 콩 시세가 하락하고 쇠고기 가격이 오름으로써 한계에 달했지만, 이제는 같은 토지에 연이어 콩을 심는 연작 면적이 늘어나고 있다.

한번 콩을 재배한 곳에 휴경 기간 없이 바로 다시 콩을 심으면 각종 병충해가 창궐하여 수확량이 떨어지는 것으로 알려져 있다. 하지만 파라과이에서는 법적 휴경 기간을 설정하지 않고 있고 콩 생산업자들은 지금 농업 상식을 뛰어넘어 파격적으로 실험하고 있다. 2015/2016년 연작 면적은 100만ha에 이를 것이다."

2013년 5월에 비예타에는 콩을 파쇄하여 가공하는 콩가공 공장 CAIASA (Complejo Agroindustrial Angostura)가 들어섰다. 콩을 파쇄하여 콩가루나 콩기름으로 가공하는 능력을 갖추게 되면 계절에 따른 콩 가격 변동에 영향을 받지 않고 일 년 내내 안정적으로 수출할 수 있다. 이 공장은 하루에 4,500톤을 가공하는 능력을 갖췄고 유지 보수 기간을 제외하고 연간 330일을 가동한다. 콩 수확 철인 1월과 2월에는 매일 30톤 트럭 500대가 이 공장으로 콩을 실어 나르는 장관을 이룬다.

이 공장은 화석 연료를 사용하지 않고 폐기물이 발생하지 않는 최첨단 시설을 갖추었다. 최첨단 시설이기에 많은 노동력이 필요하지 않다. 공장 가동에 필요 기술 인력은 200명에 불과하지만, 이들의 교육 훈련은 파라과이가 아닌 아르헨티나에서 실시한다. 콩 생산의 대부분을 차지하는 기업인들은 브라질 출신이고 산업으로서 농업을 움직이는 것은 Monsanto, Pioneer, Syngenta, DuPont, Cargill, ADM(Archer Daniels Midland) 그리고 Bunge 와 같은 대기업들이다. 콩 생산에 필요한 모든 결정은 다국적 기업이나 브라질 출신 지주들이 주도한다.

콩 산업은 파라과이의 자랑이다. 하지만 파라과이는 세율이 낮은 탓에 이들 기업이나 지주들은 국가 재정에 큰 도움을 주지 못하고 있다. 기업들이 정치에 광범위한 영향력을 행사하고 있기에 세율을 높여 이들의 과도한 이익을 환수하는 일도 사실상 어렵다. 더욱이 대규모 기업농이고 최첨단 기계농이다 보니 파라과이 농업은 고용을 창출하지도 못한다. 바로 여기에 파라과이 정부의 고민이 있고 국민들의 커다란 불만이 있다.

파라과이의 산업이 발전하면 파라과이 강의 수로 이용은 더 늘어날 것이다. 강을 이용하는 물동량이 늘어나면 조선 사업과 항만을 중심으로 연관 산업도 함께 발전할 것이다. 비예타 센터 소장은 선원들을 비롯해 물류 운송분야 종사자들과 항만과 관련된 기계 장비를 다루는 인력을 양성하겠다고 했다. 하지만 말만 그렇게 할 뿐 새로운 강좌를 개설할 계획도, 담당할 교사를 확보할 계획도 전혀 없었다. 실제로는 아무런 준비도 하지 않고 있었다.

사실 지역 센터에서 이런 문제를 해결하기는 어렵다. 그럴 능력도 없다. SNPP 본부가 전략적으로 나서서 준비해야 하지만 내코가 석자인 본부도 개별 지역 사정에 일일이 대응할 여력이나 관심이 부족해 보인다.

CAIASA 콩 가공 공장의 화물 트럭 주차장. 수확철에는 매일 30톤 트럭 500대가 콩을 싣고 들어온다.

10월 13일 비예타 센터를 찾았다. 파라과이 강의 연안에 자리 잡은 비예타 항은 콩과 밀을 수출하는 중요한 통로이다.

명실상부한
민관 협력!
2016년 11월 7일

11월은 전반기 교육을 마무리하는 달이다. 센트랄 지역의 교육을 모두 마치기 위해 이달에는 아홉 곳을 찾아갔다. 카뻬아따에는 세 곳의 훈련 센터가 있었고 세 곳의 소장들 모두 자부심이 넘쳤고 적극적이었다.

가장 인상적인 곳은 산업 단지 센터였다. 파라과이 정부는 2014년 12월 까뻬아따에 산업 공단(Parque Industrial Mariscal Francisco Solano López)을 조성하고 일본의 유명한 자동차 부품업체 수미모토(Sumimoto)의 현지 공장 수미덴소 파라과이를 유치했다.

공장 유치에 발맞추어 고용노동부에서는 수미덴소 회사와 직원 훈련에 관한 계약을 맺었다. 그리고 공단에 입주할 기업에 종사할 기능공들을 양성하기 위한 직업 훈련 센터를 설립하였다.

수미덴소 파라과이 회사가 공장 가동에 필요한 기능 공의 수와 교육 내용을 알려 주면 고용노동부에서는 거기에 맞추어 훈련 대상자를 모집하고 선발한다. 우선 선발 대상은 아순시온 지역에 산재해 있는 취약 계층, 즉 300여 개의 아센타미앤토 주민들이다. 훈련생 선발이 끝나면 산업공단 훈련센터에서 기업이 필요로 하는 맞춤형 교육을 한다. 수미덴소에서는 훈련에 필요한 교육 기자재 일부를 제공하고 까뻬아따 시청에서는 훈련할 장소를 제공한다. 훈련을 마친 수강생들은 전원 인턴으로 취직하게 되고 특별한 문제가 없으면 그대로 취업이 된다.

고용노동부는 현재 수미덴소 외에 다섯 개의 다른 기업과도 협정을 맺고 교육을 실시하고 있다. 이러한 교육 방식은 중앙 정부와 지방 정부, 그리고 기업이 협력하는 민관 협동 프로그램이다. 정부는 투자를 유치하고 실업을 해소해서 좋고 기업은 필요한 기능 인력을 쉽게 그리고 안정적으로 확보할 수 있어 좋다. 예정대로 기업 입주가 완료되면 이 산업 단지에만 1만 명의 새로운 일자리가 생길 거라 기대하고 있다.

국도 2번 지역을 관할하는 마리아 리깰메 소장 (Maria Riquelme)은 유난히 팀워크를 강조했다. 프레젠테이션에 들어가기 전에 팀워크에 관한 비디오를 보여줬다. 토론 시간에는 시범이라도 보이려는 듯 수석 교사와 함께 토론을 진행했다

이곳에서는 일상생활에서 지켜야 할 기본적인 가치를 강조하고 있었다. 파라과이를 더 발전시키기 위해 일하는 자세와 태도부터 가다듬자고 호소하고 있었다. 산업 사회로 변하고 있는 지역 상황을 반영하듯 가족애를 이야기하면서 팀워크를 강조했고 시간과 약속 지키기를 강조하고 있었다. 강의실 곳곳에 설명을 곁들인 구호가 붙어 있었다.

"우리는 한 가족으로 일해야 한다. 가족에 대한 사랑은 각 구성원이 자기 책임을 인식하고 주어진 책임을 즐겁게 수행할 때 생

겨나는 것이다.

우리는 시간을 잘 지켜야 한다. 시간을 지킨다는 것은 정시에 필요한 자리에 있다는 것이고 함께 일하는 다른 사람을 배려하는 것이다.

우리는 약속을 잘 지켜야 한다. 단순히 의무를 이행하는 것을 넘어 남들이 자신을 믿을 수 있도록 최선을 다해 노력해야 한다.

우리는 책임을 다해야 한다. 무슨 일을 하거나 무슨 말을 할 때는 반드시 그 약속을 이행해야 한다.

우리는 성실해야 한다. 무슨 일을 하든 아주 세심한 부분까지 최선을 다해야 한다."

사실 그렇다. 파라과이 사람들은 약속과 시간을 잘 지키지 않는다. 정시에 시작하지 않는 수업과 회의가 많다. 철저하게 일하지도 않는다. 대충 시간을 보내고 적당히 마무리한다. 이런 태도와 자세는 반드시 고쳐야 한다. '말에 대한 책임을 지는' 습관을 길러야 한다. 알면 실천해야 하고, 행동으로 보여줘야 한다.

국도 1번 지역을 맡고 있는 소장 구스타보(Gustavo Emilio Nuñez Ayala)는 어떻게 사무실을 정리하고 가꾸었는지를 자랑스레 보여줬다. 1년 전만 하더라도 센터 건물의 2층만 사용하고 1층 공간은 방치되어 있었다. 그는 이곳을 정리하여 사무 공간과 강사 대기실, 식당을 만들었고 구석에 쌓여 있던 책상과 컴퓨터를 수리하여 새로운 강좌를 개설했다. 2층에는 미용 교실에 필요한 의자와 머리

감는 시설을 마련했으며 건물 구석 구석은 깨끗하게 정돈했다.

많은 지방 센터들이 시설과 장비 부족을 호소하고 있다. 본부만 쳐다보고 있다. 하지만 곳곳에 방치된 공간이 있고 고장 난 채 버려둔 물건이 많다. 정리하고 수리하면 요긴하게 사용할 수 있는 것들이 여기저기 버려져 있다. 구스타보 소장은 소장과 직원들의 노력만으로도 상당 부분 강의실과 장비 문제를 자체 해결할 수 있다는 것을 보여 주었다. 신나게 자랑하면서도 소장의 얼굴에는 그늘이 있었다. 고민이 많다고 털어놓았다.

"그동안 방치되어 있던 공간을 정리 정돈하고 시설을 정비하면서 교사들을 변화시키기 위해 많은 노력을 기울였습니다. 가르칠 능력이 없거나 규정을 지키지 않고 제대로 수업을 하지 않은 교사들을 내보내기도 했습니다. 우수한 교사를 확보하기 위해 공개경쟁 채용을 건의하고 시도하기도 했습니다.

하지만 아직도 멀었습니다. 현재는 우수한 교사와 구태의연한 교사의 비율이 반반입니다. 변화에 대한 저항이 너무 심합니다. 지금까지 해오던 대로 하면 될 것을 왜 군이 바꾸느냐고 불평합니다. 그런 것은 우리 일이 아니라고 합니다. 정치 세력과 연결되어 사사건건 개혁을 방해하고 있습니다. 이들의 저항 탓에 나는 머지않아 쫓겨날지도 모릅니다. 오늘 교육이 부디 교사들의 정신 자세를 바꾸는 데 큰 도움이 되기를 기대합니다."

인근 센터로부터 강의 내용이 좋다는 소문을 들었던지 이들 센터에서도 교사들 외에 많은 다른 사람들을 초청했다. 국도 1 센터에서는 교수 방법론을 수강하는 학생들을 초청했고 산업공단센터에서는 수미덴소 훈련생들을 특별 초청해 100여 명이 함께 강의를 듣도록 했다.

까빠이따 산업공원 센터의 마리아 데레사(Maria Teresa Aguilera) 소장은 산업 역군을 교육한다는 자부심이 넘쳐나고 있었다.

국도 2센터 마리아 리켈메 소장은 유난히 팀워크를 강조했다. 그리고 시간과 약속을 지켜야 하고 일에 대한 책임을 질 줄 알아야 한다고 했다.

까삐아따 1센터에서는 그동안 방치되었던 장비와 공간을 청소하고 수리하여 공간 부족과 장비 문제를 일정 부분 해결했다.

딸기와
도자기의 고장!

11월 3일에는 아순시온에서 28km 떨어져 있는 아레구아를 찾아 갔다. 아레구아는 파라과이에서 가장 아름다운 도시 중의 하나다. 동쪽으로는 으빠까라이 호수가 있고 서쪽으로는 쎄로 코이를 비롯한 두 개의 동산이 있다. 전형적인 배산임수 지형이고 언뜻 보기에도 명당(明堂) 중 명당이다.

아레구아는 딸기의 고장이다. 1920년경부터 재배하기 시작한 딸기는 지금 이 지역의 주요한 소득원이 되고 있다. 매년 8월부터 10월까지 2달간 열리는 딸기 축제가 며칠 전 끝났다고 했다. 미처 철거하지 못한 판매 부스들이 그대로 남아 있었고 곳곳에서 행상들이 끝물 딸기를 바구니 가득 담아 팔고 있었다. 이곳에서 생산된 딸기는 잼과 젤리, 주스와 케이크 원료로도 많이 팔려 나간다고 했다. 하지만 길거리에서 흔하디흔한 딸기를 대형 마트에서는 찾아보기 어렵다. 거의 취급하지 않고 있다. 저장과 보관 시설이 부족하고 출하와 유통 체계가 갖추어져 있지 않기 때문이다.

아레구아는 도자기의 고장이기도 하다. 도시 한가운데로 들어서는 큰 거리 양쪽 길에 도자기 가게가 빼곡히 들어서 있다. 생활용품 도자기가 아니라 장식용 도자기이다. 집 내부에, 담벼락에, 정원에 그리고 바닥에 장식으로 설치하는 제품들이다. 온갖 동식

물의 모습에서부터 성모상을 비롯한 각종 종교적 상징물, 영화 주인공에서 각종 만화 캐릭터에 이르기까지 다양한 제품들이 나와 있다. 색깔도 다채롭고 표정도 다양하다. 손톱만한 작은 제품에서부터 1m를 훌쩍 넘어서는 커다란 작품들도 있다. 인기가 좋아 최근에는 외국에까지 팔려 나간다고 한다. 아레구아의 훈련 소장 베르나르도(Bernardo Orue) 는 아레구아의 도자기를 전국에 널리 홍보하겠다고 했다. 동시에 이 센터가 지역 산업 발전에 얼마나 기여하는지 널리 알리겠다고 했다

아레구아의 큰 자랑거리는 으빠까라이(Lago Ypcarai) 호수이다. 길이 24km에 폭이 5~6km에 이르는 큰 호수이다. 평균 수심 3m의 담수호이며 '은총의 호수'란 별칭도 있다. 이 호수는 아레구아와 산 베르나르디노 등 세 개의 자치 단체와 접해 있다. 살라도 강을 비롯해 몇 개의 지류에서 들어온 물은 이곳에 잠시 머물렀다가 파라과이 강으로 흘러 들어간다.

아레구아 시청에서는 호수 변을 잘 정비하여 아름다운 시민 공원으로 만들었다. 말을 탈 수 있고 산책이나 조깅을 할 수 있다. 시원한 나무 그늘과 넓은 잔디밭이 있다. 모래 사장도 있고 뱃놀이를 할 수도 있다. 가족과 함께 즐기기에 안성 맞춤인 곳이다. 하지만 물이 오염되어 수영을 할 수는 없다. 한국 기업에서 이곳의 수질 정화 작업을 따내기 위해 현장 조사를 실시했다는 이야기가 있었지만 어찌된 일인지 현장은 지금까지 잠잠하기만 하다.

아레구아의 또 다른 자랑거리는 천연기념물로 지정된 두 개의

동산이다. 쎄로 꼬이와 쎄로 쵸로리(Cerros Kói y Chorori) 동산이다. 고향 자랑에 신이 난 수석 교사는 이 동산을 꼭 찾아가 보라고 했다. 운전기사 미르코에게 이 동산으로 가자고 했더니 자꾸만 머뭇거렸다. 거기에는 산적 비슷한 사람들이 출몰해서 위험하니 들어가면 안 된다고 했다. 입구까지만 데려다주겠다고 했다. 하지만 가보니 위험한 곳은 아니었다. 1993년에 천연기념물로 지정한 곳이기에 공원 관리 사무소가 있었고 경비원과 안내원이 근무하고 있었다. 들어가도 좋으냐고 했더니 동행하여 안내해 주겠다고 했다.

입구에서 쎄로 꼬이까지 가는 길은 아름다운 오솔길이었다. 자연이 그대로 살아 있는 숲길이었다. 600m를 걸어 들어가니 바위 언덕이 나타났다. 그런데 그 모습이 특이했다. 마치 각목을 쌓아 놓은 듯한 모습의 바위로 형성된 지형이었다. 전 세계에서 단 몇 곳뿐인 특이한 지형이라고 자랑했다. 바위를 뒤로하고 조금 더 올

쎄로코이 동산에 올라서니 으빠까라이 호수가 그림처럼 펼쳐졌다.

라가니 정상이었다. 멀리 으빠까라이 호수의 아름다운 정경이 눈앞에 펼쳐졌다. 시야가 확 트이고 가슴이 탁 트였다.

정상의 높이는 157m라 했다. 하지만 이들에게는 해발 2,000m가 넘는 명산이나 다름없는 자랑스러운 곳이었다. 공원 가이드는 이곳 말고도 전망 좋은 곳이 많이 있으니 언제든 찾아오면 몇 시간이라도 안내하겠다면서 외국인이 공원을 찾아온 것을 뿌듯해했다.

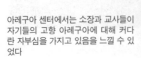

아레구아 센터에서는 소장과 교사들이 자기들의 고향 아레구아에 대해 커다란 자부심을 가지고 있음을 느낄 수 있었다

당신이 바로
파라과이 정부야!

2016년 11월 6일

11월 4일에는 루께 센터를 찾아갔다. 루께(Luque)는 실비오 빼트로시 국제공항이 있는 파라과이의 관문이고 남미축구연맹 CONMEBOL(Confederación Sudamericana de Fútbol) 본부가 있는 곳이다.

실비오 빼띠로시 공항은 1980년에 문을 열었다. 애초 대통령의 이름을 딴 알프레도 스트로에스네르 공항이었으나 독재자 대통령이 하야한 후, 파라과이 최초의 비행사 이름을 딴 현재의 명칭으로 바뀌었다. 나라를 대표하는 국제공항이지만 항공 수요가 적다 보니 초라하기 그지없다. 도착하는 항공편과 입국하는 항공편을 모두 합해도 하루에 40여 편에 불과하다. 파라과이는 국적 항공사가 없다. 탐(TAM) 항공을 비롯하여 10개 항공사가 겨우 7개 국을 연결한다.

루께는 음악 도시이다. 파라과이의 대표적인 악기인 기타와 하프를 만드는 공장이 있고 가수와 음악가들도 다수 배출하였다. 루께는 금과 은, 다이아몬드를 재료로 하는 보석 가공 사업이 발전한 곳이다. 루께 센터의 훈련소장 마리오 베니떼스(Mario Benítez Escobar)는 자신을 장신구를 만드는 세공 기술자라고 소개했다.

루께 거리는 수박 천지였다. 길가 어디에서나 수박을 쌓아놓고 팔고 있었다. 파라과이에는 일조량이 풍부하고 배수가 잘되는 수박 재배에 적당한 땅이 많다. 혹한이 없고 서리가 내리지 않는 곳이 많기에 한겨울인 7월에 파종을 한다. 요즈음은 구덩이를 파서 떡잎을 보호하는 기술이 개발되어 파종 시기를 더욱 앞당겼다. 과거에는 브라질산 수입 수박이 대세였지만 지금은 파라과이 수박이 브라질에서 생산된 수박과 품질 경쟁과 가격 경쟁을 벌이고 있다.

까아꾸뻬에서 축제가 있는 12월 8일 전후가 본격적인 수박 철이지만 점차 수확이 앞당겨지면서 요즈음은 9월 하순이면 수박이 출하되기 시작한다. 길거리에서 팔리는 수박은 우리나라 수박과 별 차이가 없어 보였다. 품종은 다양했고 색깔도 좋았다. 기후 탓인지 크기는 정말 대단했다. 초대형 수박을 흔히 볼 수 있었다. 하지만 당도를 균일하게 유지한다던가 수박 전체를 골고루 익히는 기술은 아직 부족해 보였다. 우리나라에서 80년대 후반까지 흔히 보던 광경처럼, 잘 익었다는 것을 보여주기 위해 수박 가운데를 잘라 전시해 놓고 있지만 어딘지 모르게 색감이 떨어졌다.

마리오 소장이 발표한 자료는 흥미로웠다. 루께의 인구는 26만 8천 명이고 경제 활동 인구는 16만 8천 명이었다. 남자가 62%, 여자가 38%로 남성의 취업 활동 숫자가 월등하게 많았다.

교육 훈련 방문 행사 중에는 수시로 실습 현장을 방문한다. 루께에서는 미용 교실에 들렀다.

에어컨을 설치한 가정은 40%, TV를 가진 가정은 90%이고 냉장고를 가진 가정은 90%였다. 컴퓨터는 지출 순위에서 뒤로 밀려 컴퓨터를 가진 가정은 45%에 불과했다.

자동차를 가진 가구는 70%였다. 파라과이의 자동차 등록 대수는 130만 대에 육박한다. 인구 5명당 차량 1대 비율이다. 가끔은 이렇게 자동차가 많은 나라가 과연 외국 원조를 받을 정도로 가난한 나라인가 하는 의문을 가진다. 이들은 경제적으로 어렵더라도 우선 차부터 사고 본다. 돈이 떨어져 가끔 식사를 걸러야 한다고 투덜거리는 사무실 여직원도 자동차는 가지고 있다.

토론 시간에는 교사들의 불만이 봇물 터지듯 터져 나왔다. 불만의 대부분이 남의 탓이다. 우리도 흔히 남의 탓을 한다. "네 탓이다!"라고 손가락질을 하기도 한다. 하지만 여기서는 조금 지나쳐 보였다. 일반 시민들이야 그렇다 치고 공무원들이 지나치게 남의 탓을 하고 불평하는 모습이 좋아 보이지 않았다. 그래서 이야기 했다.

"여러분은 파라과이 정부를 욕하고 있지만 국민들이 보기에는 여러분이 곧 정부이다. 여러분은 정치 지도자들의 부정부패가 나라를 망친다고 생각하지만, 그들은 일선에 있는 여러분들이 성실하지 않고 정직하지 않아서 문제가 많다고 생각한다. 여러분은 고위 관료를 욕하고 본부를 욕하지만 국민들은 평소 여러분을 만나면서 공무원이란 이런 사람들이구나! 이렇게 일하고 있구나! 하는 인상을 받게 된다. 그리고 그때 받은 인상에 따라 공무원을 싸잡아 평가한다.

여러분은 공무원이고 여러분이 바로 정부이다. 여러분들은 불평불만을 해야 할 사람이 아니다. 불만을 해결해야 하는 사람이고 잘못을 바로잡아야 할 사람이며 책임을 져야 할 사람들이다. 불평을 하기에 앞서 나부터 먼저 변하고 네 주변의 작은 일부터 바로 잡아 나가자! 그래야 불평할 일이 줄어들고 그래야 파라과이가 발전한다!"

루께 센터에서 교사들과 행정 직원들이 둘러앉아 발전 방안을 토론하고 있다.

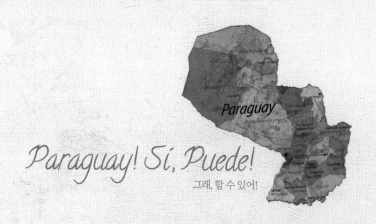

Paraguay! Si, Puede!

그래, 할 수 있어!

CHAPTER 5

달리는 말에
채찍질하다!

SNPP는 전국에 60개의 단위 훈련 센터를 가지고 있다. 그중에서 가장 훌륭한 센터는 CTA와 CTFP - PJ이다.

파라과이-한국 고등기술훈련원 CTA(El Centro Tecnológico de Avanzada Paraguay – Corea)는 2015년 9월 7일 문을 연 파라과이 최고의 직업 훈련 센터이다. 한국 정부가 5백만 달러를 들여 KOICA를 통해 지어준 시설이며 첨단 훈련 장비를 갖추고 있다. 메카트로닉스, 패션디자인, 정보통신기술(ICT) 분야의 전문 훈련을 실시한다. 지난 1년간 1,400명의 산업 인력을 양성했다.

파라과이-일본 직업기술훈련원(CTFP– PJ: Centro Tecnológico de Formación Profesional – Paraguayo Japonés)은 CTA가 들어서기 훨씬 이전 일본 정부가 JICA를 통해 지어준 시설이다. 일본은 현재까지도 기술 전문 인력을 파견하는 등 끊임없이 지원하고 있다. 산업 전기, 공압 빛 유압 기술

5

분야 등에서 전문적으로 훈련하고 있다.

CTA는 최신 시설이기에 세미나나 보고회 등 주요한 행사가 자주 열린다. 11월 29일 개최한 중간평가회 프로그램중 하나인 상황극 경연을 끝내고 참가한 20개 팀 하나 하나와 차례대로 기념 촬영을 했다.

더 넓은
세상을 보라!

2016년 11월 16일

지금까지 방문한 곳은 아순시온에서 가깝긴 하지만 모두가 지방이었다. 이번에는 아순시온 시내에 있는 SNPP 본부와 산로렌소에 있는 CTA와 CTFP-PJ 센터를 찾아 특별 교육을 하기로 했다.

본부 간부를 상대로 하는 교육이고 파라과이 최고의 훈련 교사들을 대상으로 하는 교육이다. 신경을 써서 준비하고 있는데 기획 담당관 노르마로부터 전화가 왔다. 라몬 마시엘 청장이 두 곳 강의에 모두 참석하고 싶어 하니 일정을 조정해 달라고 했다. 일정을 14일과 15일로 변경하고 중간평가 준비를 하고 있는데 다시 전화가 왔다.

간부들의 대대적인 인사 이동이 있다고 했다. 교육 본부장 넬손이 산하 기관인 CTA 청장으로 가고 CTA 청장 다비드 까노는 CTFP-PJ 청장으로 발령이 났다고 했다. 재정본부장은 사표를 제출했다는 이야기가 들리고 앞으로 다른 간부들도 연쇄적인 이동이 있을 것이라 했다. 최근의 각종 사고와 관련이 있는 특별한 인사 이동이라고 했다.

본부 분위기가 어수선하여 교육 참석률이 낮지 않을까 걱정된다고 했다. 14일 오후 본부 강의에는 예상대로 참석이 저조했다. 겨우 30여 명이 참석했다. 라몬 마시엘 청장이 직접 참석하여 인사를 하고 시작하는 행사인데도 그러했다.

15일 오전에는 CTA에서 강의를 했다. 현장에 도착했지만 강당 문이 열려 있지 않았다. 우리가 문을 열고 들어가 마이크를 준비하고 컴퓨터를 설치하고 빔프로젝터를 점검해야 했다. 교육 대상 기관 CTA와 CTFP-PJ 두 곳 모두 며칠 전 청장이 바뀌었기에 강의 계획이 제대로 전달이나 되었을까 걱정됐고, 아침에 비가 내렸기에 출석률이 더 낮아질까 염려스러웠다. 다행스럽게도 9시가 되자 하나둘 수강생이 나타났고 10분 정도 지나서 50명 가까이 모였다. 파라과이 최고의 훈련 시설에서 최고의 강사들 앞에서 하는 강의였기에 일부러 자존심을 건드리는 이야기를 했다.

"여러분은 파라과이에서 가장 실력 있는 선생님들이다. 여러분은 파라과이 최고의 훈련 센터에서 최고의 기술을 가르치고 있다. 모두가 여러분을 자랑스러워하고 여러분을 인정하고 있다. 지방에 있는 훈련센터 교사들은 여러분이 부럽다고 했다. 실력 있는 여러분들이 전국 지방 훈련센터에 있는 교사들을 모아서 분야별로 새로운 기술을 가르치는 연수 기회를 만들어 주기를 바라고 있었다.

하지만 여러분은 여기에 안주해서는 안 된다. 조금 더 시야를 넓혀 보라! 여러분의 경쟁 상대는 파라과이의 지방 훈련 센터가 아니다. 여러분은 이웃 나라 아르헨티나, 브라질 그리고 우루과이와 직업 훈련 경쟁을 하고 있다. 과연 파라과이 SNPP는 남미 전체에서 최고 수준의 직업 훈련 기관인가? 여러분은 남미 전체에서 최고의 선생님인가?

여러분은 아르헨티나의 부에노스 아이레스나 브라질의 상빠울로에 있는 훈련 센터의 교사들과 비교해도 경쟁력이 있는가? 여러분은 그들보다 더 빨리 신기술을 받아들이고 수강생들에게 새로운 내용을 가르치고 있는가? 여러분이 가르친 훈련생들이 이들 나라의 훈련생들보다 더 우수한가? 여러분이 가르친 수강생들이 산업 현장에 투입되면 바로 적응하고 바로 일을 할 수 있는가?

현실에 안주하지 말기 바란다. 시야를 더 넓히고 눈높이를 더 높여주기 바란다. 좀 더 높은 목표를 새우고 달성하기 바란다. 여러분은 직업 훈련 분야에서 파라과이의 대표 선수이다. 선두에 있는 여러분이 노력하고 발전해야 여러분의 뒤를 따르는 사람들도 노력하고 발전한다. 바깥을 보라! 더 넓은 세상을 보라!"

SNPP는 바람 잘 날이 없는 곳이다. 지난 7월에는 에르난다리아스(Hernandarias) 훈련 센터에 부정행위가 있다는 신고가 들어왔다. 무료 강좌인데도 수강료를 받았고 수강료를 받고도 제대로 수업하지 않았으며, 수업 기준을 충족하지 못했지만 수료증을 주었다는 내용이었다.

취약 계층을 대상으로 하는 SNPP 교육은 원칙적으로 무료이다. 다만 초급 과정이 아닌 고급 과정에서는 일부 수강료를 받는 경우가 있다. 수강료는 보통 10만 과라니(2만원 상당)이다. 조사 결과 에르난다리아스에서는 중급 경영학 교육을 하면서 수강료를 받았고 받은 수강료를 정부 계좌에 내지 않고 소장 개인 계좌로 받아 착복한 것으로 나타났다. 하지만 학생들의 가짜 서명이 들어간 가짜 서류를 바탕으로 엉터리 조사를 했다는 소문이 파다했다. 소장이 실세 권력자와 밀접히 연결되어 있다는 소문도 돌았다.

8월에는 전국 훈련교사노동조합이 나서서 SNPP를 비난했다. 비정상적이고 부적절한 행위가 공공연하게 이루어지고 있다고 했다. 교육 물품을 지원하지 않아 제대로 실습을 못하고 있고 정치적 연줄로 실력 없는 강사들이 채용되어 제대로 가르치지도 못한다고 했다. 노동법을 준수하지 않고 멋대로 강의를 시키고는 아무런 책임도 지지 않는 등 강사들을 혹사하고 학대한다고 했다. 청장에게 이런 의견을 여러 차례 전달하고 시정을 요구했으나 아무런 대답 없이 무시해 버렸다고 했다.

이번에도 SNPP의 대응은 명쾌하다. 이런 주장을 하는 노동 조합은 대표성이 없는 조직이라 했고 그들의 주장은 사실이 아니라면서 아무런 조치도 취하지 않았다.

11월 초애는 파라과이 하원에서 고용노동부의 예산 증액 요청을

예산 증액 요청이 하원에서 부결되자 청소원들과 강사들에 대한 봉급이나 수당을 지급하기 어렵다는 내용을 웹사이트에 게재했다.

부결해 버렸다. SNPP의 청소원들과 강사들에 대한 봉급이나 수당을 지급하기 어렵게 되었다. 이런 사태가 초래된 것은 예산 제도 탓일 수도 있고 운영 미숙 탓일 수도 있으며 사전 계획 부실 때문일 수도 있다. 하지만 이유 여하를 막론하고 일을 시키고 제때 임금을 주지 않는 것은 옳지 않은 일이다. 문제 해결을 위해 백방으로 나서겠지만, 언제쯤 밀린 임금을 지급할 수 있을지 현재로서는 불투명하다.

불미스런 사건은 몇 가지 더 있었다. 지난 10월 28일에는 SNPP 본부 창고에서 대규모 도난 사건이 발생했다. 에어컨 33대, 잔디 깎는 기계 28대를 비롯하여 각종 공구 등 약 3억 과라니의 물품을 도난당했다. 창고 관리자 한 사람이 개인 비용을 들여 몰래 카메라를 설치했던 덕분에 도난 현장은 고스란히 찍혔고 손쉽게 범인 중 한 명을 잡았다. 그는 이 창고의 경비를 담당하고 있는 용역 회사의 경비원이었다.

사건은 꼬리를 물었다. 이번에는 SNPP 본부의 회계 부정 사건이 적발 되었다. 물품을 구입하면서 단가를 부풀리고 차액을 돌려받는 방식으로 거액을 챙긴 것으로 알려졌다. 이런 사건은 처음이 아니다. 2008년에도 청장과 회계 책임자가 공금을 개인 계좌로 입금하여 유용하고 횡령한 사건이 있었다.

일련의 사건과 관련하여 장관이 특별 조사 지시를 내렸고 고위 관계자를 비롯한 여러 명이 조사를 받는다고 알려졌다. 우리 같으면 당장 징계를 하고 검찰이나 검찰에 형사 고발할 사건이지만 여기서는 그렇게 하지 않는다. 적당한 선에서 마무리 짓고 모든 것을 덮어 버린다. 끝까지 밝혀내고 제대로 처벌을 하는 경우는 거의 없다. 이번 사건도 흐지부지 끝날 것이란 전망이 우세하다. 사회 전반에 만연한 부정부패도 문제지만, 부정을 저질러도 제대로 처벌받지 않는 관행 또한 심각한 문제이고 고질적인 문제이다.

엎친 데 덮친 격으로 국회에서 장관을 쫓아내려 한다는 소문이 났다. 몇몇 상원 의원이 대통령을 만나 장관을 교체해 달라고 강력히 요구했다는 이야기가 돌았다. 고용노동부와 산하 기관에서 여러 가지 문제가 발생했지만 장관이 제대로 대처하지 못했다는 것이다. 이래저래 고용노동부의 11월은 어수선한 달이었다.

산로렌소에 있는 CTA와 CTFP-PJ 두 훈련 센터에서는 파라과이 최고가 아니라 남미 최고의 훈련 센터를 만드는 것을 목표로 하라고 이야기했다.

물밑의
연습!

강행군하고 서둘렀던 덕택에 센트랄 지역을 포함한 아순시온 주변 지역 28개 훈련 센터와 산 로렌소에 있는 CTA와 CTFP-PJ 센터에 이르기까지 예정했던 전반기 교육을 모두 마쳤다. 전반기 교육을 마쳤으니 계획했던 대로 중간평가보고회를 개최해야 한다. 기획담당관 노르마는 일찌감치 장관실과 상의하여 평가 보고회 날짜를 11월 29일로 잡았다.

중간평가는 왜 하는가? 그동안 교육한 내용을 정리하고 교육의 효과가 어떤지 알아보려는 것이다. 그동안 배운 것을 확인시키고 실천하게 하려는 것이다. 달리는 말에 채찍질하는 것이다.

중간평가회는 보충 교육이고 심화 교육이다. 외부 강사들이 강의하고 교육 대상자들은 그저 앉아서 듣기만 하는 수동적인 방식은 바람직하지 않다. 그래서 교육 대상자들이 직접 강사가 되어 가르치고 참여하면서 배우는 방식을 채택하기로 했다. 본부와 지방 사무소의 소장과 강사, 행정 직원들이 함께하는 참여형 교육을 하기로 했다.

무슨 내용을 가지고 어떤 방식으로 참여하게 할 것인가? 지방 센터를 방문해 보니 소장들의 프레젠테이션 내용과 수준이 기대 이하였다. 소장들의 문제 분석 능력과 발표 능력, 그리고 의사 전달 능력을 더 향상할 필요가 있었다. 그래서 다른 센터장이 모범적으로 프레젠테이션하는 모습을 보여 주기로 했다.

지방을 다니면서 여러 센터에서 소장과 훈련교사, 그리고 행정 직원 사이에 상당한 거리가 있음을 느꼈다. 불신이 있었고 서로를 비난하고 있었다. 함께 모여서 상의하는 기회는 많지 않았다. 이번 평가회에서 이들이 함께 어울리고 서로를 이해하는 자리를 마련해 주기로 했다. 그래서 상황극 경연을 시도했다.

경연에는 특별 발표를 하지 않는 20개 센터 모두가 참여하도록 의무화했다. 연극팀의 구성은 최소 5인으로 하되 소장과 훈련교사, 그리고 행정 요원이 반드시 포함하도록 했다. 내용에 따라 지역 주민이나 훈련생들도 함께 참여하도록 유도했다. 현실에서 부닥치는 문제를 주제로 정해 개선 대안을 찾아보도록 했다. 차별 문제, 친절 문제, 물품 문제, 지역에 맞는 강좌 개설 등 실질적인 문제를 찾아내 토론하고 연습하게 했다.

중간평가보고회를 앞두고 일찌감치 SNPP 기획담당관 노르마를 행사 총괄 책임자로 지정하고 공개했다. 본부를 포함한 다른 간부들의 도움을 받아야 한다면 노르마가 직접 도움을 요청하도록 했다. 노르마의 요청을 받은 본부 국장들은 적극적으로 도와 주었다.

지난 8월 발대식 및 합동 연찬회를 치러본 경험이 있는 터라 노르마는 관계자 회의를 소집하고 조율하였다. 무대 준비, 방송 및 홍보, 의전. 행사 진행 등 분야별 책임자들을 모이게 하고 역할을 분담시켰다. 하지만 정작 행사를 며칠 앞두고 노르마 자신은 다른 부서로 전보 발령이 났다.

그동안 순회 교육을 하면서 직원들이 출연하여 상황극을 하는 동영상을 보여 주며 요령을 가르쳤다. 경연 방식에 대해 구체적인 지침도 내려 주었다. 하지만 아무런 연습 없이 이들을 바로 무대로 올리는 것은 무리라는 판단이 들어 예행연습을 시키기로 했다.

연습은 정식 발표 일주일을 앞둔 22일 온종일 진행되었다. 나 혼자 하기엔 너무 힘이 들어 이전에 연기를 해 본 경험이 있는 CTFP-PJ 센터의 교사 한 명과 함께 연기를 지도했다.

모두 열심이었다. 12개 팀은 아주 적극적이었다. 소품을 준비하고 실제 상황을 가정하여 시연했고 다른 팀 연기를 지켜 보면서 미비점을 보완하고 수정했다. 약식으로 연기를 보여 줬던 6개 팀은 미흡하다고 생각했는지 소장과 수석 교사가 나와 자기들의 구상을 보충 설명하기도 했다.

예행연습을 하고 나니 안심이 되었다. 지방 센터에서 이 정도 관심이 있다면 더 걱정할 필요가 없다. 이들은 각자 센터로 돌아가 몇 번이고 더 연습할 것이다. 연습과 실전은 판이하게 다른 법, 실제 당일 경연 행사는 성황리에 아주 즐겁게 치러질 것이다.

상황극 예행연습을 하던 11월 22일,
행사 준비 요원들이 함께 모여 역할을
분담하고 준비 사항을 점검했다.

11월 22일 20개 지방 훈련센터의 상황극 팀원 전원을 소집하여 팀별로 시연을 시키고
구체적으로 연기와 진행 요령을 지도했다.

정감이 있는
자연스러운 행사!

요즘 서울에서 들려 오는 뉴스를 보면 절로 한숨이 나온다. 소위 말하는 '박근혜－최순실 게이트' 이야기다. 봉건 시대에서도 있을 수 없는 일들이 21세기 대한민국에서 버젓이 일어났다는 사실이 도저히 믿기 어렵다. 한없이 개탄스럽다. 나라를 걱정하고 민심을 대변하는 척하지만 이해 다툼에나 몰두하는 모습 또한 볼썽사납고 짜증스럽다.

"대한민국은 지난 50년간 산업화와 민주화라는 두 가지 기적을 동시에 이룬 나라!"라고 늘 자랑해 왔다. 하지만 이제 더는 그런 말을 하기조차 민망해진다. 최근의 한국 상황에 대한 질문을 받으면 "서울에서 100만 명이 참석하는 대규모 시위가 있었다. 하지만 모두가 질서를 지켜 단 한 건의 폭력 사태도 발생하지 않았다. 시위가 끝나자 참가했던 시민들이 자발적으로 청소했다. 거리가 한결 깨끗해졌다. 한국은 시민 의식이 성숙한 민주 사회이다!"라며 대화의 초점을 돌리고 있다.

11월 28일은 SNPP에게 1년 중 가장 중요한 날이었다. 지난 1년 동안 진행해 왔던 모든 강의를 마무리하고 수료증을 수여하는 날이었다.

SNPP에서는 지난 1년 동안 61개 훈련 센터에서 총 8,200개 강좌를 진행했고 17만 7,094명의 수료생을 배출했다. 정보, 전자, 전기, 프로세스 제어, 농업 기계, 해양 용접, 그래픽 디자인, 건축, 호텔 경영, 요리, 오토바이 수리 등 다양한 분야에서 전문 기능 인력을 양성했다.

행사는 남미축구연맹 컨벤션 센터에서 열렸다. 아순시온과 센트랄 등 수도권 지역과 코디예라, 그리고 파라구아리 데파르타멘토의 졸업생 대표들 1,800명에게 수료증을 주었다. 행사에는 오라시오 까르테스 대통령이 직접 참석했다. 10시 정각이 되자 대통령이 입장했고 곧바로 행사가 시작되었다. 의례적인 행사지만 몇 가지 눈여겨 볼만한 요소가 눈에 띄었다.

첫째는 장애인에 대한 각별한 대우였다. 파라과이 국기를 따라 졸업생 대표들이 입장했는데 맨 선두에 선 사람은 10여 명의 시

수료생들은 대통령에게 다가가 양 볼을 비비며 인사를 했다. 대통령 품에 안기면서 사진을 찍는 사람도 있었다. 시각 장애인 대표는 대통령과 나란히 서서 수료생들과 악수하고 축하 인사를 건넸다.

각 장애인들이었다. 그들을 위해 특별석을 마련했으며 시각 장애인 대표는 연단 맞은 편 대통령 바로 앞자리에 좌석을 배치했다. 대통령이 각 분야 대표들에게 수료증을 수여할 때 시각 장애인 대표도 대통령과 나란히 서서 수료생들과 악수를 하고 인사를 했다. 우리 같으면 대통령을 돋보이게 한다고 아무도 대통령 옆자리에 서지 못하게 하는데 여기서는 대통령과 주무 장관 그리고 장애인 대표가 나란히 서서 덕담을 나누며 축하를 하고 사진을 찍었다.

두 번째는 수료생들을 대하는 대통령의 태도였다. 수료생들의 어려운 사정을 배려한 듯 복장은 자유로웠다. 정장한 경우는 드물었고 대부분이 평소 차림 그대로였다. 올림픽 게임에서 우승한 선수가 국기를 두르고 시상대에 나오듯이 파라과이 국기를 두르고 나오는 사람도 있었다. 여성 수료생들은 가까운 친구를 만날 때처럼 대통령과 양 볼을 맞대며 정겹게 인사를 했다. 수료증을 받고는 그 자리에서 자유분방한 포즈로 사진을 찍었다. 대통령은 이들을 일일이 안아 주었고 그들이 원하는 대로 사진 포즈를 취해 주었다. 시간이 다소 걸리기는 했지만, 인간적인 모습이 정말 보기 좋았다.

우리 나라 공식 행사는 진행이 너무 딱딱하다. 절도는 있되 정감은 없다. 우리 대통령도 시민들과 좀 더 가까운 모습을 보이면 좋지 않을까? 우리의 의전 행사도 권위적인 탈을 벗고 좀 더 친근한 모습이어야 하지 않을까?

먼저 고용노동부 장관이 인사말을 했다. 대통령 앞이라 그런지

현 정부의 치적을 길게 설명했다.

"우리들의 자랑인 SNPP는 2016년 올해 177,094명의 수료생을 배출했습니다. SNPP는 더 많은 사람을 훈련시키는 동시에 교육 훈련의 질을 높이는 데도 힘을 쏟았습니다. 새로운 미션과 비전을 만들었습니다.

올해를 교육의 질을 높이는 해로 정하고 교육문화부와 민간기업들과 손을 잡고 이스라엘의 교육 방식 등 새로운 교육 방식을 도입했습니다. 최첨단 훈련 장비와 신기술 도입에 많은 투자를 했고 전국적으로 필요한 교사들을 확보하고 더 많은 훈련 센터를 만들었습니다.

'국민들은 현 정부가 오직 부자들을 위해 일한다는 인식을 강하게 가지고 있다'는 기사를 읽었습니다. 하지만 사실이 아닙니다. 정부는 2016년에만 27,549채의 주택을 지어 어려운 사람들에게 공급했습니다. 공공시설 투자도 8억 4천 3백만 달러에서 16억 4천 1백만 달러로 늘었습니다. 이전 정부에서는 연금 혜택을 받는 가구가 8만 가구에 그쳤지만 현 정부에서는 올해 14만 8천 가구를 넘어섰습니다. 현 정부 출범 초 조립 산업 분야에 겨우 46개 기업이 있었지만 지금은 117개 기업이 입주해 있습니다. 자동차 연료와 가스, 시멘트 값도 내렸습니다.

정부는 이런 유형적인 것만 아니라 보이지 않는 분야에서도 수많은 일을 했습니다. 가사노동법(Ley del Trabajo Doméstico), 모유수유

법(Ley de Lactancia Materna), 농촌여성 정책에 관한 법률(Ley de Políticas de laMujer Rural), 생애 최초 취업에 관한 규정(Reglamento del primer Empleo)을 만들었습니다. 보건부 장관이 산모와 영아 사망률이 감소하고 있다고 알려줘서 고용노동부는 강제 노동을 금지하고 아동 노동을 줄이기 위한 정책을 추진할 수 있었습니다.

그리고 오라시오 까르테스 대통령의 정책 결정에 따라 최저 임금 인상 방안을 확정하여 공포하였다는 말씀을 드립니다. 정부는 부자들을 위해 일하는 것이 아니라 취약 계층 여러분을 위해 더 많은 일을 하고 있습니다.

졸업생 여러분! 새로운 파라과이는 전문성을 가지고 새로운 일에 도전하는 역사를 만드는 여러분을 환영합니다. 여러분의 전문성과 책임성, 도덕성과 지성이 길이 빛나게 해주십시오. 조국 파라과이의 깃발을 높이 휘날리게 해 주십시오!"

파라과이에서는 대통령이 정부 부처 행사에 참석하더라도 인사 말을 하지 않는 것이 관행이다. 통상 주무 장관이 인사를 하고 그것으로 끝이다. 작년 CTA 준공 행사에서도 그랬다. 그런데 이 날은 대통령이 사회자에게 손짓하더니 예정에 없던 인사말을 자청했다. 즉석 연설이었다.

"파라과이의 가장 좋은 날은 아직 도래하지 않았습니다. 하지만 멀지 않아 그런 날이 올 것입니다. 그러려면 우리는 생각과 태도를 바꿔야 합니다. 하지만 한두 사람으로서는 안 됩니다. 우리 모두가 변해야 합니다.

파라과이는 참으로 좋은 나라입니다. 기업들이 생산 활동을 하기에 좋은 나라여서 세계적인 대기업들이 파라과이를 찾아오고 있습니다. 우리는 이러한 기업들의 조업에 필요한 기능 인력을 양성해야 합니다.

이 세상 어디에서든 가장 좋은 정책은 양질의 일자리를 만드는 정책이고 여러분 모두는 그런 일자리를 가져야 합니다. 정부는 여러분이 양질의 일자리를 차지하는데 필요한 모든 기초적인 도움을 제공할 것입니다.

아직은 부족한 것이 많지만 파라과이는 발전하고 있습니다. 우리는 함께 나라를 발전시켜 나가야 합니다. 파라과이는 여러분에게 더 많은 일자리를 제공할 것입니다. 우리나라에 들어와 있는 기업들은 SNPP 출신인 여러분을 우대합니다."

파라과이의 대통령 임기는 5년 단임제다. 2018년 8월 15일에 새 대통령이 취임한다. 오라시오 대통령은 연임을 희망하는 것으로 알려졌다. 어떻게든 연임 제한 규정에 걸리지 않고 다시 출마할 방법을 찾아내려 하고 있다. 연임 금지 규정의 허점을 파고들어 새로운 헌법 해석을 끌어내려다가 여의치 않자 지금은 아예 헌법을 개정하려 하고 있다. 하지만 대통령에 대한 시민 여론은 그리 좋지 않아 보인다. 연임을 원하지 않는다는 여론이 압도적으로 높다.

그는 기업가 출신이다. 수많은 회사를 소유한 파라과이의 재벌이다. 새로운 시각에서 여러 가지 개혁적인 정책도 많이 추진하였다. 하지만 지도자가 유능하다고 하여 국민이 반드시 따르는 것은 아니다. 일을 많이 했다고 인기가 좋아지는 것도 아니다.

더 중요한 것은 국민의 마음을 얻는 것이다. 무슨 일을 하든 공감을 얻어야 한다. 권력자를 위한 일이 아니고 국민 전체를 위한 일이라는 것을 믿을 수 있도록 보여 줘야 한다. 좋아하는 사람만이 아니라 삐쳐서 돌아앉은 사람에게도 다가가야 한다. 진정한 소통으로 공감을 얻어야 국민이 따른다. 그래야만 진정한 국민의 대통령이 될 수가 있다.

오라시오 까르테스 대통령이 예정에 없던 즉석 연설을 하고 있다. 파라과이 대통령의 임기는 5년이며 중임을 금지하고 있다.

리더십은
키워가는 것!

2016년 12월 2일

중간 보고회는 성황리에 진행되었다. 행사 열기는 뜨거웠고 내용이나 진행도 만족스러웠다. 오전 행사는 발표 위주였다. 내가 그동안의 교육 진행 상황을 설명했고 이어서 장관이 30분가량 특강을 했다.

최근 고용노동부에서는 최저 임금 규정 개정안을 마련하여 시행했다. 하원과 상원의 심의 의결을 거쳐 11월 28일 대통령이 서명하여 공표함으로써 정식 발효하게 되었다. 개정된 최저 임금은 과거보다 7.7% 인상된 월 1,964,507 과라니이다.

하지만 이런 정책적 성과에도 불구하고 장관 자신은 정치적으로 커다란 상처를 입었다. 최저 임금 인상률을 심의하는 과정에서 의원들이 고용노동부에서 발생한 여러 사건을 언급하면서 공격했고 장관은 "최저 임금 인상은 고용노동부를 위한 것이 아니라 최저 임금을 받고 있는 37만 명의 저임금 노동자들을 위한 것이다"라고 호소해야 했다.

장관은 상원에서 인상 안건이 통과되자 개정된 최저 임금 규정을 올해 11월부터 소급 적용한다고 발표했다가 경제 단체와 고용주들의 거센 반발을 불러일으켰다. 결국 12월 임금부터 적용하는 것으로 후퇴해야 했고 시행을 위한 준비가 부족했다며 공개적

으로 사과해야 했다. 하지만 12월부터 시행한다는 변경 발표는 이
번에는 수많은 노동자를 더욱 분노하게 했다.

이런 일련의 과정에서 공직 내부에 있던 많은 반대 세력들이
장관의 입장을 더욱 어렵게 했다. 투서하고 제보를 하면서 반대
세력에게 각종 자료를 건넸다. 이날 장관의 표정은 밝지 않았다.
그의 강연은 파라과이 공무원 사회의 풍토와 그러한 풍토에 대한
장관의 인식을 고스란히 보여 주었다.

에둘러 표현하는 스페인어 특유한 표현 방식과 정치 사회적
환경이 우리와 너무나 다른 탓에 의미를 정확하게 파악하기 어려
운 부분도 있었지만 내 나름대로 강연 내용을 소화하여 옮겨 보
았다.

"SNPP는 정말로 좋은 기관이고 여기에서 근무하는 지방 센터장
여러분은 상당한 영향력을 갖고 있다. 학생들의 인생이 여러분
에 손에 달려 있다. 여러분은 여러분이 끼치는 긍정적인 영향력
에 보람을 느끼며 사는 사람들이다. 그저 돈이나 챙기려고 일하
는 사람들은 아닐 것이다.

여러분은 훈련 교사들과 함께 여러분이 하는 일의 생산성을 높
이고 교육 훈련의 질적 수준을 높여야 한다. 그러려면 여러분은
리더십을 가져야 하고 리더십을 발휘해야 한다.

여러분 앞에는 리더십을 개발할 많은 기회가 있다. 그 기회를 어
떻게 활용할지는 여러분의 선택에 달려있다. 눈앞에 보이는 금

전적 이득이나 기본적인 욕구만 추구한다면 일에 대한 보람이나 가치를 찾을 수 없게 된다.

어제 수료증을 받은 한 학생이 대통령에게 다가와 "우리 소장님을 바꾸지 말아 주세요. 아주 좋은 분이시고, 우리를 많이 도와 주십니다"라고 이야기하는 것을 들었다. 이 소장은 그 지역에서 존경받고 긍정적 영향력을 미치는 사람이 되었다. 나는 여러분 모두가 학생들로부터 인정받는 사람이 되었으면 좋겠다.

다른 사람들에 영향력을 미치려면 여러분은 롤 모델이 되어야 한다. 롤 모델답게 뭔가를 실천하며 성과를 보여 줘야 한다. 학생들이나 지역 주민들이 편하게 공부할 수 있도록 동기를 부여해야 하고 쉽게 접근할 수 있도록 다리를 놓아주는 역할도 수행해야 한다. 동시에 여러분은 멘토가 되어야 한다. 학생을 지도하

소사 기예르모 고용노동부 장관이 SNPP 본부 간부와 지방 센터장들이 모두 모인 자리에서 마음 속에 담긴 이야기를 하고 있다.

고 지역 사회 발전을 지도해야 한다.

롤 모델이 되고 멘토가 되고, 동기 부여를 통해 사람을 움직이게 하려면 리더십을 갖추어야 한다. 리더십은 저절로 주어지는 게 아니다. 키워 나가야 하고 스스로 개발해 나가야 한다.

리더십을 키우는 노력은 평범하지만, 기본적인 것을 지키는 것에서부터 시작된다. 반드시 약속을 지키고 오늘 할 수 있는 일을 내일로 미루지 않도록 힘써야 한다. 때로는 하고 싶지 않은 일도 있을 것이다. 하지만 리더라면 하고 싶은 것만을 하는 것이 아니라 사회가 필요로 하는 일을 반드시 해낼 수 있어야 한다."

파라과이 공무원 사회는 연줄 사회이다. 공직 내에도 복잡하게 파벌이 형성되어 있다. 반대파들은 열심히 일하지 않는다. 보이지 않은 곳에서 방해도 한다. 장관은 이러한 공무원 사회의 풍토에 대해 할 말이 많은 모양이었다. 가슴에 쌓인 것이 많았던지 공개 석상에서 하기 어려운 이야기를 꺼냈다. .

"지금 SNPP는 어려운 상황을 맞고 있다. SNPP는 양적으로 30%나 성장했고 질적으로도 많은 발전이 있었다. 하지만 반대파들은 이를 인정하지 않고 있다.

약점을 찾아내 공격하며 망가뜨리려 한다. 언론도 모든 것을 다 보도하지 않는다. 언론에서는 많은 긍정적인 내용에는 관심이 없고 아주 작은 부정적인 부분만 크게 보도하고 있다. 그리고 일부 상원의원들이 나서서 우리를 공격하고 망가뜨리려고 한다.

얼마 전 SNPP에서 카메라와 에어컨을 도난당한 사건이 있었다. 나는 철저한 조사를 지시했고 현재 조사 중이다. 그런데 누군가 장관이 사건의 배후에 있을지도 모른다고 소문을 퍼트렸다. 다른 부정부패 사건에 대해서도 마찬가지다. 반대파들은 이런 식으로 나쁜 소문을 퍼트려 흠집을 내고 SNPP를 공격한다.

예전에 몇몇 교사들과 이런저런 솔직한 대화를 나눈 적이 있었다. 그곳에서 했던 이야기를 누군가가 당사자에게 전달했고 그 사람이 내가 자신을 욕했다고 생각하게 만들었다. 이런 사람들은 내가 자기들을 미워한다고 생각하고 여기저기 나쁜 말을 퍼트리고 다닌다. 그 사람은 우리를 망치기에 앞서 자기 자신을 망치고 있다.

이곳에서도 그렇다. 내가 하고 있는 이야기를 녹음할 수도 있고 이것을 다르게 해석하여 전달할 수도 있다. 하지만 여기저기 말이나 옮기고 다녀서는 안 된다. 의견을 나누는 좋은 기회를 남을 모함하는 하는 데 이용해서는 안 된다. 그러한 행동은 분명 잘못된 것이고 옳지 않은 일이다.

여러분은 해야 할 일이 많다. 여러분은 여러분의 영향력을 남을 비난하고 욕하는 데 사용할 것이 아니라 자기 자신을 위해, 지역 사회를 발전시키는 일에 사용해야 한다.

여러분은 학생들을 올바르게 지도하고 지역 발전에 기여해 달라는 과제를 부여받았다. 부디 여러분 자신을 귀하게 여기고, 리더십을 올바르게 발휘해 주기 바란다. 나는 여러분들을 굳게 믿는다. 여러분들의 개인적 발전을 위해, 파라과이를 위해 함께 노력하자!"

한국 정부가 지어준 고등기술훈련원에서 개최된 중간보고회에 참석한 지방 센터장들이 현관 앞에서 기념사진을 찍었다.

동료에게서
배우게 하다!

2016년 12월 2일

장관의 연설 후 연구 발표(Ponencia) 순서가 이어 졌다. 먼저 SNPP 본부장들이 내년도 교육 훈련 방향에 관해 설명하였고 이어서 지방 센터장 대표 3명이 해당 지역의 우수 사례를 발표했다.

교육본부장(Gerencia de Acción Formativa) 프란시스코 루벤(Lic. Francisco Rubén Ríos)은 10여 일 전에 발령받은 사람이다. 그는 SNPP 운영에 경험이 많은 최고 전문가이며 교육본부장을 맡는 것이 이번으로 세 번째였다. 대인 관계가 원만하고 일 처리가 합리적이라는 평을 받고 있다. 그가 본부장으로 임명되자 직원들은 모두 잘 된 인사라고 환영했다. 앞으로 SNPP 본부가 매우 좋아질 것이라는 기대를 보였다.

그는 2016년 SNPP 전체의 교육 훈련 성과를 요약하고 지방 센터별 교육 실적을 보여 주었다. 이어서 SNPP의 각종 강좌가 어떤 체계로 어떻게 구성되어 있는지를 설명했다. 농축 산 교육, 경영 관리 교육, 기술 분야별 교육, 모듈별 교육, 민간 기업 수탁 교육, 그리고 고급 기술 과정까지 강좌 분류와 체계를 일목요연하게 설명했다. 그리고 현재 SNPP가 해결해야 할 과제를 솔직하게 이야기했다. 뒷전에서 수군거리던 이야기를 공식적인 자리에서 공개적으로 밝혔다.

"두리뭉실한 일반적인 진단이 아니라 아주 구체적으로 교육 수요를 분석하고 거기에 맞게 훈련 계획을 세우고 실제적인 강좌를 개설해야 한다.

수강생의 능력에 따라, 기술 수준에 따라 차별화, 단계화된 다양한 교육 과정을 신설하고 운영해야 한다.

교사들의 담당 과목에 대한 전문성과 가르치는 능력을 향상시켜야 하며 교사들을 훈련할 고등 교육 기관이 필요하다.

지방 훈련 센터의 행정 관리 능력도 향상시켜야 한다. SNPP의 예산과 계획이 일치하지 않고 따로 논다. 연간 운영 계획에 부응하는 예산을 편성하고 확보해야 한다."

기술본부장(Gerencia Técnica) 빠띠마(Fátima Loncharich) 박사는 이스라엘 출장 중이어서 준비한 자료를 다른 간부가 대신 발표하였다.

변화하는 노동시장에서 경쟁력을 가지려면 직업 안정성도 중요하지만, 노동 유연성에 대응할 수 있도록 교육해야 한다. 혼자서 하는 작업보다는 그룹으로 일하는 훈련을 시켜야 한다. 전문 기술 학습도 중요하지만, 기초 역량을 갖추는 데 더욱 힘써야 한다.

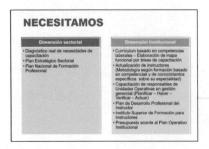

2017년에는 교육의 질 향상을 통해 세계적인 경쟁력을 갖추도록 노력할 것이

교육본부장은 교육 추진 사항과 SNPP가 당면한 문제를 훤히 꿰고 이를 알기 쉽게 지방센터장들에게 설명했다. (발표 자료의 한 장면)

다. 기술 본부에서는 퍼실리테이터 교육, 중재자(mediador) 양성, 분야별 교수 방법 업데이트 등 현장에서 실제 필요한 시스템이나 표준 모듈을 개발하는 ICT 기술 지원을 대폭 강화할 것이다.

합동 연찬회 발표를 거부했던 재정본부장(Gerente Económico) 까를로스(Abog. Carlos Ruíz González)는 이번에는 스스로 발표하겠다고 나섰다. 하지만 그의 발표를 들을 수는 없었다. 물품 구매 부정 의혹 등 당면 현안에 대처하느라 정신이 없어 보였다. 그리고 그는 얼마 후 SNPP를 영영 떠나야 했다.

본부장들의 발표에 이어 지방 센터장들이 우수 사례를 발표했다. 우수 사례를 다른 센터에 전파하기 위한 것이기도 하지만 동시에 동료 소장들에게 프레젠테이션 시범을 보여 주기 위한 자리였다.

먼저 빠라구아리 센터(Regional Paraguarí)의 메르세데스(Mercedes Isidoro Ruiz Díaz) 소장이 발표에 나섰다. 빠라구아리 센터는 데파르타멘토 안에 있는 17개 행정 구역 단위로 시장. 시의원, 지역 교육 책임자 등이 참석하는 직업훈련 자문위원회를 운영하고 있다. 2016년에도 낀디(Quindy) 야과론(Yaguaron) 으쁘꾸이(Ybycui)등 10개 도시와 협정을 맺고 위원회를 구성하여 교육 방향을 설명하고 애로 사항을 논의했다.

기술본부에서는 변화하는 노동 시장에서 경쟁력을 전제로 기술적인 지원을 하겠다고 했다.

위원회 활동 덕분에 SNPP 훈련 과정을 널리 홍보할 수 있었고 해당 지역에 맞는 차별화 된 강좌를 개설할 수 있었다. 직업 훈련에 대한 시민들의 관심과 참여도 높아졌다. 자치 단체가 관심을 가지니 교사들과 학생들의 출석률이 높아졌고 교육 물품과 학생 교통편도 지원받을 수 있어 등록하는 학생들과 수료하는 학생이 늘어났다. 빠라구아리 센터는 행정 기관뿐만 아니라 3개의 지역 방송국, 시민 단체, 앨 따라(El Tara)나 3M과 같은 민간기업, 그리고 각종 지역 협동조합과도 연대를 맺고 있다. 이들 연대를 통해 훈련에 필요한 물품이나 장비를 지원받고 학생들의 인턴십 기회를 늘렸으며 행정 직원들과 교사들이 특별 교육을 받을 수 있었다.

과이라 센터(Regional Guairá)는 NEO 프로그램과 PIMA 프로그램을 동시에 훈련하는 곳이다. 지난 8월 우리가 찾아갔을 때까지 NEO 파라과이가 요구하는 교육 향상 계획(Plan de Mejora)을 수립하지 못했던 기관이다.

필레몬 소장은 SNPP가 NEO와 PIMA 교육 방식이 어떤 장점이 있고 적용하는데 어떤 어려운 점이 있는지 경험을 토대로 설명했다. 교육을 받는 직원이나 교사들을 제외한 SNPP 구성원들은 NEO가 무엇인지, PIMA가 무엇인지 모르고 있으며 이들 교육은 곧 끝나기 때문에 영속성을

파라구아리 센터에서는 지역 별로 시장과 시의원, 교육 책임자가 함께 참여하는 자문위원회를 활용해 여러 가지 도움을 받고 있다고 자랑했다.

확보하기 어렵다. 지금이라도 SNPP본부가 중심이 되어 전문 훈련을 받은 교사들이 팀을 만들어 자신들이 배운 내용을 전파하고 확산하는 계획을 서둘러야 한다고 했다.

부에나 비스타 센터(Centro Formación y Capacitación Profesional Buena Vista)의 비센테(Vicente Duarte Fernández) 소장은 이 센터와 까아싸빠 센터 전반의 상황을 설명하고 지역의 역점사업을 설명했다.

"까아싸빠는 11개 행정 구역으로 나뉘어 있고 174,079명이 살고 있다. 그중 2,768가구는 극빈층이다. 특히 산 후안(San Juan) 지역은 극빈층이 전체 인구의 22%에 달한다.

따라서 아센타미엔토나 인디언 마을 같은 극빈층 주민을 우선 배려하면서 이들이 바로 노동 시장에 투입될 수 있도록 단기 교육에 치중한다."

교육 수준을 높이기 위해 공개경쟁을 통해 우수한 교사를 확보하고 관련 기관이나 단체와 연대를 맺어 도움을 받는 노력을 기울이고 있다.

본부장들은 공개적으로 발표하라는 요구에 상당한 부담을 느꼈을 것이다. 발표하려면 자료를 모으고 분석하고 설명할 논리를 갖춰야 한다. 내용을 새롭게 정리하고 업무 전반의 흐름을 다시 파악해야 한다. 발표의 방식이나 요령에서도 모범이 되어야 한다. 당면한 문제들을 공개적으로 거론했으니 해결 방안을 제시하고 문제 해결에도 나서야 한다.

하지만 이들은 보란 듯이 자랑스럽게 발표를 했고 자신의 발표를 만족스러워했다. 합동 연찬회 당시 발표보다 중간 보고회 발표가 한층 깊이가 있었다. 더 논리적이고 명쾌했으며 시의적절했다.

지방으로 찾아갔을 때 대부분 소장들도 잘 발표하려고 애를 썼다. 하지만 수준은 낮았고 내용은 보잘것없었다. 목표 설정이나 우선순위에 대한 이해가 부족했다. 지역 현황이나 교육 실정을 조리 있게 설명하지 못했다. 한 마디로 훈련이 되어 있지 않았다 이제까지 이런 발표를 할 필요도 들어볼 기회도 없었기 때문이다.

그래서 동료들의 우수 발표를 듣게 했고 프레젠테이션 요령을 배우게 했다. 소장들은 자료를 만들고 발표를 하면서 그리고 다른 소장의 발표를 들으면서 많은 생각을 했을 것이다. 무엇을 해야 하고 어떻게 해야 하는지 고민하면서 소장의 책임과 역할을 더 깊게 생각했을 것이다.

즐기면서
한마음!

"참가했던 모든 사람들이 매우 기뻐했습니다. 특히 어린 아이들이 즐거워했습니다. 발표장으로 가는 길은 즐거운 소풍 길이었습니다. 커다란 무대에서 수많은 사람들이 지켜 보는 가운데서 공연을 하게 되니 정말 신이 났습니다. 다 함께 웃고 즐겼습니다. 모두가 한마음이 되었습니다. 이런 좋은 기회를 만들어 주셔서 감사합니다." - RC4 센터

"상황극 경연은 놀라운 소통의 기회였습니다. 그동안 교사들과 행정 직원들 사이에는 보이지 않는 벽이 있었습니다. 그런데 연극을 준비하면서 아이디어를 내고 서로 몸을 부딪치다 보니 어느새 얼음이 녹듯이 그 벽이 사라졌습니다. 대화가 즐겁고 자연스러워졌습니다. 연극 내용보다도 연극을 준비하는 과정에서 얻는 것이 많았습니다." - Villeta 센터

상황극 경연은 한바탕 즐거운 축제였다. 판을 벌이고 멍석을 깔아 주었더니 정말 즐겁게 놀아 주었다. 무대가 즐거우니 청중들도 덩달아 즐거워했다. 훌륭한 배우의 매끄러운 연기는 아니었지만 동료와 이웃들의 서툰 연기라서 더 재미있어했다. 극적인 스토

리는 아니지만 내 주변의 이야기라서 더 몰입하게 되었다. 여기저기서 응원하는 소리가 터져 나왔고 순간순간 환호와 폭소가 쏟아졌다.

출연진은 다양한 멤버로 구성되었다. 주제는 창의적이었으며 연기자들은 적극적이었다. 많은 사람이 출연하였다. 인원을 5명 정도로 하라고 지침을 줬지만 대부분 10명 이상이 출연했다. 팀원의 구성은 다양했다. 많은 팀들은 소장과 행정 요원, 교사뿐만 아니라 교육생이나 지역 주민들과 함께 나왔다. 어른들뿐만 아니라 아이들, 젖먹이 아기까지 데리고 나왔다. 청소원 할머니, 청사 경비원도 참여했고 장애인도 나왔다.

연극 주제에는 지역적 특색이 묻어났다. 교사 훈련, 맞춤형 강좌 개발, 교육 물품 조달, 단계별 향상 교육 등 몇 가지 유형을 제시했지만 이들의 선택은 그런 단순한 유형을 뛰어넘었다. 자기 지역의 독특한 사례를 찾아내어 자기들의 방식으로 표현했다. 22개 팀이 발표했지만 주제와 내용이 같은 것이 하나도 없었다.

출연자들은 적극적이었다. 자기 역할을 최선을 다해 표현하려 했고 더 잘하기 위해 애쓰는 모습이 역력했다. 정말 놀라운 것은 지방 훈련소장들이었다. 혹시라도 관심이 부족할까 싶어 소장을 포함하여 팀을 구성하라고 지침을 줬지만, 소장들이 적극적으로 참여하리라고는 기대하지 않았었다. 하지만 소장들 모두가 참여하여 중요한 배역을 맡았고 적극적으로 연기했다. 눈치를 보거나 머뭇거리는 사람은 한 사람도 없었다.

소장이 앞장서니 다른 멤버들도 모두 그를 따랐다. 가장 돋보인 사람은 으빠네 센터의 소장이었다. 직업 훈련을 받고자 SNPP 훈련 센터를 찾아가지만 매번 문전에서 무시당하고 쫓겨나는 인디언 추장의 모습을 실감 나게 연기했다. 소장의 열연 덕분에 으빠네 팀이 1등을 했다.

군부대 안에 자리 잡고 수재민들의 교육을 담당하는 RC4 센터는 처음부터 적극적이었다. 발표 날짜가 확정되기도 전에 소장과 수석 교사가 아순시온까지 찾아와 사전에 상의하였다. 주제와 출연진, 스토리를 이야기하면서 의견을 구했다. 하지만 충분히 사전 준비를 하고 온 터라 특별히 지도할 것이 없었고 그저 "아주 좋다, 참신하다!"라고 칭찬만 했었다.

이들이 첫 무대를 장식했다. 막이 열리자 천진난만한 아이들이 무대를 뛰어다녔고 시작 장면 자체가 모두의 흥을 돋웠다. 많은 아이들을 가진 빈민 계층 어머니가 직업 교육을 받고 싶었지만 어디에도 아이들을 돌봐 주는 곳이 없어 교육을 포기할 지경에 이르렀는데 SNPP RC4 센터에서 교육 중 어린이 돌보는 프로그램을 만들어 문제를 해결한다는 내용이었다.

우리나라에서는 직장 부설 어린이집 설치가 권장 사항을 넘어 법적 의무 사항이 되었다. 하지만 파라과이 직업 훈련 시설에서는 어머니 교육생을 위해 아이들을 돌봐 주는 서비스는 상상하기조차 어려운 것이었다. 여기서는 아이들을 데리고 와서 옆에 앉혀 놓고 돌보면서 교육을 받는 모습이 일반적이다. 하지만 아이들이 두 서넛이 되면 그조차 어려워진다. 이 센터에서는 이번 발표를 계기로 실제로 교육 시간 중 어린이를 돌봐 주는 서비스를 도입하겠다고 했다.

까아싸빠의 발표 또한 인상적이었다. 현대 문명에 적응하지 못하고 기초 교육조차 받지 못하고 살아가는 인디언들을 접촉하여 직업 훈련을 받게 하고 영농 기술을 지도하는 과정을 실감 나게 그렸다. 생생하게 게 보여준다고 인디언 역을 맡은 여인이 무대에서 젖가슴을 그대로 드러낸 채 젖을 먹였고 남산만 한 덩치의 남성이 기저귀를 차고 우유병을 물고 무대를 기어 다녔다. 관중석에서 순간순간 폭소가 터졌지만 과라니 말로 연기하는 바람에 내용을 정확히 알아들을 수는 없는 아쉬움이 남았다.

참신하고 뛰어난 연기를 보여준 사례는 여럿 있었다. 창업 교육과 서비스 개선 교육을 연기한 아래구아(Aregua), 작업 안전 규정 준수의 중요성을 발표한 비예타(Villeta), 영농 기술 지도를 통해 품질 좋은 농산물을 생산하고 판로 개척에 성공한 누에바 이탈리아(Nueva italia) 등은 우열을 가리기 힘들었다.

참관했던 많은 사람은 재미있었다고 했고 뜨거운 열기에 놀랐다고 했다. 참 좋은 시도였다고 했다. 여러 소장은 이구동성으로 "이번 경연이 단순한 축제를 뛰어넘어 새로운 변화를 시작하는 중요한 계기가 되었다"고 인사를 건넸다.

RC4 센터에서는 아이들이 많은 가난한 어머니들을 위해 직업 훈련 교육 시간중 아이들을 돌보아 주는 서비스를 만들겠다는 내용을 발표했다.

역할연기 경연대회에 참석한 교사들과 직원들은 연기자인 동시에 청중이 되어 다 함께 행사를 즐겼다.

까아싸빠 센터에서는 인디언 원주민들에게 영농 기술을 가르치고 직업 훈련을 시키는 내용을 실감나게 발표했다.

핑계 없는
무덤이 없다더니!

2017년 3월 13일

2월 지방 순회 교육을 마치고 아순시온으로 돌아오자 파라
과이 NEO 측에서 만나자는 연락이 왔다. 이들은 면담하기 전에
NEO 교육 진행 상황을 정리한 자료를 보내 주었다. 이 자료에는
NEO 교육이 애초 기대했던 성과를 거두기 위해 SNPP에서 관심
을 갖고 추진해야 할 방향과 조치를 담은 내용이 들어 있었다.

"SNPP의 9개 지방 훈련 센터에서 확정한 훈련 향상 계획에 바
탕을 두고 실질적인 교육 훈련을 진행하고 있는지 확인하고 점
검 해야 한다.
2017년 4월 페루의 리마에서 실시하는 PTS(Passport to Success) 마스
터 퍼실리테이터(Master facilitator) 워크숍에 참여하기 위해서는 교
육 수료생들이 취득한 PTS 퍼실리테이터 자격증에 대한 최종 인
증을 받을 수 있도록 필요한 조치를 취해야 한다.
훈련을 이수한 퍼실리테이터나 전문가들이 실제 직업 훈련 과정
에 참여하여 훈련생들을 지도하고 도와줄 수 있도록 기회를 부
여하고, 실제 그렇게 하는지 모니터해야 한다.
SNPP의 각 훈련 센터에서는 훈련 과정에 참여하는 청소년들과
함께 NEO-IYF 워크숍에서 배운 각종 전문 기술을 직업 훈련 과

정에서 활용하도록 권장하고 실제 그렇게 이행하고 있는지 모니터해야 한다.

훈련 플랫폼을 유지 관리하기 위한 교육을 받아야 하며 향후 Salesforce 프로그램을 통하여 모니터 작업을 할 플랫폼 관리 책임자를 센터별로 지정하여야 한다.

SNPP의 전자정보 시스템 SISGAF와 NEO의 Salesforce 시스템을 유기적으로 연결하여 등록과 모니터링을 원활하게 하도록 해야 하며 NEO 프로그램을 시행하고 있는 SNPP의 9개 센터에서는 SISGAF 시스템에 맞추어 사회 인구 변동 데이터를 추가 입력하여야 한다."

자료를 보니 만나자는 이유를 명확히 알 수 있었다. NEO 교육이 정상적으로 진행되고 있는 것처럼 보이지만 깊이 들여다보면 엉성하고 부족한 점이 많았다. 이 부족한 부분을 어떻게 채울 수 있을지 의논해 보자는 것이었고 SNPP 책임자들이 NEO 교육에 더 많은 관심을 두도록 촉구해 달라는 것이었다.

파라과이 NEO 책임자인 까를로스(Carlos Gauto)는 솔직하고 진지했다. 파라과이 행정 문화를 설명하면서 교육 과정에서 겪는 여러 가지 어려움을 들려주었다. SNPP 본부의 무관심을 토로했고 책임자들이 적극적이지 않음을 안타까워했다. 그러면서 앞으로 까아과수 데파르타멘토의 코로넬 오비에도 센터와 과이라 데파르타멘토의 비야리까 센터에 직업 훈련 및 취업 지원 협의회를 만들어 운영하고 싶다고 했다.

파라과이 NEO 관계자를 만난 며칠 후 기획담당관 실바나와 NEO 책임관 하비에르를 만났다. 이들에게 NEO 추진 사항과 문제점에 관해 중간 점검이 필요하다고 이야기했다. NEO를 추진하는 9개 센터에 힘을 실어주고 어려움을 해소해 주는 기회를 주자고 했다. 두 사람 모두 내 의견에 흔쾌하게 동의했으며 중간 보고회를 준비하겠다고 했다.

오랜만에 라몬 마시엘(Ramón Maciel Rojas) 청장도 만났다. 먼저 지방 순회 교육을 하면서 보고 느낀 점을 전달했다. 뿌에르도 까사도와 푸에르도 올림포 지역을 예로 들면서 변방 지역의 훈련에 더 많은 관심을 둘 것을 당부했다. 소장의 자격 기준을 명확히 하고 객관적 채용 방식을 도입할 필요가 있다고 이야기했다. 훈련 센터를 설치하고 훈련 센터장을 임명하는 과정에서 정치적 영향력을 피하기 벗어나기 어렵다면 정치인들에게 최소한의 객관적 자격 기준이라도 제시하여 거기에 합당한 사람을 추천받는 것이 좋겠다고 이야기했다.

이어서 지방 순화 교육 진행 상황을 설명했고 순회 교육이 끝나면 6월 하순에 종합 보고회 겸 수료 행사를 개최하기로 합의하였다. NEO에

파라과이 NEO 책임자인 까를로스와 평가분석담당관 베로니카를 만나 SNPP의 NEO 교육 사항을 평가하고 향후 방향에 대한 의견을 교환했다.

관해서도 완전한 의견 일치를 보았다. 3월 초순에 전국 9개 센터 장을 불러서 회의하고 NEO 파라과이 책임자를 참석시켜 교육 진행 상황과 문제점을 직접 들어보기로 했다. 코로넬 오비에도와 비야리카에 훈련 및 취업 지원 위원회를 설치하는 방안에는 힘을 실어 주기로 약속했다.

하지만 3월 초가 되어도 NEO 중간보고회 준비 소식은 없었다. 궁금해서 확인했더니 실바나의 대답이 엉뚱했다. "보고회를 개최하고 싶지만 센터 소장이 바뀌는 곳이 몇 군데 있어 회의를 소집하기 어렵다." 이 무슨 궤변인가? 수시로 이루어지는 인사이동이 문제라면 앞으로 영원히 교육할 수 없다는 건가? 핑계 없는 무덤이 없다더니 중간 점검 한 번 하자는 데 엉뚱한 곳에서 핑계를 찾는다. 차라리 "귀찮기만 하고 생색도 나지 않는 일이라 굳이 나서고 싶지 않다"라고 솔직하게 이야기하면 얄밉지나 않을 텐데!

3월 13일 CTA 대강당에서 사랑의 Green PC 200대를 SNPP에 전달하는 기증 행사가 열렸다. 2015년 내가 주선하여 신청했던 컴퓨터가 지난 연말 도착했고 그동안 확인 점검을 모두 마쳤다. 행사장에는 기예르모 소사 고용노동부 장관과 안민식 파라과이 대사, 조한덕 KOICA 소장, 경찰청에서 활동하는 김상호, 김금석 두 자문관이 함께 참석하였다.

한국의 정보화 진흥원에서는 매년 공공 기관에서 내구 연한이 지나 폐기되는 컴퓨터를 깨끗하게 수리하여 개발 도상국에 지원하는 사업을 펼치고 있다. 그동안 파라과이에도 우정청을 비롯한 여러 기관에 1,000여 대를 지원했고, 전달된 컴퓨터는 전국의 우체국 등에서 파라과이 행정 전산화와 정보화에 많은 도움을 주고 있다. 이번에 SNPP에 지원된 200대의 그린 PC는 그동안 컴퓨터가 없어 정보화 교육을 하지 못하고 있던 지방 훈련 센터로 보내 교육용으로 사용할 예정이다.

한국정보화진흥원에서 기증한 '사랑의 그린 PC' 200대가 도착하여 조촐하게 기증 행사를 했다.

Paraguay! Sí, Puede!

그래, 할 수 있어!

변방 지역
속사정은 어떠할까?

1864년 로페스 대통령은 우루과이를 지원하는 전쟁을 시작했다. 당시 우루과이는 정권 쟁탈전이 치열하여 보수 우파 정당과 자유주의를 표방하는 정당이 내전을 벌이고 있었다. 브라질은 자유주의 정당을 지원하고 있었다. 로페스 대통령은 파라과이와 이해관계를 함께하는 우파 정당을 지원하고 싶었고 군대를 보내어 자유주의자들이 포위하고 있는 파이산두(Paysandu)를 지켜주려고 했다.

이 전쟁은 3국 동맹, 브라질, 아르헨티나, 그리고 우루과이 3국을 상대로 한 전쟁(La Guerra de la Triple Alianza 1865-1870)으로 전개되었다. 하지만 5년 전쟁의 결과는 정말로 참혹하였다. 파라과이의 인적 자원을 비롯한 각종 경제 자원은 송두리째 파괴되었다. 14만km^{2}에 이르는 넓은 땅을 브라질과 아르헨티나에 빼앗겼다. 전쟁 빚에 시달리던 파라과이는 외국인 지주들에게 광활한 토지를 팔아넘겨야 했다. 전쟁으로, 영양실조로, 그리고 질병으로 수많은 사람이 죽었다. 전쟁 전 52만 5천 명 수준이던 인구는 전후 22만 1천 명으로 줄어들었고 살아남은 성인 남성은 2만 8천 명에 불과하였다.

6

파라과이가 치른 전쟁은 한번이 아니었다. 1932년에는 국경 북쪽 볼리비아와 차코(Gran Chaco) 지역 영유권을 놓고 전쟁이 벌어졌다. 1935년까지 계속된 차코 전쟁은 가시덤불 숲 차코에 대량의 석유가 매장되어 있을 가능성과 파라과이 강에 접근하려는 볼리비아의 야망이 더해져 전쟁으로 발전되었다. 파라과이는 전쟁에서 승리하고 차코 분쟁 지역의 75%를 차지하였다. 하지만 또다시 3만여 명의 인구를 잃어야 했다.

변방 지역은 전쟁의 상처가 가장 컸던 지역이고 인접 국가의 영향을 가장 많이 받는 지역이다. 사람이 거의 살지 않는 미개발 지역이 있는가하면 국경 무역으로 급속한 발전을 보이는 곳도 있다. 직업 훈련이 가장 필요한 곳이기도 하지만 훈련의 손길이 미치지 못하는 곳도 많다.

비빌 언덕을
마련해 주자!

2017년 1월 30일

브라질과 아르헨티나 등 이웃 나라로 여름 휴가를 다녀온 후 곧바로 지방 사무소 방문 훈련을 재개하였다. 제일 먼저 찾은 곳은 산뻬드로 데파르타멘토(Departamento de San Pedro)의 쇼레(Choré)라는 곳이다. 쇼레는 아순시온에서 230km 떨어진 곳이고 991km²의 면적에 6,616가구 35,982명이 사는 전형적 농촌 지역이다.

파라과이는 금과 은을 비롯한 천연자원이 거의 없는 나라이다. 그러다 보니 석유를 비롯한 천연자원을 찾으려는 노력도 눈물겹다. 쇼레는 차코와 함께 석유 부존 가능성이 높은 지역으로 알려졌다. 2016년 4월부터 영국계 석유회사 아메리수르(Amerisur S.A)가 쇼레 지역에 미화 1천만 달러를 투자하여 지하 2,800m까지 파 내려가는 석유 시추 작업을 벌였다. 석유 탐사 지역이 대통령 소유의 농장이고 이 농장에서 지역 주민 몰래 사전 지질 조사를 했다고 하여 논란이 일기도 하였으나 아직까지 석유가 발견되었다는 소식은 들려오지 않고 있다.

파라과이 정부의 제1 목표는 빈곤 퇴치이다. 1997년 전체 인구의 22.24%에 달

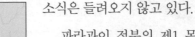

산뻬드로 데파르타멘토는 20,002㎢의 면적에 42만 명의 인구를 가진 곳이다. 주민의 25.17%가 극빈층인 가난한 지역이다.

했던 극빈층 인구가 2015년에는 10% 선으로 대폭 낮아졌지만 아직도 까아과수(Caaguazú) 주민의 33.54%, 산뻬드로(San Pedro) 주민의 25.17%가 극빈층이다. 오라시오 까르떼스 정부는 임기 중에 극빈 계층 비율을 9% 이하로 낮추고 2030년 까지 극빈층을 완전히 없애겠다는 비전을 제시한 바 있다

파라과이에서 두 번째로 가난한 데파르타멘토, 산뻬드로에 속해 있는 쇼레는 정부의 빈곤 퇴치 프로그램을 시범 실시하는 곳이다. "씨앗을 뿌릴 기회를 주자(Sembrando Oportunidades)는 이름을 가진 이 프로그램은 취약한 상황에서 살아가는 극빈 가정이 혼자서 일어설 수 있도록 최소한의 비빌 언덕을 마련해 주고 이들이 다양한 사회적 서비스를 받을 수 있도록 도와주는 프로그램이다. 중앙 정부와 데파르타멘토 그리고 기초 자치단체가 공동으로 시행하고 시민 사회와 민간 기업이 함께 참여한다.

이 프로그램은 다양한 프로젝트로 구성되어 있다. 비농업 분야에 고용 기회를 만들어 주고 취업에 필요한 교육 훈련을 실시한다. 도로, 학교, 보건소, 상하수도 건설 및 유지 관리 등 지역 주민을 위한 사업을 시행하면서 공사를 담당하는 민간 기업들과 협조하여 주민들에게 필요한 기술 훈련을 시키고 공사 현장에 투입함으로써 부가 소득을 창출할 기회를 부여하기도 한다.

프로그램 시행 1년 후 파라과이 정부가 발표한 성과(2013-2014)는 다음과 같다.

"100개 자치 단체의 극빈 계층 154,905가구에게 농산물 종자와 당장 먹을 식량을 제공했고, 116,000가구에게 농업 생산과 농산물 마케팅에 필요한 기술을 지도했다.

미시오네스 데파르타멘토의 106개 학교에서 지역 농민들이 생산한 농산물을 간편한 방식으로 조달하는 시스템을 만들었고 이 시스템에 따라 점심 급식 사업을 시작했다.

시골 지역의 120개 빈민촌에 각종 지원 사업을 실시하였다. 80개 빈민촌에서 농업 기술 지도 사업을, 76개 빈민촌에서 주민 교육 프로그램을, 70개 빈민촌에는 보건 시설을, 79개 마을에서는 조건부 보조 사업을, 36개 빈민촌에서는 상수도 개량 사업을, 그리고 64개 빈민촌에서 경지 정리 작업을 시행하였다.

도시와 도시 근교의 빈민촌에 있는 10,283가구에 대해 도시 근교 농업에 대한 기술 지도를 실시했으며 72,000가구를 사회 보장 서비스를 받을 수 있도록 조치했다."

SNPP의 직업 훈련 프로그램도 정부의 빈곤 퇴치 프로그램과 밀접하게 연계되어 있다. 2016년 한 해 동안 SNPP는 전국에 있는 극빈 계층 3,736명에게 직업 훈련을 시켰다. 그 결과 원주민 인디언 489명, 수감 죄수 1,340명, 그리고 장애인 305명 등이 수료증을 받았다. SNPP 쇼레 센터에서도 인디언과 빈민촌에 거주하는 빈민을 대상으로 전기와 컴퓨터, 미장과 배관 분야의 직업 훈련을 실시하였다.

쇼레에서 가장 인상적인 사업은 가난한 청소년들에게 무료로 숙식을 제공하면서 직업 훈련을 시켜주는 프로그램이다. 이 프로그램은 18세 이상 청소년들을 대상으로 교육 희망자를 모집한 후 집안 형편을 고려하여 최종 대상자를 선발한다. 정원은 100명이다.

훈련생들은 숙식을 함께 하면서 2월 말부터 10월까지 약 8개월간 각자 희망하는 분야에서 직업 훈련을 받는다. 훈련 분야는 디젤 엔진, 자동차 전기, 모터사이클, 컴퓨터, 농업용 트랙터 수리 등이고, 농작물을 키우고 과수원을 관리하는 프로그램도 있다.

훈련 기간 중 이들은 만디오까나 토마토, 옥수수를 심고 가꾸고 소와 돼지, 닭 등 가축을 기르는 실습을 한다. 여기서 생산된 농산물과 축산물 대부분은 훈련생들의 식탁에 오른다. 훈련을 이수하고 나면 각자가 소속한 지방 자치 단체에서 1년간 인턴으로 일

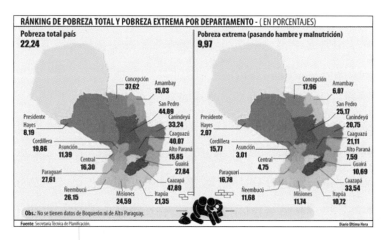

파라과이는 빈부 격차가 매우 심한 나라이다. 극빈층 인구는 1997년에 22.24%였으나 2015년 조사에서는 9.97%로 낮아졌다. 파라과이 정부는 2030년까지는 극빈층을 모두 없애겠다는 비전을 제시하고 있다.

할 기회를 주고 지역에서 일자리를 찾을 수 있도록 도와준다.

에디쓰 오해다 세나(Edith Ojeda Sena) 소장은 이 프로그램에 커다란 자부심을 가지고 있었고 2월부터 시작되는 교육을 위해 숙소의 낡은 침대와 가구를 교체하고 화장실을 개선하는 공사를 한창 진행하고 있었다.

행정 요원과 교사들을 대상으로 한 강의를 마치고 소장이 추천해준 숙소를 찾아갔다. 그런데 운전기사 빅토르가 소장에 대해 섭섭하다는 이야기를 두 번이나 했다. 그러면서 이곳에 머무르지 말고 내일 강의가 예정된 콘셉시온으로 가서 머무르는 것이 더 좋지 않겠느냐고 했다.

일도 중요하지만 사람을 대하는 일, 특히 아래 사람을 인간적으로 대하는 일은 참으로 중요하다. 쇼레의 훈련소장은 결코 일을 게을리하는 사람이 아니었다. 자기가 맡은 일을 적극적으로 추진하고 있었다. 이날도 방송사와 인터뷰하고 기숙 훈련 프로젝트를 본부 웹사이트에 게재하는 등 열심히 노력하고 있었다.

하지만 그녀는 사람의 마음을 얻는 데는 실패한 것 같다. 은근히 고자질하는 운전기사의 속마음이 이를 잘 대변한다. 멀리서 찾아온 운전기사들을 못 본 체하고 냉담하게 대했던 탓에 이들은 본부로 돌아가 섭섭했던 이야기를 여기저기 전하고 다니는 모양이다.

쇼레의 소장이 추천해 준 숙소는 인터넷이 연결되지 않아 와이파이를 사용할 수 없는 곳이었다. 할 수만 있다면 콘셉시온으로 가는 것이 내일 교육을 위해서도 더 좋은 선택이었다. 해가 저무는 늦은 시간임에도 불구하고 빅토르는 250km나 떨어진 콘셉시온까지 기꺼이 운전대를 잡았다.

애초 야외에서 강의를 준비했으나 비가 오는 바람에 실내로 장소를 변경했다. 강의 후 비를 맞으며 기념사진을 찍었다.

소탕되지 않고 있는
반정부군!

"박사님! 1월 31일 출장 지역이 어디인지, 위치를 구체적으로 설
명하여 주시기 바랍니다. 콘셉시온은 방문 금지 지역이라 출장
허가가 나지 않을 수도 있습니다."

자문단 활동을 지원하는 KOICA 문미랑 코디네이터로부터 메
일이 왔다. 출장 신청서를 검토하다가 출장 지역이 반정부 군이
출몰하는 콘셉시온 임을 확인하고는 신변 안전을 걱정하며 경각
심을 알리기 위해 보낸 메일이었다.

파라과이에는 파라과이 인민군(EPP, Ejército del Pueblo Paraguayo)이라
고 자칭하는 반정부 군이 활동하고 있다. EPP는 마르크스 레닌주
의를 표방하고 정치 혁명을 추구하는 무장 테러 조직이다.

EPP는 파라과이 자유조국당((Partido Patria Libre – PPL)의 분파 중 하
나로 알려졌다. 자유조국당은 2003년에 대통령 후보를 내고 대통
령 선거에 참여하는 등 정치 활동을 했으
나 급진적 노선 때문에 2005년 강제 해산
되었다. 이때 조직원 중 일부가 산속으로

콘셉시온(Concepción) 데파르타멘토는 18,051km²의 면적에 25만명
남짓한 인구를 가진 곳이다. 반정부군이 출몰하는 거점이다. 수도의
이름도 콘셉시온이다.

들어가 2008년 3월 1일 무장 조직을 결성하였다.

EPP는 처음에는 야당 후보로 대통령에 당선된 페르난도 루고(Fernando Lugo)를 비난했다. 루고가 파라과이의 사회 문제 해결을 외면하고 있으며 특히 토지 개혁을 시도하지 않고 있다는 이유에서였다. 하지만 2012년 루고 대통령이 탄핵을 받아 쫓겨나자 "이 탄핵은 화이트 칼라에 의해 자행된 정권 도적질이다"리고 강력하게 비난하면서 탄핵 후 대통령 임기를 계승하게 된 페데레코 프랑코 정부와 전쟁을 선포했다.

EPP는 콘셉시온과 산뻬드로, 그리고 인근의 브라질 국경 지역을 근거지로 활동하고 있다. 이들은 정부군 무기 탈취, 인질 납치와 금품 갈취, 군인 차량 폭탄 공격 등 갖가지 테러 활동을 자행해 왔다. 지금까지 민간인과 경찰관, 그리고 군인을 포함하여 60명 이상이 이들의 활동과 관련하여 사망했다.

최초의 무장 공격은 2008년 3월 16일에 있었다. 이들은 콘셉시온에 위치한 산타 에르미아 농장을 공격하여 농작물과 농기계를 모두 불태웠다. 2만ha의 이 콩 재배 농장은 브라질인 나보르트 보트의 소유이며 과도한 농약 사용으로 지역 주민과 마찰을 빚어오던 곳이다.

이해 12월에는 산뻬드로의 따꾸아띠(Tacuati)에 있는 정부군 캠프를 공격하여 무기를 탈취하고 막사를 불태웠다. 파라과이 정부군은 차코 전쟁 이래 최대 병력과 무기를 동원하여 광범위한 수색 작전을 펼쳤으나 이들의 근거지를 찾아내지는 못하였다.

EPP는 인질 납치극도 서슴지 않는다. 2004년 2월에는 전직 대통령 딸인 꾸바스 그라우(Cubas Grau)를 납치하여 살해했다. 2008년 7월에는 목장주이자 따꾸아띠 시장이었던 루이스 알베르토 린드스톤(Luis Alberto Lindstron)을 납치하였다가 30만 달러를 받고 풀어 줬다. 2009년 10월에는 우구아 난두(Hugua Ñandú)에 있는 목장에서 목장 주인 피델 사발라 세라띠를 납치하였다.

2010년 4월에는 EPP 대원인 세베리아노 마르티네스(Severiano Martinez)가 알토 파라과이의 아구아 둘세(Agua Dulce)에서 경찰과 교전을 벌이다 달아나다가 2차 교전 중에 사망했다. 2010년 9월에는 3주 간격으로 두 명의 EPP 중요 인물이 사살되었다. 그러자 EPP는 2011년 9월 경찰 파견 대장 히메네스(Giménez,)를 살해하기 위한 공격을 감행하였고 경찰관 2명이 사망하였다. .

2014년 4월 2일에도 콘셉시온의 빠소 뚜야(Paso Tuyá) 에 있는 까사블랑까(Casa Blanca Eestancia) 목장에서 군경합동군과 EPP 사이에 교전이 있었다. EPP는 부두 노동자인 이삭 아르세(Issac Arce)와 콩 저장 창고 소유주의 아들인 아를란 삐끄(Arlan Pick)를 인질로 잡아갔다. 이어서 경찰관 에델리오 모리니고도 인질로 잡아갔다. EPP는 아를란의 석방 조건으로 콘셉시온에 있는 두 개의 빈민촌에 50만 달러 상당의

파라과이 반군 EPP(E)는 산뻬드로를 근거지로 인질 납치 등 각종 테러 활동을 벌이고 있다. (Wikipedia 사진)

음식물을 제공할 것을, 그리고 경찰관 에델리오의 석방 조건으로 군경합동군에 붙잡힌 EPP 대원 6명의 석방을 요구했다.

2016년 7월 27일에는 산 뻬드로 데파르타멘토의 리오 베르데 콜로니아(la colonia Río Verde)에 있는 라 예야(La Yeya) 농장을 공격했다. 트랙터와 콤바인 등 농기계와 수확한 농산물을 모두 불태웠고 17세 소년 프란스 위에베(Franz Wiebe Boscham)를 인질로 잡아갔다. 그러면서 자기들이 지정하는 빈민촌 세 곳에 50만 달러 상당의 음식물을 나눠 달라고 요구하였다.

2016년 8월 27일에는 콘셉시온 동부에 위치한 아로지또 (Arroyito)에서 파라과이 군경합동군(Fuerza de Tarea Conjunta: FTC) 정찰 차량이 지나가는 곳에 폭탄을 설치하여 폭파했다. 살아남은 군인들에게는 소총을 난사하여 장교 1명을 포함한 8명의 군인을 살해하였고 M-4 카빈총과 경기관총, 그리고 1,500발의 탄약을 탈취해 달아났다.

EPP는 기껏해야 백여 명에 불과한 소규모 무장 조직이다. 오라시오 까르테스 정부는 2013년 군경합동군(Fuerza de Tarea Conjunta)을 구성하고 대대적인 소탕 작전에 나섰지만 3년이 지난 현재까지 별다른 성과를 거두지 못하고 있다. 사람이 별로 살지 않고 파라과이 정부의 치안 능력이 미치지 않는 산속에서 생활하면서 치고 빠지는 게릴라 전을 전개하고, 낮에는 주민들과 섞여서 농부로서 생활하면서 군경의 눈을 피하고 있기 때문이다.

지난해 8월 8명의 군인이 테러로 사망하자 파라과이 국회에서

는 왜 이 작은 테러 조직을 소탕하지 못하는가를 둘러싸고 격론이
벌어졌다. 대통령에 반대하는 의원들은 성과가 없는 군경합동군
을 해체하고 대응 전략을 수정해야 한다고 목소리를 높였다.

내가 만난 시민들은 EPP 문제를 냉소적으로 바라보고 있었다.
EPP가 농민이나 빈민들을 해방하기 위한 조직이라고 생각하지
않았다. 오히려 파라과이 정치인들이 정치적 이득을 위하여 이용
하는 조직이라고 생각하고 있었다. 미국에서 야간 적외선 투시경
등 최신 장비를 동원하여 이들을 소탕할 수 있도록 도와주겠다고
제안했지만, 파라과이 정부에서 이 제안을 거절했다는 이야기를
들려주면서 "정치인들은 EPP의 완전 소탕을 바라지는 않는 것 같
다"는 말도 덧붙였다.

십여 년간 하원에서 중견 정치인을 보좌해 왔다는 한 시민은
"루고 대통령의 탄핵을 불러온 농민과 경찰 간의 유혈 충돌은 야
당 출신 대통령 루고를 쫓아내기 위하여 콜로라도 당 측에서 꾸며
낸 각본에 따른 것"이라고 했다. 반면에 지난해의 군경합동군 순
찰 차량 습격 사건은 "반전(反轉)을 노리는 루고 전 대통령 측이 까
르테스 오라시오 현 대통령을 축출하기 위해 기획한 것"이지만 사
건 직후 오라시오 대통령이 막강한 재력을 동원하여 신속하게 국
회의원들을 회유한 탓에 더는 정치적 사건으로 비화하지 않았다
고 했다.

어디까지가 사실이고 이들의 주장이 어느 정도 사실에 입각한
것인지는 알 길이 없지만 궁극적으로 피해를 보는 것은 파라과이

국민이다. 참으로 불행한 현실이다.

콘셉시온 훈련 센터는 2015년에 한 번 찾아갔던 곳이다. 당시에 만났던 크리스핀 에차게(Crispín Echague Villasanti) 소장이 현재까지 근무하고 있었다. 강의실에서는 대청소를 하고 풍선 장식을 하면서 우리를 맞을 준비를 하고 있었다.

훈련 센터의 부지는 넓지만 세 개뿐인 강의실은 좁고 낡았고 모터 수리 등 실험 실습을 할 건물이 없어 효율적인 직업 훈련을 하기에 어려움이 많은 곳이었다. 다행히 이런 사정을 본부에서도 인정하여 연초에 청장을 비롯한 관계자가 나와 현장을 조사했으며 기존 건물을 헐고 새로운 건물을 짓기 위해 준비 중이라고 했다.

이날은 아침부터 비가 내렸다. 빗줄기가 점점 심해지더니 강의를 시작할 무렵에는 장대비로 변했다. 우중(雨中) 빗길에 과연 몇 명이나 강의에 참석할까? 비가 그치기를 기다리지 않고 예정된 시각에 강의를 시작했다. 지각생은 많았지만 다행히 결석생은 없었다. 참가자들 모두가 적극적으로 토론에 참여하고 관심을 보여 계획한 대로 교육을 모두 마칠 수 있었다.

교육을 마치고 나니 오후 5시 반 경이었다. 내일 강의를 할 곳은 뿌에르또 까사도(Puerto Casado)란 곳이다. 거기로 가려면 200km 떨어진 바야미(Vallami)라는 항구까지 가야 하고 거기서 파라과이 강을 배로 건너야 한다고 했다.

바야미에 여장을 풀고 푸에르토 까사도 훈련소장 아도르노(Estanislao Adorno Mazacotte)에게 전화했다. 그는 바야미 항이 아니라 바야미에서 약 8km 떨어진 뜨레스 쎄로(Tres Cerro)항에서 배가 출발하니 아침 8시까지 그리로 오라고 했다.

이튿날 아침 뜨레스 세로에 도착하여 30여 분을 기다리니 4~5명이 탈 수 있는 조그만 동력선 한 척이 나타났다. 정기선이 아니라 우리를 태우기 위해 보낸 특별 선이었다. 오전 11시에 강의가 예정되어 있었기에 운전기사와 차량은 나중에 바지선(balsa)을 타고 건너오게 하고 앙헬라와 둘이서 서둘러 동력선에 올랐다.

콘셉시온에서는 강의 중간까지 많은 비가 내렸고 훈련 센터로 오는 길은 한없이 질퍽거렸다. 궂은 날씨 탓에 많은 교사가 지각했지만, 다행히 결석은 없어 예정대로 강의와 토론을 진행할 수 있었다.

타닌 산업이
번성했던 도시!

2017년 2월 1일

알토 파라과이 데파르타멘토는 82,349km²의 넓은 면적이지만, 겨우 2만 2천 명의 적은 인구가 사는 한적한 곳이다. 브라질과 볼리비아와 국경을 접한 파라과이의 변방 중 변방 지역이다.

뿌에르또 까사도(Puerto Casado)는 알토 파라과이(Alto Parguay) 데파르타멘토의 남쪽 끝에 위치한 인구 7,000명의 조그만 도시이다. 수도 아순시온에서 650km 떨어져 있으며 20세기 초반 까를로스 까사도(Carlos Casado S.A.)라는 세계적인 타닌 추출 공장이 들어서면서 크게 번성했던 도시이다.

19세기 말 붉은 께브라초(Quebracho) 나무에서 가죽 제품 손질에 필수적인 물질인 타닌을 추출하는 기술이 개발되었다. 께브라쵸 나무에서 추출되는 타닌은 생산 수율이 높을 뿐만 아니라 추출 비용도 저렴했기에 순식간에 북미와 유럽 시장을 석권해 버렸다. 파라과이가 "1886년 7월 16일 법"을 제정하고 대대적으로 국유지를 매각하기 시작했을 때 스페인 출신의 사업가 까를로스 까사도(Carlos Casado del Alisal)는 께브라초 나무가 많이 자라는 차코 지

알토 파라과이 데파르타멘토는 북쪽으로는 볼리비아와 동쪽으로는 브라질과 국경을 맞대고 있는 지역이다.

역의 땅 750만ha를 사들였고 까를로스 까사도란 타닌 제조회사를 설립하였다.

1904년 까를로스 까사도 회사는 파라과이 강 연안에 소유하고 있던 땅 가운데 170만ha를 다른 회사들에 매각하였고 이를 계기로 뿌에르또 싸스트레, 뿌레르또 막스, 뿌에르또 마리아, 뿌에르또 과라니, 뿌에르또 뻬나스코 같은 회사들이 잇달아 설립되었다.

20세기 초 약 20년간은 타닌 산업의 황금기였다. 타닌 생산 회사들은 깊숙한 오지까지 연결되는 철도를 부설하고 원자재를 실어 날랐고 파라과이는 세계에서 제일가는 타닌 수출국이 되었다. 이 기간에 이 지역에서 무려 25만 톤에 이르는 타닌을 수출하였다

타닌 산업이 자리 잡으면서 임업, 목축업, 농업 활동도 동시에 시작되었다. 이러한 활발한 산업 활동은 많은 사람을 뿌에르또 까사도 지역으로 몰려들게 하였다. 공장마다 600명에서 1,100명의 인력을 고용했고, 한 때 이들 산업에 직접 고용된 인력만 5,000명이 넘을 정도로 번성했다. 경기가 좋았을 때는 타닌 산업을 비롯해 용접, 철물, 목재, 마차, 철도, 트랙터, 제빵, 냉동, 냉장, 창고, 가축 도살, 학교 등 여러 부문에서 만 명 이상의 일자리가 생겨났다.

뿌에르토 까사도와 보케론 지역에 자리 잡은 메노나이트 정착지는 볼리비아와의 전쟁 기간 동안 파라과이 군을 지원하는 기둥이자 교량 구실을 하였다. 까를로스 까사도 회사가 부설한 협궤 철도는 파라과이 군인과 무기와 탄약, 식량을 운반하는 수송로로 활용되었다. 이 협궤 철도와 250km에 이르는 숲속 도로망을 통해

24만 명이 넘는 군인들과 죄수들이 이동했고 2,400대에 이르는 트럭이 차코 지역 깊숙한 곳까지 전쟁 물자를 실어 날랐다.

하지만 영원한 번성이란 없는 법이다. 1940년대에 들어서면서 인조 타닌 기술이 개발 되었다. 타닌을 대체하는 값싼 제품들이 생산되면서 께브라초 나무에서 타닌을 추출하는 산업은 급속히 쇠퇴하였고 산업이 쇠퇴하면서 대부분의 종사자들도 이 지역을 떠나갔다.

이와 동시에 뿌에르토 까사도는 활력을 잃었고 잊혀진 도시가 되었다. 휘황찬란하던 호텔의 불은 꺼졌고 뻔질나게 드나들던 상인들도 더 찾아오지 않았다. 아무 데도 갈 곳이 없는 사람들만 남아 어려운 삶을 살아가게 되었다. 그 후 60여 년 세월이 흘렀지만 뿌에르또 까사도는 아직도 옛 영광을 찾지는 못하고 있다.

아침 일찍 조그만 동력선을 타고 뿌에르또 까사도 항에 도착하니 아도르노(Estanislao Adorno Mazacotte) 훈련소장이 선착장에 트럭을 대기시켜 놓고 기다리고 있었다. 지난해 100명의 청소년들을 훈련한 이 센터는 독립된 사무실도, 작은 강의실 하나도 갖추지 못한 곳이었다.

훈련소장은 신분이 보장된 정규 직원이 아니라 계약직 신분이었다. 계약 기간이 끝나 재계약을 기다리는 중이었다. 보수도 없고 아무런 재정 지원도 없는 상태에서 이 지역 하원 의원의 보좌관으로서 일하면서 SNPP 업무를 맡고 있다고 했다. 사무실은 하원의원이 특별히 배려해 준 것이라 했다.

그는 "SNPP청장이나 SNPP 본부의 간부들 어느 누구도 지금까지 단 한 번 이곳을 찾아온 적이 없었다."면서 본부의 무관심을 성토했다. 하지만 불평을 하면서도 열심히 일하고 있었다.

현지 실정을 설명하고 난 소장은 우리를 지역 보건소로 안내했다. 이 지역에서 그나마 자랑하고 싶었던 시설인 모양이다. 예방접종과 간단한 처치를 할 수 있는 시설이었고 출산을 도와주는 간단한 장비와 침대가 있었다. 보건소 입구에 나병 퇴치 구호가 붙어 있길래 아직도 나병 환자가 발생하느냐고 물었더니 인디언 원주민들에게 그런 일이 종종 있다고 했다.

강의는 시청 로비에서 진행했다. 시청 건물이라지만 우리의 마을 회관보다도 작은 건물이다. 소장은 백방으로 뛰면서 빔프로젝터를 구하려 했으나 구하지 못했다고 거듭 양해를 구했다. 하지만 시청에 도착해 보니 시청 직원들이 어디선가 기계를 구해와 설치하고 있었다. 강의를 들을 교사들이 불과 몇 명 밖에 되지 않자 훈련소장은 시장과 협의하여 시의원 2명과 모두 7~8 명에 불과한 시청 공무원, 그리고 다른 기관의 공무원까지 15명 정도를 모이게 하여 함께 강의를 듣도록 준비했다.

뿌에르또 까사도에서는 시청 로비에서 시의원과 시청 직원, 정부기관 공무원, 그리고 훈련 교사들을 상대로 강의했다.

타닌 수출 산업으로 한때 붐볐던 뿌에르토 까사도 항구는 지금은 하루에 몇 차례 차량과 사람을 태운 바지선과 소규모 어선들이 드나드는 게 전부인 조용한 항구가 되었다.

파라과이의
판타날 습지!

전날 밤에 많은 비가 내렸기에 푸에르떼 올림포(Fuerte Olimpo)로 가는 길은 오전 내내 통행금지 상태였다. 오후 2시경이 되어서야 경찰 통제소로부터 통행을 허용한다는 연락을 받았다. 곧바로 출발하려고 했으나 뜨레스 쎄로에서 바지선을 타고 강을 건너오는 운전기사와 차량이 제 시간에 도착하지 못해 이들을 기다리느라 오후 4시가 되어서야 출발하게 되었다.

뿌에르토 까사도에서 푸에르떼 올림포까지는 250km에 이르는 비포장도로였다. 길을 떠날 때는 마치 소풍을 떠나는 아이처럼 마음이 설레었다. 끝이 보이지 않는 일직선 곧은 길을 우리 차 한 대만이 신나게 달렸다. 소 떼들이 한가로이 풀을 뜯고 형형색색의 크고 작은 새들이 푸드덕푸드덕 날아올랐다. 거북이도 보았고 커다란 뱀도 지나갔으며 날쌔게 도망치는 들짐승도 여럿 만났다.

하지만 황톳길 250km는 그저 낭만이 가득한 곳이 아니었다.

한 시간 정도 달리자 길이 험해지기 시작했다. 곳곳이 패여 있었고 곳곳이 물웅덩이였다. 요리조리 피해가며 재주껏 달려

푸에르떼 올림포는 아순시온에서 800km 이상 떨어진 브라질과의 국경 도시다. 알토 파라과이의 주도이자 판타날 습지의 관문이다.

보려 했지만 엉덩방아를 찧고 또 찧어야 했다. 진흙 도로가 이렇게 미끄러운 줄은 미처 몰랐다. 웅덩이를 피한다고 조금만 비켜나면 곧바로 미끄러져 처박히기에 십상이었다. 바짝 마른 길도 미끄럽긴 마찬가지였다.

물이 가득한 습지에다 곳곳이 개울이다 보니 수도 없이 많은 작은 다리가 놓여 있었다. 160개까지 세어 보다가 중도에 포기했다. 교량 구간은 살짝 높아 앞이 보이지 않았다. 갑자기 폭이 좁아졌고 다리 위로 올라가면 움푹 팬 물웅덩이가 눈앞에 나타났다.

갈 길은 아직 70여 km나 남았는데 어느새 날이 저물었다. 수십 km를 달려도 조그만 불빛 하나 없었다. 엎친 데 덮친 격으로 도로 곳곳은 진창이었다. 수없이 멈춰 섰고 그때마다 후진하면서 사륜구동 기어로 변속을 거듭했다. 30년을 운전했다는 베테랑 운전기사도 긴장하는 모습이 역력했다. 시골길 운전 중에 백미러로 유령을 본 적이 있다는 이야기를 하더니 갑자기 다리 위에 차를 세우고는 함께 내려서 앞길을 살펴보자고 했다.

조심하고 조심하며 엉금엉금 가다 보니 밤 10시가 가까워서야 숙소에 도착했다. 저녁 식사 도중에 두 번이나 정전이 되었고 자정부터는 폭우가 쏟아졌다. 천둥 번개에다 양철 지붕을 두드리는 빗소리에 잠을 이룰 수가 없다. 돌아갈 길을 걱정하며 새벽에 겨우 잠이 들었는데 아침에 눈을 뜨니 거짓말처럼 맑게 날이 개었다. 거대한 파라과이 강이 눈앞에 펼쳐졌다.

푸에르떼 올림포는 아름다운 곳이었다. 강변을 따라 포장되지 않은 신작로가 길게 뻗어 있고 세 자매 동산(Cerro Tres Hermanas)이 그림처럼 솟아 있었다. 동산 기슭에 집을 지었고 동산을 중심으로 마을이 형성되었다. 가운데 동산에는 535개의 계단이 정상까지 연결되어 있고 전망대에 오르면 나빌레께 습지와 보도께냐 산맥을 한눈에 볼 수 있다고 했다.

푸에르토 올림포는 판타날 습지의 서쪽 끝자락에 위치하고 있다. 판타날은 브라질과 볼리비아, 파라과이 3국에 걸쳐 있는 15만 km²에 이르는 거대한 습지이다. 온갖 동식물이 살아가는 보고(寶庫) 중 보고이다. 홍수 때는 전체 면적의 80%까지 물에 잠겼다가 물이 빠지면 점차 새로운 세상으로 변모한다.

출장을 떠나기 전 SNPP 현지 훈련소장 루이스 마리아(Luis Maria Duarte Samaniego)에게 교육 준비를 부탁하고자 연락을 취했다. 그녀는 정중하게 전화를 받았지만 교육 준비는 거절했다.

"죄송합니다. 이번에는 제가 나서서 교육 준비를 할 수 없을 것 같습니다. 저는 지난 11월 이래로 아무런 보수도 받지 못하고 있습니다. 일을 했지만 돈을 주지 않습니다.
본부에서 일을 시키면서 앞날에 대한 어떤 약속도 해주지 않았습니다. 제가 다시 소장으로서 계약하고 일할 수 있을 지도 불확실합니다.
지금까진 개인적인 희생을 감수하면서 일을 해 왔지만 더는 그렇게 일하기는 힘들 것 같습니다."

안타깝긴 하지만 다른 곳에서도 들었던 이야기다. 본부에 현지 사정 이야기를 했더니 뿌에로또 까사도의 훈련소장 아도르노에게 협조를 부탁해 보라고 했다. 아도르노 소장은 전화로 답변하는 대신에 아순시온에 오는 길에 나를 찾아와 전후 사정을 들려주었다.

알토 파라과이 지역의 하원의원 호세 도밍고 아도르노(José Domingo Adorno Mazacotte)의 친동생이라고 자신을 소개하면서 의원 보좌관으로 일한다고 했다. 그동안 자기 돈을 써가며 자원봉사하는 셈 치고 SNPP 일을 해 왔지만 앞으로 얼마나 버틸 수 있을지 자신도 알 수 없다고 했다. 차편과 숙식을 내가 제공하는 조건으로 푸에르또 올림포까지 동행하여 안내하겠다고 했다. 함께 차를 타고 가면서 현지 사정을 소상하게 설명했다.

뿌에르토 까사도의 아도르노 훈련소장은 푸에르테 올림포까지 동행 안내하였고 지역 사정을 소상하게 설명해 주었다.

알토 파라과이 지역에서 SNPP의 훈련 센터가 제대로 운영되지 못하는 것은 데파르타멘토의 지사 마를레네 그라시엘라(Gobernador, Marlene Graciela Ocampos)와 아도르노 하원의원 간의 힘겨루기와 관련이 있다.

두 사람이 담판을 거쳐 뿌에르또 까사도 지역은 아도르노 하원의원이 권한과 책임을 갖기로 했고 주도인 푸에르테 올림포 지역은 그라시엘라 주지사가 책임을 지기로 합의했다.

하지만 주지사는 직업 훈련에 관심이 적어 적극적으로 SNPP의 프로그램을 지원하지 않고 있다. 그의 형님인 하원의원이 2018년 총선에 주지사로 출마할 예정이고 만일 당선이 된다면 이 지역 SNPP의 직업 훈련을 적극적으로 지원할 것이라고 했다.

푸에르또 까사도에서는 그동안 몇 번의 직업 훈련 강좌를 개설한 적이 있다. 2013년 말에는 SNPP 본부에서 강사를 파견하여 크리스마스 전통 음식 강좌를 실시했다. 2014년 5월에는 SNPP 지방 센터 개설을 공식 발표했고 건축 미장 강좌를 개설했다. 주지사가 강의실을 제공하고 강사료를 지원했다. 2016년 11월에는 여성들을 대상으로 미용 강좌도 실시했다.

푸에르또 까사도는 외부 세계와 단절된 곳이다. 무엇보다 강사를 구하기

푸에르토 올림포에서는 세르히오 루밴 시장을 만나 직업 훈련 지원을 요청하고 관광산업 진흥 방안에 관해 의견을 나눴다.

어렵다. 도로 사정이 나쁘다 보니 외부 강사들이 찾아오기도 쉽지 않다. 2014년 미장공 양성 강좌를 담당한 강사들은 인근 브라질의 도시 뿌에르토 무르티노(Puerto Murtinho)까지 와서 이곳까지 소형 동력선(deslizadora)을 타고 들어 왔었다.

여기서는 강의할 수 있는 형편이 아니었다. 그래서 시청을 찾아가 세르히오 루벤(Sergio Rúben Cuellar Irala) 시장을 만났다. 루벤 시장은 지역 발전을 위해 공공 기관을 유치하려 노력하고 외부에서 쉽게 접근하도록 공항 시설과 도로를 개선할 계획이라고 했다. 판타날 습지에 대한 이야기가 오갔고 자연스레 생태 관광에 대한 이야기로 이어졌다.

"생태 관광에 대한 관심이 높아지고 있어 점점 많은 사람이 판타날을 찾을 것이다. 현재까지는 대부분 관광객이 브라질 쪽만 찾아가고 있다.

브라질의 도시 뿌에르토 무르티노와 손을 잡고 푸에르떼 올림포까지 연결하는 패키지 환경 관광 상품을 개발해야 한다. 파라과이 강을 따라 관광하는 크루즈 상품과 아순시온에서 비행기를 타고 오는 관광 패키지도 검토해 볼 만하다.

선착장 주변과 강변의 다목적 행사 공간, 그리고 3국 동맹 전쟁 등 각종 역사적 유적지를 연결하는 프로그램을 마련하고 도시 축제를 관광 산업과 연계해 개최해야 한다.

'황금 물고기 엘도라도(el dorado)의 도시, 푸에르떼 올림포'와 같은 고유 브랜드도 생각해야 하고 여기에 걸맞은 대대적인 낚시 축제도 개최해 볼 만하다.

거대한 목장은 천혜의 관광 자원이다. 위치 좋고 경치 좋은 목장과 상의하여 아사도를 굽고, 말을 타고, 소몰이를 하고, 아름다운 별빛 아래서 파라과이 음악을 즐기는 캠프 시설을 만드는 방안도 검토해 보자!

파라과이 관광청(SENATUR)과 고용노동부 산하의 SNPP나 SINAFOCAL과 협조하여 관광 산업에 종사할 전문 인력을 양성하는 방안도 생각해 보자!"

떠오르는
국경 무역 도시!

2017년 2월 20일

　　다음으로 찾아간 곳은 까닌데유(Canindeyú) 데파르타맨토의 주도인 살토 델 과이라(Salto del Guairá)였다.

　　까닌데유의 헤후이(Jejuí) 강 유역은 파라과이에서 마테차 원료인 예르바(yerba)를 가장 많이 생산하는 지역이다. 3국 동맹 전쟁 직후인 1883년과 1885년 사이에 인더스트리알 파라과이(Industrial Paraguaya S.A)라는 민간 회사는 공매 방식을 통하여 카닌데유 지역의 땅을 엄청나게 사들였고 1890년까지 100만ha 이상의 숲을 개간하여 예르바 잎을 생산하였다. 하지만 차코 전쟁 이후 예르바 생산은 점차 줄어들었다.

　　살토 델 과이라는 브라질의 파라나(Paraná)와 마토그로소 도 술(Mato Grosso do Sul)이라는 두 개 주와 국경을 맞대고 있다. 이 지역은 과거 포르투갈 출신의 노예 사냥꾼들이 출몰하여 온갖 약탈을 자행해 온 곳이었기에 주민들의 정착이 상대적으로 늦은 곳이었다. 1959년 살토 데 과이라 식민회사(Colonizadora Salto del Guairá S.A)라는 회사가 들어오면서 비로소 주민 정착이 시작되었다.

까닌데유는 14,667km²의 면적에 약 23만 명이 사는 데파르타멘토이다. 수도는 살토 델 과이라이다.

2001년 9월 11일 뉴욕에서 테러 사건이 일어난 후 브라질과 아르헨티나, 파라과이 3각 국경 무역의 중심지였던 시우다 델 에쓰테 지역이 테러 자금을 지원하는 곳이란 의혹을 받았다. 미국의 요청으로 이 지역에 대대적인 마약 및 밀수 단속이 시작되었고 우정의 다리를 넘나들며 보따리 장사를 하던 상인들의 통행에도 제한이 가해졌다. 그러자 시우다 델 에스테(CDE)의 많은 상인들이 새로운 살길을 찾아 또 다른 국경 도시인 살토 델 과이라로 옮겨왔다.

2007년경부터 이 지역에는 백화점을 비롯한 대형 쇼핑 시설이 들어서기 시작하였다. 3억 달러 이상의 대규모 투자가 이루어지면서 다섯 블록에 이르는 커다란 상업 지역이 형성되었다. 지난 10년간 2만 5천 명의 청년 일자리도 생겨났다. 살토 델 과이라는 어느새 국경 무역의 새로운 메카로 떠올랐다. CDE 지역의 재수출 무역이 브라질의 가방 끌이 상인들에 의해 이루어지는 것과는 달리 이 지역의 상품 수출은 브라질 사람들의 '관광 쇼핑' 형식으로 이루어진다.

살토 델 과이라는 '살토스 델 과이라(Saltos del Guairá)' 폭포가 있었던 지역이다. 브라질에서는 이 폭포를 7개 폭포(Sete Quedas)라고 불렀다. 이 폭포는 나이아가라 폭포의 두 배, 빅토리아 폭포의 12배의 수량을 자랑하는 거대한 폭포였다. 하지만 이 폭포는 이따이뿌 댐이 건설되고 댐 상류에 거대한 호수가 형성되면서 1982년 수몰되어 버렸다.

1962년 브라질은 살토 데 과이라 폭포 일대의 파라나 강을 이용하는 발전소 건설 구상을 발표하였다. 발전소를 건설하려면 두 나라가 합의해야 한다. 브라질은 처음에는 협상하는 척했다. 하지만 1965년 이 지역에서 마약을 단속하고 치안을 확보한다는 핑계로 군대를 보내 과이라 폭포(Salto del Guaira) 일대를 강제로 점령해 버렸다. 협상을 위해 찾아갔던 파라과이 대표단마저 추방해 버렸다.

힘에 바탕을 두고 파라나 강을 독점적으로 이용하려고 시도했던 브라질의 군사 행동은 미국의 존슨(Lyndon B. Johnson, 1963-1969) 대통령이 개입하여 양국의 이해를 조정함으로써 무위로 끝났다. 미국의 중재에 따라 양측은 이 폭포를 포함한 파라나 강의 수자원을 경제적으로 이용하는 방안을 공동 연구하기로 하였고 여기에서 생산된 전기는 양국이 똑같이 나누기로 합의하였다.

브라질의 군사적 위협도 위협이지만 아르헨티나의 입김에서 우선 벗어나고 싶었던 독재자 스트로에스네르는 브라질에 손을 내밀고 몇 가지 타협안을 제시했다. '외국인은 국경에서 150km 이내의 토지를 살 수 없다'는 규정을 개정하여 브라질 사람들이 국경 인근 지역 토지를 취득할 수 있도록 허용했다. 그리고 양국 공동으로 파라냐 강에 수력 발전 댐을 건설하기로 합의하였다. 아순시온과 현재의 시우다 델 에스테를 연결하는 전천후 도로를 건설하고 브라질과 파라과이를 이어 주는 '우정의 다리'도 건설하기로 합의했다. 협약에 따라 이따이뿌 댐이 건설되었고 담수 작업이 진행되면서 댐에서 250km 상류에 있는 살토 델 과이라 폭포도 물에 잠기게 되었다.

2023년까지 효력을 갖는 이따이뿌 댐에 관한 양국의 협약은 파라과이 입장에서는 만족스럽지 못한 것이었다. 2008년 야당 출신 대통령 후보인 루고는 불평등한 조약을 개선하겠다는 공약을 내세웠고 대통령에 당선되자 공약 이행에 착수하였다. 협약 개정을 반대하던 브라질도 2009년 자기들이 사들이는 전기료를 적정하게 지급하고 파라과이가 사용하고 남은 전기를, 브라질의 독점 전기 회사를 거치지 않고 브라질의 민간 회사에게 판매할 수 있도록 협약을 변경하는 데 동의하였다.

이따이뿌 댐이 들어서기 이전 살토 델 과이라 폭포는 수천 명의 관광객이 찾아오는 관광지였다. 폭포가 그대로 남아 있었다면 이 지역에서 벌어들이는 관광 수입은 엄청날 것이다. 하지만 파라과이 정부는 댐을 건설하면서 지역 주민들에게 아무런 보상도 하지 않았다. 댐이 건설된 지 30년 가까이 지나서야 이 지역에 적절한 보상을 해야 한다는 여론이 힘을 얻었다.

2012년에 최초의 보상 법안이 통과되었다. 이따이뿌 댐에서 거둬들이는 로열티를 포함한 수입의 3%에 해당하는 연간 1천만 달러 정도를 3년간 한시적으로 이 지역에 지원하기로 하였다. 하지만 한시적 보상 방안은 지역 주민들을 크게 실망하게 했다. 댐이 없었다면 항구적으로 관광 수입을 기대할 수 있었을 것이다. 그렇다면 보상도 항구적이어야 한다는 여론이 다시 비등하였다.

오랜 논의 끝에 2015년 3월 파라과이 국회는 살토 델 과이라 폭포 수몰로 인해 손해를 본 주민들을 보상하기 위한 법률을 통과시켰다. 매년 이따이뿌 댐에서 거둬들이는 수입의 2.33%를 살토 델 과이라 시에, 그리고 0.67%를 까닌데유 데파르타멘토에 지원하도록 하였고 이 보상금은 오로지 관광, 도시 계획, 도로 건설 및 유지, 하수 시설, 그리고 건강 및 교육 분야 등 사회적 인프라를 구축하는 데만 사용하도록 용도를 한정하였다.

보상 재원이 들어오자 살토 델 과이라 시는 2012년부터 각종 도로포장 사업을 진행하고 있다. 브라질인들의 쇼핑 통로인 국경 지역에서 상업 지역을 확장해 연결하는 4차선 포장도로는 준공을 앞두고 있다. 2017년 초에는 강변 지역을 복합적으로 개발하여 모래사장과 공원, 도로를 만드는 코스타네라 사업도 발주하였다. 영구적인 보상 방안이 확정되면서 살토 델 과이라는 이제 새로운 도약을 꿈꾸고 있다.

이따이뿌 댐이 건설되면서 1982년 물속으로 사라져 버린 살토 델 과이라 폭포.

ⓒABCcolor image

게으른 한 사람이
전체를 망쳐!

2017년 3월 11일

1년 5개월 전에 살토 델 과이라를 찾았을 때 이 지역은 침체의 분위기가 역력했었다. 당시 만났던 한 주민은 "브라질에서 밀수와 마약 단속을 명분으로 쇼핑을 자제시키고 국경 통제를 강화하면서 한창때 7만이던 인구가 지금은 4만으로 줄었다. 가게는 줄줄이 문을 닫고 살아남은 가게들도 재고 정리 세일에 들어갔다"고 걱정했었다.

하지만 이번엔 달랐다. 거리에는 사람들이 넘쳐났고 가게들은 활력이 되살아나고 있었다. 보상 재원을 활용하여 각종 인프라를 구축하고 코스타네라를 건설한다는 것이 알려지면서 지역 발전에 대한 기대가 커졌고 쇼핑객들이 찾기 시작하니 손님을 부르는 상인들의 목소리에도 힘이 실렸다.

하지만 이곳에 위치한 카닌데유 훈련 센터(Dirección Regional de Canindeyu SNPP)는 전혀 발전이 없었다. 오히려 퇴보하고 있었다. 아나 마리아(Ana María Acosta Salinas) 소장에게서 일에 대한 성의라고는 찾아볼 수 없었다. 모든 것을 귀찮아했고 마지 못해 일하는 모습이 역력했다. 본부에서 공문이 오니 어쩔 수 없이 교육 소집을 하긴 했지만 꾸루구아뜨(Curuguaty) 지역 교사들은 거리가 멀다는 이유로 참석시키지도 않았다.

1년 전 시범 교육을 위해 방문했을 때도 그랬었다. 교육 하루 전날 도착하니 수석 교사가 혼자서 교육 준비를 하고 있었다. 어딘가 돌아다니다 뒤늦게 나타난 소장은 이틀 전에 발령을 받았기에 미처 준비하지 못했다는 핑계만 늘어놓았다.

다음 날 같은 건물에서 지역 노동 사무소의 개소식이 열리고 고용노동부 본부에서 간부들이 나오자 태도가 달라졌다. 곱게 차려입고는 이들을 찾아 열심히 인사하러 다녔다. 하지만 정작 자기가 책임져야 할 업무인 교육에는 관심도 없었고 진행조차 하지 않았다. 강의 내용이 어떤지, 어떻게 진행되고 교사들이 어떤 반응을 보이는지 관심이 없었다. 잠시 얼굴을 내밀었다가는 다시 바깥으로 드나드는 바람에 교육 분위기만 망쳐 놓았었다.

이번에도 마찬가지였다. 교육 준비를 위해 사전에 연락을 했더니 "지난번에 다녀간 후 아무것도 도와주는 것이 없더라. 본부가 먼저 변해야 하는데 변한 것이 하나도 없더라"라고 하면서 불평을 늘어놓았다. 그러면서 교육이 있는 날 본부 출장이 잡혀 있어 자기는 교육에 참석할 수 없을지 모른다고 미리 선수를 쳤다.

역량 강화 교육은 소장들의 태도 변화를 유도하고 소장의 조직 관리 역량을 강화하려는 것이다. 하지만 소장은 왜 교육을 하는 지를 몰랐다. 우리가 물적 지원을 하러 오는 것으로 이해했고 물적 지원을 받아야만 도움을 받는 것으로 인식하고 있었다. 소장 자신은 교육 대상이 아니라고 생각했다. 변해야 한다면 본부가 변해야 하고 태도를 고쳐야 한다면 교사들 태도나 고쳐야 한다고 생각하는 듯했다. 모든 잘못을 본부 탓으로, 교사 탓으로 돌리려 했다.

그녀는 건성으로 대답하는 사람이었다. 아침 11시에 소장과 이 지역 노동 사무소장을 함께 면담하면서 교육 진행 요령과 프레젠테이션 내용을 설명하고 나서 혹시 질문이 있는지 확인했었다. 잘 이해했고 충분히 알았다고 했다. 하지만 교육이 시작되자 과거 본부에 제출했던 자료 하나를 달랑 내놓고는 더 설명할 내용이 없다고 했다. 필수 발표 항목인 지역 현황, FODA 분석, 전략 계획에 대해서는 아무것도 설명하지 않았다.

강의 중에 대회를 나눠보니 교사들은 열정을 보였고 건전한 생각을 하고 있었다.

"우리부터 먼저 바뀌어야 한다. 우리은 지금까지 모든 책임을 정치인들에게 돌려 왔다, 하지만 우리 자신을 돌아보면 우리가 해야 할 일을 안 할 때가 많았다. 약속 시간을 지키지 않았고, 오늘 해야 할 일을 내일로 미루는 경우가 매우 많았다.
행정 문화가 바뀌어야 한다. 당국자(Autoridades) 들은 좀 더 진지해야 하고 약속한 것은 반드시 지켜야 한다. 각 기관이나 직원들은 시간을 지키는 일부터 시작해야 한다. 우리부터 그래야 한다."

토론 시간이 되었지만, 소장은 토론 주제를 설정하지 못했고 토론을 이끌어 가지도 못했다. 교사들에게 막연히 이야기하라고 하고는 자신이 먼저 이런저런 불평을 늘어놓았다. 조직을 책임진 책임자로서 열정도, 리더십도, 최소한의 책임도 보여 주지 못했다. 이런 분위기는 교사들에게도 고스란히 전해지고 있었다. 교사들은 소장의 무관심 앞에서 모든 것을 체념하고 좌절하고 있었다. 대신 불만과 울분만을 토로하고 있었다.

"지난해 정부의 장학금을 받아 이탈리아에 5개월 연수를 다녀왔다. 농업 교사로서 새로운 농업 기술을 배운다는 기대에 설레지만 막상 현지에 도착해 보니 제대로 된 내용은 하나도 없었다.
몇 가지 실습도 있었지만 교사들에게 적합한 것이 아니라 땅을 갈고 파종하는 방법을 가르치는 등 초보적인 내용이 전부였다. 정말 시간이 아까웠고 왜 이곳까지 와서 5개월이란 시간을 낭비해야 하는지 화가 났다.
구체적인 연수 내용조차 확인하지 않고 교육을 보내는 정부가 한심스럽다. 그러면서 정부는 마치 외국에 보내어 첨단 교육이라도 시킨 것처럼 과대 홍보하고 있다. 나는 다시는 이런 교육은 참여하지 않을 것이다.
외부 원조를 받는다고 하지만 그 원조는 지방까지 미치지 않는다. 그래서 중앙 정부 기관과 지원 협약이라도 맺으려고 연락하면 내용에 관심이 있는 것이 아니라 '너 누구 라인이냐?'며 정치인이나 정부 고위층과 어떤 연줄이 있는지부터 먼저 확인한다."

교사들은 할 이야기가 정말 많은 듯했다. 하지만 혹시라도 불이익이 오지나 않을까 눈치를 보았다. 외국인인 내가 듣고 있다는 것을 의식하고는 갑자기 말문을 닫았다. 교육을 마치고 에르닌다리아스로 가는 길에 우리 차에 함께 탔던 수석 교사는 이렇게 말했다.

"나는 에르난다리아에 살고 있습니다. 200km나 되는 먼 길을 동료 직원들과 함께 택시를 타고 출퇴근을 합니다.
소장이 업무를 너무 몰라 문서 작업을 비롯한 중요한 일을 모두 제가 해야 합니다. 소장이 전문성이 없고 운영 능력이 부족한 탓에 본부에서는 나를 내 집에서 가까운 곳으로 발령해 주지 않습니다. 덕분에 저는 이곳에서 더 높은 보수를 받는, 없어서는 안될 필요한 사람이 되고 있습니다."

실토 델 과이라에 소재한 카닌데유 센터에서 교사들이 둘러 앉아 훈련 향상 방안을 토론하고 있다.

50 알토 파라나

자존심이
밥 먹여주나?

2017년 3월 13일

에르난다리아에 위치한 알토 파라나 센터(Regional de Alto Parana)의 분위기는 까닌데유 센터와는 정반대였다. 활력이 넘쳤고 생동감이 있었다. 다양한 수업이 진행 중이었고 모두 바삐 움직였다.

하이메 가브리엘(Jaime Gabriel Zorrilla Hermosa) 소장은 무엇인가 고치고 개선해 보려는 사람이었다. 훈련 기강을 세우고 훈련 수준을 높이려는 의지가 곳곳에서 배어났다. 먼저 우리를 현장으로 안내했다. 각종 기자재와 교육 장비를 보여 줬다. 상대적으로 많은 종류의 현대식 장비가 잘 정돈되어 있었다. 실제 수업이 이루어지는 교실 몇 곳도 안내했다. 다른 곳에 비해 훈련 기자재가 우수했고 실질적인 실습 교육을 하고 있었다. .

알토 파라나 센터는 2002년부터 10여 년간 브라질이 교육 자재를 지원하고 운영을 도와주던 브라질 협력센터(CFCP Paraguay Brasil SNPP-SENAI)였다. 대부분의 훈련 장비를 브라질에서 가져 왔으며 브라질 교사들이 브라질의 교육 방식과 운영 규정에 따라 운영하였다. 파라과이의 다른 센터에 비해 시설도 좋았고 교육 수준도 높았으며 모두가 부러워하는 모범 센터가 되었다.

하지만 2008년 진보를 표방하는 루고가 대통령이 되면서 파라과이의 자존심을 살려야 한다는 목소리가 높아졌다. 왜 파라과이의 직업 훈련 시설을 브라질 사람들 손에 맡겨 운영해야 하는가? 언제까지 우리는 브라질의 영향권에서 놀아나야 하는가? 브라질로부터 훈련센터 운영권을 넘겨받아야 하고 파라과이 스스로 훈련 시설을 운영해야 한다고 주장했다. 브라질은 파라과이를 도와주면서도 더 고맙다는 소리를 듣지 못하는 상황이 되었다. 그러자 브라질은 2010년경 훈련 센터의 운영권을 파라과이로 이관하고 시설과 장비들을 놓아둔 채 미련 없이 떠나 버렸다.

브라질이 운영에서 손을 떼자 파라과이의 정치인들이 손을 대기 시작하였다. 직업 훈련에 대해 아무런 전문성이나 경험이 없는 사람들을 정치적 연고에 따라 소장으로 임명하였다. 시설과 장비를 제대로 정비하거나 활용하지 못했다. 훈련 기강이 무너져 버렸다. 훈련 센터 운영은 엉망이 되었고 교육 수준은 형편없이 떨어졌다. 게다가 온갖 부정부패가 생겨났다. 급기야 지난해에는 소장이 훈련생들에게 수강료를 받아 착복하는 일까지 벌어졌다.

10년 동안 브라질의 도움을 받았지만, 파라과이는 그들의 좋은 제도와 방식을 제대로 배우지는 못했다. 자존심을 들먹이면서 운영권을 찾아 왔지만 파라과이 스스로 훈련 센터를 운영할 능력을 보여 주지 못했다.

지금의 소장은 전임자가 부정부패 혐의로 물러

에르난다리아에 소재한 알토파라나 센터에서는 각종 수업이 한창이었다. 다른 센터에 비해 시설과 장비가 우수하였고 훈련의 수준도 높아 보였다.

난 후 새로 임명된 사람이다. 그는 이 센터의 영광을 재현하려고 애쓰고 있었다. 질서를 잡고 훈련 수준을 높이려고 하고 있었다. 그래서 다음과 같은 이야기를 강조하여 들려주었다.

"실력이 부족하고 경험이 없는 초기에는 아무리 싫어도 남의 것을 모방하고 따라 할 수밖에 없다.

남에게서 배우는 것은 부끄러운 것이 아니고 자존심을 상하는 일도 아니다. 오히려 그것이 발전하는 가장 빠른 길이다.

하지만 단순히 따라만 해서는 더 이상 발전이 없다. 흉내만 내어서는 파라과이 것이 되지 않는다. 진정으로 발전하려면 그리고 조금이라도 앞서가려면 남을 베끼고 따라만 할 것이 아니라 창의성을 발휘하여 파라과이 실정에 맞는 우리 것을 만들어야 한다.

지금 SNPP는 미국으로부터는 효율적인 직업 훈련 방식인 NEO를, 이스라엘로부터는 창의성에 바탕을 둔 교육방식인 PIMA를 배우고 있다. 이왕 배워야 한다면, 그리고 배우기로 했다면 철저하게 배워라!

미국 교사들이 떠나고 이스라엘의 교사들이 떠난 후에 이들에게서 배운 사람들이 배우지 못한 다른 교사들을 가르치고 훈련할 수 있는 수준까지 철저하게 공부해야 한다. 미국이 없는 상태에서 NEO를 가르칠 수 있어야 하고 이스라엘이 떠난 후에 자체적으로 PIMA 훈련을 시킬 수 있어야 한다."

자존심을 내세우는 것도 좋지만, 그 자존심을 지킬 실력을 쌓는 일이 먼저이다. 이왕 배우기로 했다면 자존심을 내세우기 전에 철저하게 배워라! 그것이 진정으로 파라과이를 위하는 일이다.

알토 파라나 센터는 운영을 도와주던 브라질 인들이 떠나면서 제대로 관리되지 못했다. 지금은 소장 이하 교사들이 훈련 수준을 높이기 위해 열심히 노력하는 중이다.

네 나중은
창대하리라!

2017년 3월 12일

에르난다리아에서의 교육을 마치고 바로 다음 목적지인 시우다 델 에스테(CDE)로 이동했다. 시우다드 델 에스테에는 소나 프랑카 글로발(Zona Franka Global) 공단이 설치되어 있다. 공단 지역은 자유 무역 지구로 지정되어 있고 공단에는 산업, 상업, 물류 및 서비스 분야 등 다양한 업종의 기업들이 입주해 있다.

이 공단 안에 SNPP 훈련 센터가 자리 잡고 있다. 소나 프랑카 글로발 센터는 지난해 4월부터 공단 안에 강의실 한 개를 확보하여 산업용 미싱 교육을 하고 있었다. 아침 일찍 도착하니 SNPP 본부의 재정 담당관 알도(Aldo)가 회계 업무 점검 차 나와 있었다. 알도는 지난해 내가 가르쳤던 본부 간부 중 한 명이다. 성실하고 경험이 많은 전문 행정가이다. 올해 SNPP의 예산 편성 잘못이 드러나고 회계 부정 사건이 잇달아 발생하자 전국 센터를 순회하며 현장 확인 작업을 하고 있었다. 다음 목적지가 살토 델 과이라 센터라고 하기에 이틀 전 그곳을 다녀온 분위기를 솔직하게 전달했다.

간단한 설명을 마친 호르헤 루이스(Jorge Luis Cantuni) 소장은 우리를 15km 떨어진 밍가 과수(Minga Guazú)로 안내했다. 밍가 과수에는 2016년 10월 예능 및 기능 학교(la Escuela de Artes y Oficios de la ciudad de Minga Guazú,)가 문을 열었다. SNPP는 밍가과수 시청과 협약을 맺

고 이 학교 교실을 활용해 지역 청소년들을 위한 직업 훈련을 하고 있었다. 가정 의류, 가정용 전기 기술, 마케팅, 미용 강좌 등 5개 강좌를 개설하거나 개설 준비 중이다.

호르헤 소장은 아주 긍정적인 사람이었다. 다른 센터에서는 "행정 요원이 2명밖에 없어서 일하기가 매우 어렵다"라고 말했지만, 여기서는 "행정 요원이 2명이나 있어 커다란 힘이 된다"라고 표현했다. 다른 센터에서는 "오래된 교사들이 매너리즘에 빠지고 새로운 지식을 익히지 않아 제대로 가르치지 못한다"라고 했는데 여기서는 "경험이 많고 노련한 교사가 있어 교육이 원만하게 진행된다"라고 이야기했다.

다른 곳에서는 "센터 운영에 지나치게 정치인들이 개입하여 자율적으로 운영하기 어렵다"라고 하는데 여기서는 "시장과 하원 의원이 관심을 두고 도와줘서 기자재를 확보하거나 새로운 강좌를 비교적 수월하게 개설할 수 있다."라고 했다.

루이스 소장은 의욕적으로 훈련 센터 확장을 추진하고 있었다. 이번에는 우리를 마리아 아욱실리도라 기술학교(Colegio Técnico Salesiano María Auxiliadora)로 안내했다. 용접, 선반, 컴퓨터 수리, 산업 디자인 등 각종 수업이 이루어지는 현장을 보여 주었다.

이 학교는 이 지역에서 유일한 기술 학교이며 각종 실습 장비를 비교적 잘 갖춘 곳이다. 소장은 이 학교의 교실과 장비를 활용하여 야간에 직업 훈련 강좌를 개설할 계획을 추진하고 있었다. 이 학교와 지원 협정 체결을 준비 중이며 수업료를 얼마나 받을

지, 교사들을 어떻게 확보할지, 비용 부담을 어떻게 정할지를 학교 측과 협의 중이라고 했다.

여기서도 토론은 활발했고 교사들은 지나칠 정도로 솔직하게 의견을 개진했다. 그중에는 우리의 상식으로 이해하기 어려운 내용도 많이 있었다. 조금만 관심을 기울이면 바로 해결할 수 있는 간단한 문제들을 고민하고 있었다.

"교육 과정을 마친 후 수료증을 받기까지 너무 많은 시간이 걸린다. 본부에 수료증을 언제 줄 거냐고 문의하면 종이가 없어서 인쇄를 못 하고 있다고 말하는 경우도 있었고 청장의 사인을 받지 못해 줄 수 없다고 하는 경우도 있었다. 그러다 보니 수료 후 3개월 정도 지나서 수료증을 받는 것이 보통이다. 수료자들에게 수료증을 더 빨리 주어야 한다.

각 강좌별로 상세한 자격 요건이 명시되어 있다. 하지만 원서를 접수 받는 직원이 이를 잘 모르고 접수하는 경우가 많다. 심지어는 저녁에 근무한 직원은 알고 있었는데, 아침에 근무하는 직원은 모르고 있는 경우도 있었다.

학생 모집 안내와 홍보에 문제가 많다. 안내 홍보물에는 자격 요건, 강좌의 개설 일시, 기간, 장소 등이 자세히 나와 있어야 하는데, 그렇지 않은 경우도 많다. 직원들이 성의가 없어서 적당히 안내하고 만다. 강의 제목만 써서 테이프로 붙이는 경우가 있는가 하면, 흰 종이에 볼펜으로 쓴 것을 그대로 복사해서 벽에 붙이는 경우도 있었다.

SNPP 본부에는 갖가지 안내물을 작성하는데 필요한 표준 양식을 갖추고 있다. 소프트웨어를 설치하면 완벽하게 그리고 예쁘게 편집할 수 있다. 그런데도, 이것은 내 일이 아니지 하는 생각에 우리는 아무도 관심을 두지 않았다. 오늘 특강을 들으면서 우리의 잘못된 태도를 볼 수 있었고 부끄러웠다.

소장이나 시장은 학생들이 찾아 오면 무조건 접수하라고 하는데, 그래서는 안 된다. 그 수업이 나중에 없어지거나 개설 안된 경우가 있는데 무조건 접수받았다가 나중에 강의가 폐강되어 학생들이 당황하고 어이없어하는 경우도 보았다.

SNPP는 원래 18세 이상을 기준으로 하고 있으므로 18세 미만 어린아이들을 접수시키면 안된다. 그런데도 접수를 받고 있다. 공부할 수는 있지만, 나중에 SNPP 본부에서 자격 미달로 수료증을 주지 않는다."

토론을 들으면서 실소가 나왔다. 하지만 이런 기초적인 문제조차 해결하지 못하고 있는 곳이 지방의 훈련 센터이다. 이것이 그들의 수준이고 당면한 현실이다.

하지만 뜻이 있는 곳에 길이 있는 법이다. 소장 이하 구성원들이 지금처럼 긍정적이고 열정적인 자세로 일한다면 멀지 않아 큰 변화가 있을 것이다. 지금처럼 시청과 지역의 학교, 그리고 기업들이 직업 훈련의 중요성을 인정하고 힘을 합쳐 나간다면 소나 프랑카 센터는 시우다 델 에스테 지역에서 정말 필요한 센터가 될 것이다.

"네 시작은 미약하지만 네 나중은 크게 창대하리라!"-욥 8장 7절

소나 블랑카 센터에서는 이 지역 기술 고등학교의 시설과 장비를 활용하여 야간에 직업 훈련 과정을 개설할 준비를 하고 있었다.

시우다 델 에스테에는 소나 프랑까 글로발이라는 산업 물류단지가 조성되어 있고 이 단지 안에 SNPP 훈련 센터가 자리 잡고 있었다.

새로운 시도를 하는
작은 센터

야뜨따으 센터(CFCP de Yatytay)에서는 이웃한 마리아 아욱실리도라(CFCP de María Auxiliadora)센터의 직원과 합동 교육을 실시했다. 야뜨따으의 후안 몬티엘(Juan Montiel) 소장과 마리아 아욱실리도라의 호르헤 다리오(Jorge Dario) 수석교사는 진행 요령을 숙지하고 교육 준비를 끝내놓고 있었다. 더 이상 확인하거나 설명할 필요가 없었다. 대신 그들은 어려운 지역 사정과 훈련 현실을 솔직하게 이야기했다.

"우리는 우리가 살고 있는 이 지역을 더 사랑하고 소중히 여겨야 한다. 예전에는 이 지역에 50년 이상 살아가는 사람들도 많았는데 지금은 기회만 있으면 떠나가고 있다. 토박이가 줄어들고 있다.

우리는 SNPP 구성원으로서 우리 조직에 충실해야 한다. 모처럼 키워 놓은 우수한 교사들이 돈 몇 푼 더 준다고 아르헨티나나 다른 나라로 훌쩍 떠나는 것을 보면 안타깝기 그지없다.

이 지역 사람들은 교육 수준이 낮다. 초등학교 저학년도 다니지 못한 사람들이 대부분이다. 제대로 읽고 쓰지 못하는 사람들에게 직업 훈련을 하고 가르치는 것은 참으로 어렵다. 하지만 우리가 찾아가야 하고 친절하게 대해야 하며 깨우쳐야 한다. 빈민 지역인 아센타미엔토에서 하는 수업은 힘들기도 하지만 보람도 있다. 훈련 장비들이 너무 낡고 구형이라 교체해야 하지만 그렇게 하지 못하고 있다. 여기서 구식 장비로 교육을 받고 현장에 나가 보면 거기에는 완전히 다른 기술의 현대적인 장비가 들어와 있다. 사회 변화에 뒤떨어진 교육을 할 때가 많다.

SNPP 수료증이 있으면 신용 등급이 올라가 은행(Crédito Agricola de Habilitación) 융자를 받기가 수월하다. 자영업을 시작할 때 도움을 받을 수 있다. 그런데 대부분 사람이 이런 사실을 모르고 있다. 우리는 SNPP 훈련에 대한 홍보를 더 강화할 필요가 있다."

SNPP 훈련 센터에서 관광 강좌를 개설하는 경우는 거의 없다. 그런데 마리아 아욱 실리도라 센터에서 작년에 처음으로 관광 교육 과정을 개설했고 첫 번째 졸업생을 배출했다. 담당 교사가 졸업생들과 함께 폭포를 비롯한 이곳의 자연과 스페인 정복 시대 문화유산을 연결하는 지역 최초의 관광 패키지 프로그램을 준비 중에 있었다. 이런 이야기를 듣고 자투리 시간을 활용하여 이 지역의 관광지인 폭포 두 곳을 둘러보았다.

시우다 델 에스테에서 가까운 곳에 있는 몬다의 폭포는 40m의 낙차에다 상당한 수량을 자랑한다. 하지만 이과수 폭포에 가려져 이 폭포의 존재를 아는 사람도 찾는 사람도 많지 않았다.

먼저 몬다의 폭포(Salto Monday)를 찾아갔다. 몬다의 폭포는 시우다 델 애스테시의 중심에서 10km 떨어진 곳에 있다. 입장권을 사고 공원 안으로 들어가니 폭포에서 쏟아지는 물소리가 사자의 포효처럼 들려왔다. 40m 낙차의 세 개의 폭포에서 엄청난 양의 황토물이 쏟아지고 있었다. 대단한 절경이자 장관이었다.

폭포 주변은 원시의 밀림이었다. 폭포 공원은 캠핑 시설에다 산책로, 식당과 화장실 등 편의 시설을 갖추고 있었다. 최근에는 아래쪽에서 위를 쳐다보며 떨어지는 물줄기를 즐길 수 있도록 40m 높이의 엘리베이터를 설치하여 일반 관광객들이 폭포 아래쪽으로 접근할 수 있도록 했다. 폭포 옆 절벽에서는 암벽 등반을, 폭포 아래에서는 카누를 비롯한 수상 스포츠를, 그리고 주변 숲에서는 트레킹을 비롯한 산악 스포츠를 즐길 수 있다.

폭포 공원은 오전 7시 30분부터 오후 6시까지 개방한다. 입장료는 성인 기준 1만 2천 과라니이고. 외국인들에게는 6달러를 받았다. 이곳은 이따이뿌 댐 다음가는 파라과이 최고의 명소이지만 가까운 곳에 있는 이과수 폭포에 가려져 외국인 관광객은 거의 찾아 오지 않는다. 학생들이 소풍을 오거나 현장 학습을 하는 장소로 이용한다. 우리가 방문했을 때는 관광객이 단 한 명밖에 없었다.

템베의 폭포는 캠프와 물놀이에 최적인 곳이었다. 하지만 포장되지 않는 도로에다 대중 교통조차 연결되지 않아 찾아가기가 쉽지 않았다..

물의 입술이란 이름을 가진 뗌베의(Salto Tembey) 폭포도 훌륭한 관광 자원이었다. 야뜨따의 중심에서 약 10km 떨어진 곳에 있었다. 낙차는 크지 않았지만, 수량은 풍부했고 폭포 아래 한쪽 편에 커다란 자연 동굴이 보였다. 며칠 전 많은 비가 내려 시뻘건 황토 물이 거칠게 쏟아지고 있었다. 하지만 평소에는 설악산처럼 맑은 물이 흘러 계곡 전체가 물놀이 장소로 변한다고 했다.

폭포 주변은 생태 공원이었다. 폭포 아래서는 보트를 즐길 수 있었고 폭포 옆으로는 자전거 길이 나 있었으며 배구장, 축구장, 그리고 캠핑 시설이 있었다. 입장료는 없었고 음식을 사먹을 곳이 없었다. 소풍이라도 오려면 음식을 가지고 와야 했다. 대중교통이 연결되지 않아 10여km 비포장도로를 따라 힘들게 찾아가야 했다. 우리가 방문했을 때는 단 한 명의 관광객도 없었다.

잠깐 살펴본 파라과이 관광은 이제 막 시작하는 단계였다. 전반적으로 관광에 대한 인식이 부족했고 관심도 부족했다. 잠재적 관광 자원을 가지고 있지만 이를 개발하지도 활용하지도 못하고 있었다. 관광지까지 가는 도로가 불편했고 대중교통편이 없었다. 편의 시설이 부족하며 숙박 등 기본 인프라를 갖추지 못했다. 스토리텔링을 통한 적극적 홍보는 생각하지 못하고 있었고 체계적인 패키지 프로그램도 개발하지 못하고 있었다.

하지만 발전 가능성은 충분하다. 다행히 마리아 아욱 실리아도라 센터에서 관광 프로그램 개발에 관심을 보이고 있다. 이런 작은 시도가 장기 발전의 단초가 될 수 있을 것이다. 시골의 이 작은 센터가 관광 자원을 개발해 보겠다고 나서는 상황이라면 다른 지역에서도 곧 따라나설 것이다. 시골 센터의 이 작은 시도가 파라과이 국내 관광의 발전을 견인하는 중요한 모멘텀이 되기를 기대한다.

야뜨따의 센터에서는 이웃한 아욱실리도라 센터 교사와 직원들과 합동 교육을 했다. 강의가 끝나고 두 센터의 교사들이 둘러앉아 훈련 개선 방안을 토론하고 있다.

53 엔까르나시온

아름다운
축제의 도시!

2017년 3월 5일

"남쪽의 진주인 엔까르나시온(Encarnación)은 파라과이에서 가장 매력적인 도시이다. 파라과이에서 가장 성대한 카니발 축제가 열리는 곳이다. 아름다운 강변 백사장에다 환상적인 산책로를 갖춘 강변 공원인 코스타네라가 조성되어 있다. 파라과이의 리오 데 자네이로 라고 하기도 하고 여름철 수도라고 불리기도 한다."-〈Lonely Planet 인터넷판〉

14만 5천 명의 인구를 가진 엔까르나시온은 이따이뿌 데파르타멘토의 수도이고 파라과이 제3의 도시이다. 아순시온에서 남쪽으로 365km 떨어져 있다. 엔까르나시온은 야스레따 댐이 만들어낸 아름다운 호수가 있는 관광 도시이다. 호수 건너편은 아르헨티나의 포사다스(Posadas)이다.

엔까르나시온은 파라과이의 첫 번째 성인인 예수회 신부 산

로께 곤살레스(San Roque González de Santa Cruz)가 세운 도시다. 1615년 3월 25일 창립되어 창립 402주년을 자랑하는 자부심 넘치

이따뿌아(Itapúa) 데파르타멘토는 30개의 행정 구역으로 나뉘어 있고 인구는 60만 명에 가깝다. 주도는 엔가르나시온이다.

6. 변방 지역 속사정은 어떠할까? _ 319

는 도시다. 콘살레스는 애초에 현재의 포사다스 지역에 레둑시온을 건설하였다. 하지만 포르투갈의 악명 높은 노예 사냥꾼들이 계속 공격해 왔고 온갖 질병에도 시달려야 했다. 게다가 과라니인들이 레둑시온에 참여하기를 꺼리는 바람에 어쩔 수 없이 파라나 강을 건너 현재의 엔까르나시온 지역으로 옮겼다. 그리고 이곳에 성당을 짓고 5,000명 가까운 과라니인들이 거주할 수 있는 레둑시온을 건설하였다.

1767년 예수회가 축출되면서 한동안 방치되고 버려졌던 엔까르나시온은 1840년에서 1850년 사이에 유럽 이민자들이 대거 유입되면서 새롭게 번성하기 시작하였다. 1911년에는 아르헨티나와 연결되는 철도가 부설되었고 포사다스를 오가는 선박이 취항하였다. 1990년에는 엔까르나시온과 포사다스를 연결하는 2,550m의 교량이 건설되었다. 국경을 마주한 아르헨티나의 포사다스와 파라과이의 엔까르나시온은 아주 긴밀한 협조 관계를 자랑한다.

깨끗하고 아름다운 강변 공원 코스타네라는 엔까르나시온 최대의 자랑거리다. 1973년 파라과이와 아르헨티나는 파라나 강에 야쓰레타(Yacyretá) 댐을 건설하기로 합의하고 양국이 절반씩 지분을 갖는 EBY(Entidad Binacional Yacyretá)라는 회사를 설립하였다. 야쓰레타 댐은 1983년 건설에 착수하여 1998년 준공되었다. 댐이 건설되면서 강의 수위가 해발 86m까지 높아졌고 엔까르나시온 앞에는 거대하고 아름다운 호수가 생겨났다.

엔까르나시온의 강변 저지대에 있던 상업 지역은 모두 물에 잠겼다. EBY는 댐 건설로 수몰되는 상인과 주민을 보상하기 위하여 다양한 지원 사업을 하였다. 그중의 하나가 엔까르나시온 코스타네라 건설 사업이다. 코스타네라는 27km에 이르는 강변 도로에다 산 호세(San José)를 비롯한 여러 개의 강변 백사장, 그리고 산책로를 갖춘 아름다운 잔디 공원으로 구성되어 있다.

여름 휴가철에는 수많은 사람이 이곳 코스타네라를 찾아온다. 매년 2월에는 파라과이 최대의 축제 엔까르나시온 카니발(Carnival Encarnaceno)이 열린다. 유럽식 축제인 엔까르나시온 축제는 1916년 철도(Ferrocarril Carlos Antonio López)가 놓이고 이탈리아 사람들을 주축으로 유럽 이민자들이 들어오면서 시작되었다. 처음에는 남자들만 행진했고 아름답게 장식을 한 차들이 뒤를 이었다.

축제는 파라과이 정국이 불안했던 차코 전쟁 시기에 중단되었다가 1936년 다시 시작되었다. 가장 인기를 끄는 것은 클럽별로 참여하여 우승을 다투는 가장행렬이다. 이들 퍼레이드에는 15개 이상의 다양한 민족이 참여하고 있다. 1950년대를 지나면서 코르시카 여성들이 아름다운 전통 복장을 하고 우아하고 아름다운 춤을 추었고 이후 이들은 축제의 중심이 되었다.

이 축제는 금요일 한번, 토요일 다섯 번 모두 여섯 차례 12,000명이 들어갈 수 있는 삼보드로모 시민 센터에서 열린다. 매년 10만 명 이상의 관광객들이 이 축제를 즐기려고 몰려든다. 이때는 이웃 도시 포사다스에서 넘어오는 차량이 8km의 긴 행렬을 이루는 장관을 연출하기도 한다. 축제 기간에는 54개 호텔에 3,600개의 객실이 가득 차고 코스타네라를 중심으로 들어선 70여 개의 식당은 관광객들로 넘쳐난다.

하지만 이 아름다운 도시도 파라과이의 고질병인 부정부패의 고리에선 벗어나지 못하고 있다. 2017년 엔까르나시온 시청을 감사한 결과 2013년과 2015년 사이 4명의 시장이 거쳐 가는 동안 부적절한 지출이 많이 생겼고, 특히 선거 기간 동안 많은 양의 유류를 부정하게 사용한 사실이 적발되었다. 방만한 재정 운영으로 2014년과 2015년 사이에는 시의 부채가 421%나 늘어났고 이 여파로 엔까르나시온 시가 파산 상태에 직면하게 되었다. 그러자 시민 단체가 나서서 이런 부정을 저지른 사람들이 아무런 처벌도 받지 않고 그냥 넘어가는 일이 있어서는 안 된다고 목소리를 높이고 있다.

SNPP 이따푸아 센터(Regional Itapúa del SNPP)는 엔까르나시온에서 48km 떨어진 코로넬 보가도(Coronel Bogado)에 있었다. 엔까르나시온에도 2016년 작은 훈련 센터 하나를 설치하였다. 코로넬 보가도에서는 이 두 개 센터와 이 지역 노동사무소 직원까지 함께 교육을 했다.

코로넬 보가도 센터는 코로넬 오비에도의 센터와 함께 파라과이 최고의

코로넬 보가도에서는 3개 기관을 한 자리에 모아 교육을 했다. 세 명의 소장들은 서로를 의식하면서 경쟁적으로 발표했다.

지방훈련센터였다. 여러 개의 강의실을 갖추고 다양한 강좌를 개설하고 있다. 뻬드로 말가레호(Pedro Melgarejo) 소장은 자부심과 자랑을 가득 담아 센터를 소개하였다. .

대부분 훈련 교사들은 전문성을 갖추었고 교수 방법에 관한 전문 교육을 받았다.

"광범위하게 인프라를 갖추고 있으며 기동력을 갖추고 있다. 행정 공무원이 우수하고 훈련생들에게 편리하도록 운영시간을 탄력적으로 정하고 있다.

대부분 강좌는 무료이며 시민들은 훈련 센터에 대해 좋은 이미지를 갖고 있다. 이따뿌아 주 정부와 자치 단체들이 협정을 맺고 도움을 주고 있고 민간기업과 시민 단체들과는 지원 협정을 맺고 있다.

직업 훈련을 받고 싶어 하는 젊은이들이 많다. 민간 기업들이 종업원들을 훈련시키고 싶어 하며 이곳에서 훈련받은 사람들을 먼저 채용한다."

여기서는 세 명의 소장들이 서로를 의식하고 발표 경쟁을 했다. 세 사람이 발표해야 하기에 각자 조금 짧게 발표해 달라고 요청했지만, 이들은 조금도 양보하지 않았다. 참석한 교사들을 의식한 듯 최선을 다해 자기 기관을 소개하고 자기들의 활동을 자랑했다. 파라과이에서는 좀처럼 보기 드문 적극적인 모습이었다.

정당 행사에
동원되는 공무원들!

2017년 4월 8일

2015년은 프랑스인들이 파라과이에 이민을 온 지 150년이 되는 해이다. 프랑스인들은 스페인어를 쓰지 않는 민족으로서, 파라과이를 찾은 첫 번째 이민자들이었다.

스페인으로부터 독립한 이후부터 파라과이는 줄곧 외국인에게 문호를 개방했다. 초대 대통령 프란시아(José Gaspar Rodríguez de Francia)는 독립을 유지하고 외세로부터 나라를 지키기 위해 쇄국 정책을 펼쳤다. 하지만 2대 대통령 카를로스 안토니오 로페스(Grabado de Carlos Antonio López)가 집권하면서 적극적인 대외 개방 정책으로 전환하였다. 선진 문물을 가진 유럽인들을 이주시켜 농토를 개발하고 미개척 지역에 사람을 살게 하며 산업을 발전시키려는 목적에서였다.

그 시작은 프랑스인들을 초청하여 프랑스의 농업 식민지를 건설하려고 한 것이다. 지금부터 163년 전인 1853년, 대통령의 아들이자 여단장이었던 프란시스코 솔라노 로페스(Francisco Solano Lopez)는 영국, 프랑스, 프러시아 등 유럽 국가를 방문했다. 외교 관

프레시덴떼 아예스(Presidente Hayes) 데파르타멘토는 파라과이 차코로 가는 관문 지역이다. 72,907km²에 12만 명이 살고 있다.

계를 수립하고 군함과 무기를 사들이기 위해서였다.

프랑스 문화에 매료되었던 그는 파라과이로 이민을 오는 프랑스인들에게는 1,000~2,000ha의 땅을 주겠다고 약속하였다. 그리고 프랑스 정부와 차코 지역의 관문인, 지금의 비야 아예스(Villa Hayes) 지역에 프랑스 식민지 누에바 부르데오(Nueva Burdeos)를 건설하는 협정을 체결하였다.

그는 1855년 5월 13일 유럽에서 구입한 군함 타꾸아리(Tacuary) 호를 타고 돌아왔다. 프랑스인 아내 엘리사 린치(Elisa Alicia Lynch)와 파라과이에 정착할 프랑스 농민 200명과 함께였다. 프랑스 이민자들의 파라과이 입국 항해는 라플라타 강(Río de la Plata) 항로를 여는 상징적 행사였다. 바다가 없는 파라과이에 바다로 연결되는 유일한 뱃길은 파라과이 강을 거쳐 우루과이와 아르헨티나 사이에 있는 라플라타 강으로 나가는 것이다. 당시 20년 동안이나 라플라타 강 항로가 봉쇄되어 있었기에 프랑스 이민자들은 이 뱃길을 여는 상징적인 항해를 즐기면서 화려하게 파라과이로 들어왔다.

하지만 프랑스 사람들에게 파라과이는 기회의 땅이 아니었다. 그들은 거친 기후와 열악한 환경에 전혀 적응하지 못하였다. 불과 몇 달이 지나지 않아 농업 식민지 건설을 포기해야 했다. 프랑스의 유명한 포도 재배 지방 보르도의 이름을 딴 누에바 부르데오란 도시 이름도 비야 옥시덴타(Villa Occidenta)로 바뀌었다. 이로 인해 프랑스와 파라과이 사이에는 심각한 외교적 갈등이 일어났다. 우여곡절 끝에 당시 이주해 왔던 프랑스인들은 일부만 남고 대부분은 고향으로 돌아가 버렸다. 파라과이의 첫 이민 사업은 실패였고 식민지는 제대로 건설되지 못했다.

3국 동맹 전쟁이 한창이던 1869년 아르헨티나 군대는 비야 옥시덴탈로 개명한 이 도시를 점령하였다. 전쟁이 끝난 후 아르헨티나는 차코로 가는 관문인 이 지역을 자국 영토로 편입하려 하였고 이때 미국 대통령 러더포드 헤이스(Rutherford Birchard Hayes)가 중재에 나서 이를 막아 파라과이 영토로 남게 되었다. 파라과이는 이 지역을 지켜 준 미국 대통령에 대한 고마움을 기리고자 이 주의 이름을 프레시덴떼 아예스(Presidente Hayes)로, 주의 수도를 비야 아예스(Villa Hayes)로 개명하였다.

비야 아예스 지역의 소유권을 둘러싸고 치열한 외교전을 벌일 때 미국 대통령을 논리적으로 설득하여 이 지역을 파라과이 영토로 귀속시킨 파라과이 측의 협상 대표는 벤하민 아세발(Benjamin Aceval) 이었다. 이 외교관의 업적을 기려 비야 아예스와 인접한 행정 구역은 벤하민 아세발로 명명되었다. 이 지역은 프란시스코 로페스 대통령의 부인이었던 엘리사 린치가 휴가를 보내던 휴양지로도 잘 알려져 있다.

프레지덴테 아예스 데파르타멘토의 훈련센터(Regional Bajo Chaco)는 벤하민 아세발에 있다. 4월 3일 아침 러시아워를 피해 이른 새벽 아순시온에서 출발하여 7시경에 이곳에 도착했다. 소니아 까로리나(Sonia Carolina Monzón Bazán) 소장과 이것저것 의견을 나누며 필코마요 센터와 노동사무소 참석자들을 기다리고 있는데 소장이 강의 준비를 할 기미를 보이지 않았다.

컴퓨터와 빔프로젝터가 제대로 작동하는지 테스트해보자고 했더니 강의 시간이 오후가 아니냐고 반문을 했다. 전화로, 메일로 그리고 SNS를 통하여 일정을 통보했음에도 그녀는 교육 시간을 오후로 착각하고 있었다. 그러면서 태연하게 아무런 문제가 없을 거라면서 그제야 교사들에게 SNS로 변경된 시각을 통보했다.

30분 후 노동사무소장이 도착하고 필코마요 직원들이 도착했지만 필코마요 센터의 소장 안토니오 고메스(antonio gomes)는 나타나지 않았다. 전화해도 받지 않더니 잠시 후에 콜로라도 당 정당 행사에 참석하라는 통보를 받았다면서 오늘 교육에 참석할 수 없다는 문자를 보내 왔다. 교육을 시작하려는데 이번에는 소니아 까로리나 소장이 자기도 방금 연락을 받았다면서 콜로라도 당 행사에 참석해야 한다고 했다.

스트로에스네르의 34년 독재가 무너지고 난 후 1992년 만들어진 파라과이 헌법은 대통령의 연임이나 중임을 허용하지 않고 있다. 하지만 내년에 임기가 끝나는 오라시오 까르테스 대통령은 자신의 재집권을 위해 헌법 개정을 시도하고 있다. 탄핵으로 물러난 전 대통령 루고도 재출마 욕심에 헌법 개정을 지지하

오라시오 까르테스 대통령은 4월 17일 아순시온 대주교에게 2018-2023년 임기의 대통령 선거에 출마하지 않겠다고 약속하는 서한을 보냈다.

고 있다.

하지만 개헌에 대한 국민 여론은 좋지 않다. 파라과이인들의 약 80%가 헌법 개정을 반대하고 있다. 헌법을 개정하면 독재 체제로 회귀할 것이라고 우려하고 있다. 많은 사람은 "오라시오 까르테스 대통령이 친기업 정책을 추진하면서 어렵고 힘든 빈민들을 외면하고 있다"면서 연임을 바라지 않는다고 했다.

몇 달간의 막후 작업 끝에 지난 3월 말 집권당인 콜로라도 당은 일부 야당 의원들과 손을 잡고 대통령 연임과 중임을 허용하는 헌법 개정안을 상원 본회의에 상정하였다. 야당 의원들은 헌법 개정 추진을 쿠데타라고 규정하고 민주주의를 말살하는 폭거라며 반대했다. 또한, 콜로라도 당이 찬성표를 얻기 위해 상원의원들을 돈으로 매수했다고 비난했다. 만일 무리하게 표결을 시도한다면 파라과이의 민주주의를 수호하기 위하여 물리적인 반대 운동에 나서겠다고 공언했다.

3월 31일 상원은 삼엄한 경비 속에 회의실을 옮겨가며 비공개로 회의를 열었으나 온갖 욕설에다 고성과 몸싸움이 난무하는 등 정상적인 표결이 어려운 상황이 되었다. 표결이 어려워지자 콜로라도 당은 거수 방식으로 표결 방식을 변경하여 투표를 실시했고 연임개정안(LA ENMIENDA DE LA CONSTITUCIÓN)은 상원의원 45석 중 과반수를 넘는 25명의 찬성으로 가결되었다. 아직 하원의 승인을 받는 절차가 남아 있지만 하원은 대통령의 친위 세력이 다수를 장악하고 있다.

대통령의 재선을 허용하는 헌법 개정안에 대한 표결 사실이 알려지자 시위 군중들이 의사당 주변으로 몰려들었다. 경찰은 최루탄과 물대포, 그리고 고무탄으로 이들을 저지했으나 역부족이었다. 시위대는 저지선을 무너뜨리고 국회 의사당 건물에 난입하여 유리창을 깨고 집기를 부수고 사무실에 불을 질렀다. 정치인들과 기자, 경찰관을 비롯한 많은 사람이 다쳤다. 그리고 야당 청사로 진입한 경찰의 총탄을 맞고 한 청년은 목숨을 잃었다.

유혈 충돌에도 불구하고 까르테스 대통령은 단호했다. 시위에 제대로 대처하지 못한 내무부 장관과 경찰청장을 즉각 경질했다. 그리고 트위터를 통해 국민들에게 메시지를 보냈다.

"민주주의는 폭력으로 지켜지거나 무너지는 것이 아니다. 정부는 질서를 유지하기 위해 최선을 다할 것이다. 정부는 소수의 야만인들이 평화와 안정, 그리고 파라과이 국민들의 일반적 복지를 파괴하는 행위를 절대 허용하지 않을 것이다."

콜로라도 당은 루고가 집권했던 4년을 제외하고 70년째 권력을 유지하고 있다. 그리고 그 세력은 파라과이 공무원 사회 전반을 장악하고 있다. 고위직 공무원은 물론이고 지방의 하위직 인사까지도 개입하여 절대적 영향력을 미치고 있다.

파라과이는 대통령 재선을 위한 헌법 개정을 시도하면서 지방의 훈련센터 소장까지도 집권 정당의 회의에 참석시키고 적극 찬성하도록 교육하고 있다. 일반직 공무원의 정치 활동 참여나 특정 정당의 공무원 인사 개입이 우리들의 눈에는 이상하게 보이지만 이들은 당연하고 극히 정상적인 일로 생각한다.

두 명의 소장이 교육에 참석하지 못해 수석 교사들이 대신 현황을 보고하고 토론을 진행했지만 교육은 차분하게 이루어졌다. 여러 가지 문제가 논의되었고 실질적인 토론도 이루어졌다.

이 센터에서 가까운 곳에는 두 곳의 빈민촌과 세 곳의 인디언 마을이 있다. 센터에서는 인디언 원주민들을 위해 미용 교실과 제빵 강좌를 개설하고 있다. 인근 군부대 40명의 병사들을 위해 개설한 채소밭 가꾸기, 농업 트랙터, 농장 관리 수업 또한 인디언들에게 유익한 수업이지만 인디언들은 거리가 멀다는 이유로 참여하지 않는다고 했다.

인디언들은 교육받기를 싫어한다. 특히 수십 시간 계속되는 강좌에는 거의 참여하지 않는다. 제대로 된 훈련을 받지 않다 보니 기술이 부족하고 전문성이 떨어진다. 기술이 없으니 취업을 해도 상대적으로 적은 보수를 받을 수밖에 없다. 기업인들은 낮은 임금에 기술이 부족한 인디언들을 고용하기보다는 더 높은 임금을 주고라도 기술이 있는 브라질 사람들을 채용하기를 선호한다.

어딜 가나 그렇듯이 여기서도 수업에 필요한 물품이나 실습 재료 확보가 문제였다. 인디언들은 교육 물품이나 재료를 구입할 여력이 없기 때문에 외부 지원이 없으면 수업 개설 자체가 불가능하다. 여기서는 수녀회를 비롯한 민간단체의 지원을 받아 강의를 개설했다.

이 센터에서는 일부 수업을 유로로 진행하고 있다. 비서 과정과 경리 과정은 1만 과라니, 용접 수업은 8만 5천 과라니를 받고 있었다. 미용 교실의 경우 5만 과라니(1만원) 정도만 받아도 필요한 재료와 물품을 사서 제대로 실습할 수 있다고 했다. 하지만 무료 강좌를 하라고 하면서 필요한 재료를 지원하지 않으니 수업의 질이 떨어질 수밖에 없다고 하소연을 했다.

필코마요 센터에서는 멀리 떨어진 곳에 사는 한 교사가 아예 실습 장소 근처에 집을 얻어 주민들과 함께 생활하면서 영농 지도를 하고 있었다. 집집마다 찾아다니며 가르친 덕분에 현재까지 30개의 채소밭을 새로 일구었다. 담당 교사는 비록 힘은 들지만, 텃밭을 가꾸고 가축을 길러 주민들의 살림이 나아지는 것을 보면서 자기 일에 보람을 느낀다고 했다.

비야 아에스 센터에서 교육을 마치고 사진을 찍었다. 교육에 참석하지 못한 두 명의 소장은 다른 센터에서 교육할 때 참석하도록 했다.

강의실에서
먹고 자면서!

2017년 4월 9일

비야 아예스에서 교육을 마치고 알토 차코 지역인 보케론 훈련 센터로 향했다. 아순시온에서 525km 떨어져 있는 마리스깔 에스띠가르비아(Mariscal Estigarbia)라는 곳이다. 이 훈련 센터는 2009년에 보케론 센터란 이름으로 문을 열었다. 마리시깔 에쓰띠가르비아와 로마 플라따(Loma Plata) 두 곳에 기반을 두고 직업 훈련을 실시해 왔지만 훈련 교사들을 구하지 못해 지난해 문을 닫았다. 그러다가 알토 차코 지역 훈련 센터란 이름으로 올해 다시 문을 열었다.

수도에서 멀리 떨어진 곳이고 변방이라 훈련 강사를 구하기가 정말 힘든 곳이다. 9명의 강사 중 6명은 외지에서 찾아온 사람들이었다. 4명은 사무실 한쪽에 침대를 갖다 놓고 숙식을 하며 생활하고 있었고 다른 2명은 인근 군부대 숙소에서 생활하고 있었다.

교사들 중에는 특별한 사연을 가진 사람도 몇몇 있었다. 그 중한 사람은 70이 넘은 분이었다. 젊은 시절, 독재자 스트로에스네르가 브라질과 이따이뿌 댐을 건설하면서 파라과이에게 너무나 불평등한 계약을 맺는 것을 보고 불평을 했더니 반정부 인사로 낙인 찍혀 미행과 감시를 당했다고 했다. 도저히 파라과이에서 살수가 없어 아르헨티나로 피신했고 거기서 인연이 닿아 러시아로 건너가서 화학을 전공했다고 한다. 대학 졸업 후에는 프랑스로 가서 석유 관련 공기업에서 근무했으며 쿠웨이트 유전에서 대형 화재가 발생하자 화재 진압 특수 요원으로 중동으로 파견되어 몇 년을 근무했다고 한다.

그는 러시아어와 프랑스어에 능통한 플라스틱 분야 전문가였다. 하지만 인생이란 그렇게 호락호락한 것이 아닌 모양이다. 70이 넘은 지금 이 먼 곳 보케론으로 와서 군부대 막사에서 혼자 살면서 청년들에게 초보 건축 기술을 가르치고 있었다. 플라스틱 냄새에 진절머리가 나고 원시가 살아 있는 가시덤불 숲 차코에 무한한 가능성이 있을 것 같아 찾아 왔다고 했다. 하지만 은연중에 "다양한 경험을 가진 전문 기술 인재를 본부에서 활용하지 않고 이먼 곳 변방으로 보내 아까운 기술을 썩히고 있다."며 서운함을 드러냈다.

이 훈련 센터에는 단 한 대의 차량도 없다. 보케론의 면적은 91,699km²이다. 남한 면적의 90%가 넘는 광활한 지역이지만 겨우 6만 명 남짓한 사람이 살고 있다. 3km²당 겨우 두 명이 살 정도로 인구 밀도가 낮다. 사정이 이러하다 보니 지역을 연결하는 대중교통 시스템이 제대로 갖춰질 리가 없다. 하루에 겨우 한 번 이곳으로 오는 버스가 있을 뿐이다.

마리스깔 에스띠가르비아에 있는 알토 차코 훈련센터에서는 강사들이 사무실이나 강의실 한쪽 구석에 침대를 놓고 숙식을 해결하고 있었다. 차량이 없어 멀리 떨어진 장소까지 걸어가 강의한다고 했다.

지역이 넓다 보니 사람이 사는 마을이나 강의 장소도 여기저기 흩어져 있다. 먼 곳을 반복적으로 오가는 경우가 많아 자동차 연료도 많이 필요하지만 센터 전체를 통틀어 한 달에 겨우 80만 과라니(16만 원)을 지원해 주는 것이 고작이라고 했다. 강사들은 걸어서 혹은 지나가는 차량이나 오토바이에 함께 타면서 멀리 떨어진 강의 장소까지 가야 한다고 했다.

이 훈련 센터는 자기 건물도 없다. 버스터미널 부지에 있는 조그만 시청 건물을 임시로 사용하고 있다. 하지만 하반기에는 시청에서 정식으로 터미널을 운영할 예정이어서 곧 비워 주어야 할 처지다. 다행히 데파르타맨토 정부나 시청이 직업 훈련에 관심을 가지고 있으며 이들 정부가 소유한 부지를 제공할 의사가 있다고 했다. 부지를 제공받으려면 이들 행정기관과 SNPP 본부가 협약을 맺어야 하기에 본부에 이곳 사정을 이야기하고 도와 달라고 했지만 아무도 관심을 보이지 않고 있다고 했다. 까를로스 에스띠가르비아(Carlos Estigarribia) 소장은 본부로 돌아가거든 높은 분들에게 이런 사정을 꼭 전해 달라고 했다.

열악한 환경은 이뿐만이 아니었다. 훈련 장비와 훈련 공구도 거의 갖추지 못하고 있었고 인터넷이 제대로 연결되지 않았다. 속도가 늦었고 수시로 연결이 끊어졌다. 몇 대의 컴퓨터가 있었지만 낡을 대로 낡은 구형이었다.

무엇보다 어려운 것은 교육에 필요한 소모품이 없는 것이라 했다. 배관 설치 교육을 하면서 물의 흐름을 배수관(caño)을 통해 보여 주고 싶지만 배수관 모형조차 없어 그림을 그려 설명한다고 했다. 파이프(caño)를 자를 수 있는 도구조차 없다고 했다. 올해 51개 강좌를 개설할 계획이지만, 이런 상황에서 도대체 어떻게 수업을 할 수 있을지 궁금할 지경이었다.

보케론은 특별한 곳이다. 독일계 메노나이트들과 인디언들이 공존하는 곳이다. 메노나이트들이 사는 필라델피아, 노이란트, 로마 플라타 자치 지역은 파라과이에서 가장 부유한 지역이다. 메노나이트들의 평균 소득은 유럽 국가의 평균 소득에 근접한다. 이들은 최첨단 기술을 활용하여 가축을 기르고 우유를 생산 가공하고 체계적으로 방역을 한다. 전 세계로 콩과 소고기를 수출한다, 자체적으로 텔레비전 방송국을 운영하고 있고 인터넷과 휴대 전화를 일상적으로 사용한다.

반면 보케론은 파라과이 전체에서 인디언 인구가 가장 많은 지역이다. 보케론 인구의 44% 정도가 인디언이다. 인디언 지역은 환경이 열악하다. 필라델피아에서 150km 정도 떨어진 산악 지대에는 아직도 문명과의 접촉을 거부하는 아요레오(Ayoreos)족과 같은 원시 인디언들도 살고 있다. 많은 인디언은 극심한 가난과 결핵으로 고통받고 있으며 오염된 식수를 사용하고 있다.

알토 차코의 직원들은 다른 어느 센터보다도 어려운 상황에서 일하고 있었지만 그래도 일에 대한 열정과 사랑이 있었다.

다행히 메노나이트와 인디언들의 관계는 나쁘지 않다. 20세기 중반 메노나이트들이 차코에 도착하여 목화 재배를 시작했을 때 일손이 부족하자 인디언 노동자들을 고용하기 시작하였고 인디언 들의 자녀들에게 공부를 가르쳐주고 여러 가지 복지 혜택을 받도 록 했다. 그러자 주변에 살던 인디언들이 메노나이트 지역으로 몰 려왔고 인디언 인구가 늘어나기 시작했다.

요즈음도 이 지역에는 여기저기 새로운 마을이 형성되고 있다. 스위스, 이태리, 러시아 등 다양한 나라에서 다양한 직종의 사람들 도 찾아오고 있다. 현대식 기업들도 하나둘 입주하고 있다. 보케론 은 변방인 동시에 다양한 국적의 사람이 모이는 국제적인 곳이다. 현대 생활에 뒤처진 인디언과 현대적 자본과 기술력을 갖춘 유럽 인 출신들이 함께 살아가는 곳이다.

보케론 훈련 센터는 인디언을 비롯한 취약 계층을 대상으로 요리, 제빵, 옷 만들기 등 생활에 필요한 기초적인 기술을 가르치 고 있다. 현대적 훈련 장비도, 현대적 기술도 갖추지 못한 탓에 이 지역에 입주하는 기업이 요구하는 인력을 양성하기에는 역부족 이다. 배관, 전기, 건축 과정도 개설하고 있으나 그저 집을 수리하 거나 모터를 고치는 보조 기술자를 양성하는 수준에 머물고 있다. 첨단과 원시 사이에서 그 어느 쪽에도 큰 도움이 되지 못하고, 힘 들게 명목을 유지하고 있는 것이 보케론 훈련 센터가 처한 냉엄한 현실이었다.

음악가,
아구스틴 피오 바리오스의 고향!

2017년 4월 10일

보케론 센터에서 교육을 마치자마자 남쪽으로 700km를 달려 미시오네스 지역으로 왔다. 미시오네스 데파르타멘토는 예수회의 신앙공동체 마을인 레둑시온의 시발지이자 요람이다. 데파르타멘토의 수도는 아순시온에서 남쪽으로 196km 떨어진 곳에 있는 산 후안 바우티스타(San Juan Bautista)이다. 여기서 동남쪽으로 가면 엔까르나시온이고 서남쪽으로 가면 필라르이다.

미시오네스란 이름은 하나님의 복음을 전하는 사명이란 뜻을 가진 미시온(misión)에서 유래한 것이다. 예수회는 최초의 레둑시온을 브라질 땅 과이라에 건설했지만 1632년 이 레둑시온을 떼비꾸아르 강(Tebicuary)과 파라나 강(Paraná) 유역 사이로 옮기면서 이 지역이 레둑시온의 본 고장으로 자리 잡는다.

이곳을 중심으로 광범위한 지역에 30개의 레둑시온이 건설되었다. 3국 동맹 전쟁을 거치면서 국경이 변경되고 확정되면서 7개 마을은 브라질, 15개 마을은 아르헨티나, 그리고 나머지 8개 마을은 파라과이 영토가 되었다. 미시오네스 곳곳에는 당시의

미시온네스 데파르타멘토는 그 이름이 선교나 사명을 뜻하는 미시온(misión)에서 유래할 정도로 예수회 레둑시온의 문화와 정신이 깊이 깃들어 있는 곳이다.

건물과 교회 등 예수회의 유적이 남아 있고 인디언들이 만든 목각 작품 등 당시 레둑시온 마을의 생활상을 보여주는 작은 박물관들도 여럿이 있다. .

산후안 바우티스타(San Juan Bautista)는 파라과이의 음악가 아구스틴 피오 바리오스(Agustin Pio Barrios)의 고향이다. 그는 1985년 이곳에서 태어났다. 그는 최고의 클래식 기타 연주자이자 수많은 파라과이 음악을 만든 작곡가이다.

그는 어린 나이에 음악에 소질을 보였고 여덟 살 때부터 바리오스 오케스트라에서 연주 활동을 했다. 악기를 다루는 재주가 뛰어나 플루트와 하프를 연주하기도 했으나 나중에는 기타 연주에 전념하게 되었다. 1910년에 아순시온에서 안토니오(Antonio Giménez Manjón) 아래에서 기타 공부를 시작했고 토마스 살로미니(Tomás Salomini)의 후원을 받아 멕시코와 쿠바에서 연주회를 열었다. 아순시온에서 공부를 마치고는 아르헨티나와 우루과이, 브라질을 여행하며 연주를 계속하였다.

1930년에는 공연기획사들의 조언에 따라 니츠가 만고래(Nitsuga Mangoré)라는 예명을 사용하기도 했다. 연주회를 할 때면 인디언 전통복에 인디언 분장을 하고, '파라과이 정글의 파가니니, 전설의 추장 니츠가 만고래(Cacique Nitsuga Mangoré)'라고 소개하였다.

1933년부터 브라질의 산 살바도르(San Salvador)에서 음악을 가르쳤으며 1935년부터 1936년까지는 유럽을 여행하였다. 결핵으로 고생하다 59세의 나이로 세상을 떠났다. 그의 유해는 산 살바도르에 묻혀 있고. 그의 묘지는 1950년 브라질의 국가기념물로 지정되었다.

그는 바흐의 곡을 처음으로 기타 곡으로 편곡한 사람이다. 젊은 시절에는 바흐와 모차르트의 영향을 많이 받았지만, 그의 작품에는 스페인계 아메리카인의 독특한 리듬과 멜로디가 강하게 표현되어 있다. 성당(La cathedral), 고백(Confesión), 과라니의 춤(Danza guaraní) 등 300곡 이상의 기타 음악을 작곡하였다.

호주의 유명한 기타리스트 존 윌리암스(John Williams)는 아구스틴 피오가 시대를 통틀어 최고의 기타 음악 작곡가라고 했다. 그는 연주자로서 현대 클래식 기타의 아버지라 불리는 스페인의 안드레스 세고비아(Andrés Segovia)와 비교되기도 하고 작곡가로서 폴란드의 쇼팽(Fryderyk Chopin)이나 이탈리아의 파가니니(Niccolò Paganini)와 비견되기도 한다.

그는 파라과이의 국민적 영웅이다. 파라과이의 5만 과라니 화폐에는 그의 초상화가 실려 있다. 산 후안 바우티스타의 교통 중심 길목에는 그의 동상이 있다. 우리가 묵었던 라 카테드랄(La Catedral) 호텔은 로비 전체를 아구스틴 피오 바리오스의 사진으로 장식하고 뒤뜰에

파라과이 정부와 아순시온 시청은 2017년 5월 31일 우루과이 광장에 음악가 아구스틴 피오 바리오스의 동상을 세웠다.

는 아늑한 휴식처(Paseo)를 만들어 파라과이의 천재 음악가를 기리고 있었다.

2017년 5월 31일 파라과이 정부는 아순시온의 우루과이 광장에 그의 동상을 세웠다. 그런데 정작 제막된 동상에는 동상 주인공의 이름과 생존 연대만 표시되어 있고 그의 업적에 대해서는 아무런 설명이 없다. 대신 이 동상을 세운 상원의장, 아순시온 시장, 그리고 건설비를 부담한 것으로 보이는 문화재단 이사장의 이름을 커다랗게 써놓았다.

미시오네스 센터에서는 센터 건물이 비좁아 인근 군부대의 시설(Casino)을 빌려 교육을 했다. 아침 일찍 현장에 도착하니 글로리아 까세레스(Gloria Cáceres)소장이 새벽부터 나와 직원들과 함께 의자를 나르고 있었다. 잠시 후 군인들이 음향 시설과 빔프로젝터, 컴퓨터를 가져와 설치해 주었다.

파라과이에서는 군부대와 행정 기관이 밀접하게 협조하고 있었다. RC4에서는 군부대 영내에 SNPP 직업 훈련 센터가 있었고 보케론에서는 훈련 교사들이 군부대 시설에서 숙식을 해결하고 있었다. 비야 아예스 센터는 RC1 군인들을 위한 특별 직업 훈련 프로그램을 운영하고 있었고 일반 프로그램에 군인들이 교육받을 수 있도록 배려하고 있었다.

글로리아 소장은 지역 현황과 센터가 처한 환경을 FODA 분석을 통하여 잘 설명하였다. 이날 토론 역시 지방센터 교사들이 일상에서 겪는 어려움을 주로 이야기했다.

"강의하고 실습하는 곳이 여기저기 흩어져 있다 보니 GPS 시스템을 이용해 출근을 확인하지만, 신호가 잡히지 않는 곳이 많아 어려운 경우가 많다. 이럴 경우 참으로 난감하다.

먼 곳에 있는 강의실까지 가는 것이 가장 어렵다. 오토바이를 타고 가는 경우가 많은데 중간에 고장이라도 나면 길거리에 세워 놓고 고쳐야 한다. 그럴 때면 정말로 힘이 든다. 교통비는 물론이고 연료비조차 보전해 주지 않으니 모두 교사가 부담해야 한다.

교육 장비나 도구가 없어서 집에서 혹은 가게에서 사용하던 것을 가지고 가서 수업해야 하는 경우가 있지만 수업 장소가 멀어 가지고 가기조차 어려운 경우도 많이 있다.

파라과이에서 일자리를 얻지 못하고 아르헨티나로 가서 일자리를 구하는 청년들이 많다. 그런 곳 대부분이 옷을 만들어 파는 곳이다. 이런 곳에서 일하려면 재봉틀을 쓸 줄 알아야 하므로 우리 센터에서 재봉틀 교육을 강화하고 실습할 기회를 더 많이 주어야 한다.

4월부터 수업을 개설하는데 필요한 모든 서류를 교사들이 직접 작성해야 한다. 학생들 명단, 신분 확인 번호, 사진 등 모든 항목을 제대로 작성하고 마지막으로 교사가 확인 서명을 해야 하니 차질 없이 잘 준비해야 한다. 우리는 이런 일부터 잘 해나가야 한다."

오랫동안 고립됐던
남쪽의 진주!

　　네엠부꾸(Ñeembucú)는 파라과이의 서남쪽 끝단에 위치한 데파르타멘토이다. 12,147km²의 면적에 85,000명이 사는 곳이며 16개의 자치 행정 구역으로 이뤄져 있다. 주도인 필라르는 '진정한 남쪽의 진주'라 불린다.

　　아순시온에서 358km 떨어진 곳이고 파라과이 강과 네엠부꾸 강기슭에 자리 잡고 있다. 서쪽으로는 파라과이 강, 남쪽으로는 파라나 강을 경계로 아르헨티나와 국경을 맞대고 있다. 그리고 북쪽으로는 떼비꾸아르 강이 이웃 지역과 경계를 이루고 있다.

　　스페인 식민지 시대에는 떼비꾸아르강 경계까지 광활한 토지가 스페인 사람들의 목장이었다. 강을 넘어 건너 쪽은 스페인 정복자들을 피해 예수회 선교사들이 레둑시온을 짓고 인디언을 대상으로 선교 활동을 하던 지역이었다.

　　네엠부꾸는 야생 탐험으로 유명한 곳이다. 네엠부꾸, 온도와, 야까레, 깜바, 몬투오소, 그리고 밸라코 등 수많은 작은 강들 사이로 넓은 습지들이 산재해 있고 자연이 만들어낸 개울과 강

네엠부꾸 데파르타맨토는 파라과이의 서남쪽 아르헨티나와 경계 지역이다. 12,147km²에 13만 명이 살아간다.

어귀, 호수, 폭포, 습지에는 다양한 동식물이 서식하고 있다. 환경의 보고이자 동식물의 천국이다.

네엠부꾸는 스포츠 낚시로도 유명한 곳이다. 도라도, 수루비, 보가, 코르비나와 같은 다양한 종류의 물고기들이 서식하고 있다. 매년 비야 올리바(Villa Oliva)에서는 물고기 이름을 딴 낚시 축제 코르비나(Fiesta de la Corvina)가 열린다. 거대한 파라과이 강과 파라나 강이 합쳐지는 곳인 빠소 데 빠트리아(Paso de Patria) 또한 낚시꾼들이 즐겨 찾는 곳이다. 이 지역은 물고기가 많을 뿐만 아니라 거대한 두 물길이 서로 힘을 겨루는 강물 그 자체가 색다른 장관을 이루고 있다.

스트로에스네르가 정권을 잡기 이전까지 필라르는 파라과이 서남쪽의 가장 중요한 관문이었다. 하지만 스트로에스네르가 집권하면서 아순시온 가까운 곳에 항구를 만들었고 물류 활동은 이 항구를 중심으로 이뤄지게 되었다. 또한, 스트로에스네르가 동진 정책을 펼치면서 시우다 델 에스테와 엔까르나시온 등 동남쪽 지역을 발전시키면서 서남쪽 지역인 필라르는 상대적으로 침체되었다.

특히 필라르까지 포장도로가 연결되지 않아 자연스레 이 지역은 다른 지역과 단절되고 고립되었다. 2000년에 들어서면서 국도 4번 도로를 포장하기 시작하였고 지금은 점차 고립을 벗어나고 있다. 1983년애는 대홍수가 나서 필라르 시가지 대부분이 침수되었다. 그 후 높은 제방을 쌓아 더는 침수되는 일은 없었지만 그래도 매년 우기가 되면 혹시나 범람하지나 않을까 가슴을 졸이는 곳이다.

필라르에는 관광객도 조금씩 찾아오고 있다. 아르헨티나, 브라질, 이탈리아, 그리고 우루과이 사람들이 찾아와 네엠부꾸의 역사 유적지를 둘러보고 야생 생태 탐험을 즐기고 있다. 매년 1월 2일에는 네엠부꾸 강변에서 하와이 축제가 열리고 있으며 4,500명의 외지인들이 찾아와 함께 축제를 즐긴다.

하지만 아직도 불편한 도로와 열악한 교통 사정은 관광 발전의 최대의 걸림돌이다. 부활절 5일 연휴를 맞아 이 지역 여행사에 연락을 했더니 도로 사정이 나빠 여행 프로그램을 진행할 수 없다고 했다. 설령 가능하더라도 도로 사정이나 날씨 사정에 따라 수시로 코스를 바꿔야 하기에 생태 탐험 여행은 애초 약속한 그대로 진행하기는 어렵다고 했다.

필라르 센터에서는 SNPP와 노동사무소 직원을 함께 교육했다. 먼저 SNPP의 훈련소장 신띠아 까롤리나(Cynthia Carolina Ortega) 소장이 필라르 센터가 역점을 두고 추진하는 센터의 목표를 이야기했다. 이어서 후스티나 아끼노(Justina Aquino ARRÚA) 노동사무소장이 노동법 규정을 집행하면서 부닥치는 문제를 생생하게 이야기했다.

"일에 대한 직원들의 열정이 부족하다. 변호사 자격증을 가진 똑똑한 친구는 오직 월급에만 관심이 있다. 정해진 시간을 때우고 최소한의 일만 하고는 그것으로 끝이다. 사무실이야 어떻게 되든 아무런 관심이 없다.

처음에 소장으로 부임해 보니 오랜 폐습에 물든 직원이 있었다. 자기가 마치 모든 의사 결정을 하는 양 거들먹거렸고 공적인 서류를 마음대로 집에 가지고 가고 기업인들을 만나 뒷거래를 했다. 몇 번이나 그러지 말라고 해도 말을 듣지 않아 결국 내쫓아야 했다.

많은 기업이 노동자들에게 불법 노동 행위를 당연한 일처럼 시키고 있다. 직원들에게 최저 임금도 주지 않으면서 12시간이나 일을 시키는 곳도 있다. 보너스도 주지 않고, 법적으로 부담해야 하는 보험 등 각종 분담금도 내지 않으며, 시간 외 수당을 주지 않는 곳도 정말 많다.

아무런 계약이나 문서 없이 비공식적으로 일을 시키는 곳이 대부분이다. 회사 등록조차 안 되어 있는 경우가 많았고 몇몇 버스 회사들도 그러했다. 기업 활동에 의심스러운 점이 포착되면 먼저 지방사무소에서 공식화에 필요한 서류를 작성하라는 통지서를 보낸다

회사등록 등 공식 절차를 밟으라는 통지서를 보내도 법적 서류를 작성하지 않고 무시하는 경우가 있다. 우리 직원이 통지서를 가지고 갔을 때 눈앞에서 통지서를 찢어버리는 경우도 가끔 있다.

기한을 정해 주고 그때까지도 필요한 서류를 준비하지 않으면 고용노동부의 노동 차관에게 현장 조사요청서를 보낸다. 그러면 아순시온에서 출장을 와서 정식으로 현장을 조사한다.

회사뿐만 아니라 가정에 고용되어 노동하는 노동자도 기업에서 일하는 노동자와 똑같은 권리를 가지고 있다. 육아 수당, 휴직 등 다른 직원들과 같은 권리를 누리는 것이 마땅하다. 하지만 거의 신고하지 않고 일하고 있다.

정식으로 고용 신고(denuncia)를 하고 정당한 권리를 보장받으며 일하라고 여러 차례 안내해도 혹시 일자리를 잃지 않을까 우려하면서 신고하지 않으려 한다.

이럴 경우 노동자의 심리를 잘 파악하여 접근해야 할 때가 많다. 아무런 이야기를 하지 않고 있다가 아는 사람이라도 나타나면 울면서 집안이 어떻고 어떤 어려움이 있고 하면서 자기 인생사를 한참 이야기한 다음에야 월급은 얼마 받고 어떤 대우를 받고 있었는지, 일자리에서 어떤 문제가 있었는지 이야기하기 시작한다."

두 소장의 발표가 진지하고 느껴지자 교사들의 토론도 진지해졌다. 어려움을 호소하면서도 자기들이 어떻게 하고 있는지를 이야기했고, 어떻게 이런 문제를 극복할 수 있을 지 토의했다.

"우리는 우리 수업을 스스로 관리하면서 부족한 것이 없도록 최선을 다하고 있다. 때로는 개인 주머니를 털어 재료를 구입하여 수업 시간에 사용하는 일도 마다하지 않는다.

노동사무소도 마찬가지다. 출장비도 없고, 사무용품도 없다. 기업에 보낼 통지서를 출력해야 하고 소포를 보내야 할 때도 있지만 모두 우리가 개인적으로 부담해야 한다.

아순시온 본부에 필요한 교육 물품과 소모품을 요청한 적이 있었다. 볼펜이랑 노트 몇 권을 주면서 "일하기 싫으면 나가라"는 식으로 대답했다. 구걸해야 한다는 현실이 매우 슬펐다.

학생들에게 일자리를 찾아 주지 않으면 우리가 가르친 지식이나 기술은 무용지물이다. 학생들이 일자리를 구할 수 있게 해 줘야 하는 데 그러지 못해 너무나 안타깝다. 이곳에는 고용사무소가 설치되어 있지 않다. 이곳에도 고용사무소를 유치해야 한다.

학생들에게 "늘 정보를 알려주고 잘 대답해 줘야 한다"고 이야기하는데 정작 본부에서는 우리에게 정보를 주지도 않고 대답도 없다. 본부에서는 우리 교사들을 교육자로 대우하지 않는다.

교사들 강사료 지급이 너무 늦다. 몇 달 후에 받는 것이 예삿일처럼 되었다. 노동부가 먼저 노동법을 준수해야 하며 그 노동법은 우리 직원들에게도 적용되어야 한다.

노동사무소가 입주해 있는 시청이 오후 1시에 문을 닫는다. 그 시간에 문을 닫으면, 우리는 찾아오는 민원인들을 응대하기가 매우 어렵다. 노동사무소는 독립 건물이 없어서 일하는데 많은 어려움을 겪고 있다.

우리는 우리가 하는 일을 정말 사랑하고 있고 사랑으로 일을 하고 있다. 우리 교사들이 SNPP의 얼굴이란 생각을 가지고 일을 하고 있다. 당연히 그래야 한다. 우리가 많은 어려움을 겪고 있는 것은 사실이지만 어렵다고 해서 우리 자신을 포기해서는 안 된다. 우리는 포기하지 않고 앞으로 나아가야 한다. 우리는 할 수 있고. SNPP는 할 수 있다."

필라르의 직업훈련소장과 노동사무소장은 발표 자료를 잘 준비하고 지역 사정을 완벽하게 파악하고 있었다. 열정이 있었고 교육에 정성을 쏟았다.

파라과이의 제단!

　5월 초에는 아맘바이(Amabay)를 찾았다. 파라과이의 북동쪽에 위치한 아맘바이는 동북쪽 대부분이 브라질과 국경이 맞닿아 있는 변경 지역이다. 아맘바이 산맥이 지나는 아맘바이는 파라과이에서 고도가 가장 높은 지역으로 평균 고도가 해발 300~400m에 이른다. 푼따 빠라 동산은 해발 700m이다.

　이곳은 스페인 정복 시절 포루투갈 출신의 인디언 사냥꾼들이 자주 출몰하는 곳이었기에 인디언들은 깊은 밀림 속에 꼭꼭 숨어서 생활해 왔다. 3국 동맹 전쟁 이후에 이 지역의 나무를 베어 팔고 예르바 차를 생산하는 회사들이 진출하면서 비로소 사람들이 정착하기 시작하였다.

　아맘바이의 주도인 뻬드로 후안 까바예로는 약 12만 명의 인구를 가진 시우다 델 에스테 다음 가는 대표적인 국경 무역 도시이다. 쇼핑 차이나, 쇼핑 두바이와 같은 대규모 쇼핑몰이 즐비하

다. 프란시아 대로를 경계로 브라질의 도시 푼따 뽀라(Punta Porá)와 마주 보고 있지만 두 도시는 사실상 하나의 도시 구역을

아맘바이 데파르타멘토는 파라과이의 제단이라고 불리는 곳이다. 파라과이에서 가장 고지대이자 3국 동맹 전쟁 시절 솔라노 로페스 대통령이 죽임을 당한 세로 코라가 있는 곳이다.

형성하고 있다. 이곳은 브라질의 영향이 매우 커서 브라질인지 파라과이인지 분간하기조차 어려울 정도이다. 스페인어와 포르투갈어가 모두 사용되고 있고 파라과이 방송 채널보다 브라질 채널이 더 많은 곳이다. 많은 쇼핑객이 브라질 사람인 것은 말할 것도 없다.

빼드로 후안 까바예로의 도심에서 41km 떨어진 곳에는 세로 코라(Cerro Corá) 국립공원이 있다. 이 국립공원은 3국 동맹 전쟁(Triple Alliance War, 1864~1870)의 마지막 전쟁터였다. 브라질 군대에 쫓기던 솔라노 로페스 대통령(Francisco Solano López)은 항복을 거부하고 최후까지 게릴라 전을 펼쳤다. 마지막으로 이 지역으로 쫓겨 들어와 저항하다가 1870년 3월 1일 아뀌다반 니구이(Aquidabán Niguí) 강가에서 최후를 맞았다. 이런 연유로 아맘바이 데파르타멘토는 파라

아맘바이 센터에서 SNPP와 노동사무소 직원들을 함께 교육했다. 노동사무소장(왼쪽에서 세 번째)은 현장에서 부닥치는 고민을 솔직하게 털어놓았다.

과이의 제단(Altar de la Patria)이라고 불린다.

1870년 2월 말 일단의 인디언들이 이곳에 은신 중인 로페스 대통령에게 먹을 것을 가지고 찾아왔다. 로페스 대통령에게 브라질 군인들이 가까이 쫓아 오고 있다고 알려 주면서 브라질 군인들이 찾을 수 없는 숲속 깊은 곳에 숨을 곳을 제공하겠다고 했다.

로페스 대통령은 고맙지만 이 제의를 받아들일 수 없다고 했다. 자신의 운명은 이미 정해졌으며 도망쳐서 목숨을 부지하기보다는 적을 맞아 싸우다가 장렬히 죽겠다고 했다. 브라질은 정예군이 4,500명이지만, 로페스를 따라온 파라과이의 군대는 부상자와 노인, 부녀자와 아이들을 모두 합쳐 409명이었다. 마지막 순간까지 항복을 거부한 그는 "나는 한 손에 칼을 들고 내 조국과 함께 죽는다(Muero con mi patria y con la espada en la mano)"는 유명한 말을 남기며 최후를 맞았다.

아맘바이 센터에서는 훌리오 세사르(JULIO CESAR VEGA D.) 노동 사무소장이 고민스러운 이야기를 했다.

"불법 노동 행위 신고가 들어오면 고용노동부 차관에게 문서를 보내 현장 조사를 요청한다. 하지만 본부에서는 조사를 담당하는 감독관이 기업과 유착하여 부정을 저지를까 우려하여 좀처럼 감독관을 보내주지 않는다.
불법 노동 행위를 신고하라고 독려하지만, 실제 신고가 들어오면 제대로 조사하지도 처벌하지도 않는 바람에 기업들이 노동법을 위반하고도 두려워하지 않는다."

본부에서는 현장에 나가는 감독관의 정직성을 믿지 못하고 있고 일선에서는 단속행위가 정경 유착이나 정치적 고려에 따라 이루어지는 것이 아닌가 의혹을 가지고 있었다.

다음 목적지는 산페드로 데파르타멘토에 있는 과야비(Guajayvi) 센터였다. 과야비는 13만 2천ha 면적에 4만 명이 살아가는 전형적인 농업지역이다. 콩과 면화, 사탕수수, 담배, 해바라기, 바나나와 파인애플 재배 등 1차 산업에 종사하는 인구가 67.2%이고 전분 공장과 알코올 생산 공장이 고작인 2차 산업은 겨우 6.8%에 불과하다.

오후 5시에 소장과 면담 약속이 잡혀 있기에 길을 서둘렀지만

산페드로의 과야비 지역은 1차 산업이 전체의 67.2%에이를 정도로 미개발된 농촌 지역이었다. 하지만 소장을 비롯한 훈련 교사들은 누구보다도 열심이었고 하는 일에 긍지를 가지고 있었다.

중간에서 천둥 번개를 동반한 폭우를 만났다. 도로 곳곳이 개울로 변하고 세차게 쏟아지는 빗줄기에 한 치 앞을 내다보기가 어려웠다. 산타로사에서 잠시 차를 세우고 빗줄기가 가늘어지기를 기다려 봤지만 비는 그칠 줄을 몰랐다.

약속보다 두 시간 늦은 오후 7시, 현장에 도착하니 로드 리고 라몬(Rodrigo Ramón Acosta Ocampos) 소장과 수석 교사가 기다리고 있었다. 로드리고 소장과 교사들을 열정적이었다. 교육 장비나 소모품이 부족한 현실 속에서도 지역에서 필요한 분야의 강좌를 개설하려 힘쓰고 취약 계층 주민들을 한 사람이라도 더 훈련하여 취업을 도와주려고 애쓰는 모습이 역력했다.

마지막 목적지는 아순시온의 바냐도 수르(Bañado Sur) 였다. 빠라구아리 노동사무소가 있는 까라빼구아(Carapeguá)에서 이른 아침에 출발했지만 도로에 가을 안개가 자욱해 차가 제대로 달릴 수 없다. 이번에도 늦었다. 허겁지겁 들어서니 모든 교사가 자리에 앉아서 우리가 도착하기를 기다리고 있다. 잠시 숨돌릴 틈도 없이 바로 교육을 시작했다.

바냐도 수르 센터는 올해 새로 생긴 센터이다. 모든 것이 서투르고 질서가 잡혀 있지 않았을 것이라는 예상과는 달리 상당히 안정되어 있었다. 소장은 마르스깔 에스띠가르비아에서 일했던 유능한 소장이다. 수석 교사는 로께 알론소에서 일했던 사람이었다. 교사 한 분은 RC4에서 이미 교육을 받았던 사람이었다. 다른 곳에서 교육을 받았던 세 사람이 앞장서서 우리의 방문을 환영했다.

지난 이야기를 하며 반갑게 재회의 인사를 나눴다. 이들은 이전에 근무하던 곳에서 했던 역할 연기를 동료들에게 은근히 자랑하면서 이곳 바냐도 수르에서도 다시 역할 연기를 준비하고 참여하겠다고 했다.

바냐도 수르 센터에서의 강의를 끝으로 지방 순회 교육을 모두 마쳤다. 그동안 57개 기관을 대상으로 강의했다.

Paraguay! Sí, Puede!

그래, 할 수 있어!

하나의 매듭을 지으면서!

바냐도 수르 센터 방문을 끝으로 계획했던 교육을 모두 마쳤다. 1년의 대장정이 모두 끝났다. 그동안 57개 센터 직원들을 훈련시켰다. SNPP 직업 훈련 센터 45곳에다 노동사무소와 시청 등 12곳 직원을 대상으로 교육했다. 교육이 미흡하여 두 번 간 곳도 있고 성의를 보이기에 세 번을 찾은 곳도 있다. 아순시온을 포함하여 전국의 18개 데파트멘토 모두를 방문했고 2만km가 넘는 거리를 찾아다녔다.

가는 곳마다 모두 반갑게 맞아주었다. 강의를 들으면서 모두 가슴이 벅차했고 감정에 복받친 듯 눈시울을 붉히는 교사들도 여럿 있었다. "그래 할 수 있어! 나부터! 지금부터!"를 다 함께 외쳤다. 바냐도 수르에서 마지막 강의를 마치고 돌아서는데 한 교사가 만면에 가득한 웃음을 띠고 다가왔다. "어떻게 그렇게 파라과이를 속속들이 이해하세요? 어떻게 그렇게 마음 깊이 파라과이를 사랑하세요? 어떻게 그렇게 방방곡곡 찾아다니세요?"라고 물었다.

　이곳에서 나는 머뭇거리지 않았다. 이방인처럼 쭈뼛쭈뼛 하지 않았다. 바짝 다가가고 솔직하게 접근했다. 3국 동맹 전쟁의 슬픈 역사, 스트로에스네르 34년 독재의 아픈 역사를 털어놓고 이야기했다. 만연한 부정부패를 함께 걱정했고 자랑스러운 농업 뒤에 숨은 그늘을 숨김없이 이야기했다. 자신들의 관심사인 학습 재료나 소모품 문제, 엉터리 수업, 유령 수업 문제도 가감 없이 토론했다. 내가 솔직하자 이들도 마음을 열었다. 내가 파라과이를 잘 알고 자기들의 사정을 이해한다고 믿었다. 생각을 공유하면서 이들의 태도가 달라졌다. 스스럼없이 대하고 오래된 친구로 받아 주었다.

　나는 언제나 희망을 이야기했다. 현재는 여러 가지 어려움이 있지만 노력하면 해결할 수 있다고 했다. 시간은 걸리지만 반드시 나아질 것이라고 했다. 파라과이는 좋은 쪽으로 변하고 있고 앞으로 더 빨리 더 많이 변할 것이라고 했다. 파라과이의 꿈을 생각하게 했고 꿈은 반드시 이루어진다고 강조했다. 용기를 가지고 도전

"그들의 표정은 밝았고 목소리에는
희망과 꿈이 실려 있었다"

하라고 이야기했다. 그들은 긍정적인 이야기에 귀를 기울였다. 파
라과이의 장래를 긍정적으로 바라보는 내가 진정으로 파라과이를
사랑하는 사람이라고 했다.

나는 내가 한 말과 약속을 지키려고 노력했다. 나태해지는 자
신을 다잡기 위해 늘 공개적으로 약속했다. 개회식을 겸한 합동
연찬회에서, 중간평가보고회에서, 그리고 장관과 청장과 상의하
면서 앞으로 이런저런 일을 이렇게 저렇게 하겠다고 약속했다. 모
든 활동을 공식화했고 문서화했고 기록으로 남겼다.

약속한 곳은 모두 찾아갔다. 거칠게 비가 내려도, 날이 저물고
길이 멀어도 반드시 찾아갔다. 불과 몇 사람 안 되는 작은 센터라도
찾아갔다. 약속한 프로그램도 빈틈없이 진행했고 예정대로 강의했
다. 소장들에게 발표하도록 했고, 모든 참가자는 토론하게 했다. 팀
을 만들어 상황극을 연기하게 했고 행동으로 체험하게 했다. 찾아

가서 연습을 시켰고 아순시온으로 오게 해서 자랑하게 했다.

"저러다가 말겠지!" 이들은 처음에는 반신반의했다. "이것을 꼭 해야 하나!" 중간중간 귀찮아하고 힘들어했다. 하지만 교육이 끝나면 모두 "그래! 내가 해냈어!" 하면서 뿌듯해했다. 그리고 한국 사람은 철저하다고 했다. 파라과이도 한국을 닮아야 하고 한국 사람을 본받아야 한다고 했다.

얼마 전 한국 연수를 다녀온 과이라와 마리아 아욱실리도라 두 곳의 센터장이 조한덕 KOICA 소장을 방문했다. 현대경제연구원에서 연수를 받으면서 농촌형 고등기술훈련원을 만드는 아이디어를 구상했단다. 장관에게 보고했고 KOICA에도 보고하겠다고 했다. 말 그대로 아이디어 수준이었고 수많은 난관이 예상되는 사업이었다. 하지만 그들의 표정은 밝았고 목소리는 미래에 대한 희망과 꿈이 실려 있었다.

"내 삶의 과정이 다른 누군가에게
도움이 되고 기쁨을 주기를 바라고 있다"

오늘 이곳의 활동을 공식으로 매듭지었다. 그동안 교육받은 1,000여 명에게 공식적으로 수료증을 주었다. 20시간, 10시간, 5시간, 2시간으로 철저하게 구분해서 줬다. 우수 센터장 네 사람에게 발표하게 하고 표창을 했다. 상황극을 시범 공연한 두 팀에게는 단체 표창을 했다. 장관에게는 335회에 이르는 활동 실적과 현장에서 확인한 문제점, 그리고 제안 사항을 담은 활동 보고서를 공식으로 제출했다.

이들의 환한 표정과 밝은 목소리는 나에게는 기쁨이고 보람이다. 이들에게서 작은 변화라도 보이면 마치 내가 발전하는 것처럼 자랑스럽다. 이들과 함께했던 시간은 잊지 못할 추억이다. 파라과이에서 파라과이 공무원들을 공식적으로 훈련한 것은 소중한 경험이다. 나에게만 주어진 특별한 축복이다.

이런 기쁨을 맛볼 수 있었던 것은 대한민국 덕분이다. 강대국 틈새에 끼여 전쟁 위협에 시달리면서도, 서로 다른 생각으로 갈등

하고 서로 다른 이해 속에 부대끼며 살아가면서도 정말 짧은 기간에 경제화와 민주화를 이루어낸 대한민국 국민 덕분이다.

즐거운 추억을 갖게 된 것은 KOICA 덕택이다. 일할 기회를 만들어 주고 그 일에 몰입할 수 있는 환경을 만들어준 덕택이다. 아순시온의 신호등을 교체해주고 SNPP에 고등기술훈련원을 지어주면서 파라과이인들에게 믿음과 신뢰를 쌓아온 덕택이다. 대한민국에 감사하고 KOICA에 감사한다.

오늘의 매듭은 끝이 아니라 새로운 시작이다. 나는 다시 새롭게 시작할 것이다. 내 만족을 찾아, 내 행복을 찾아 새로운 곳에서 새로운 일을 찾아 나설 것이다. 나는 바라고 있다. 내 행복을 추구하는 내 삶의 과정이 다른 누군가에게 도움이 되고 기쁨을 주기를 바라고 있다. 그리고 그런 길, 그런 일에 끊임없이 도전하고 몰입할 것이다.

아순시온에서 **권영규**

2017년 6월 23일

Clausura de capacitación especial

El Ministerio de Trabajo, Empleo y Seguridad Social(MTESS) realizó este viernes 23 de junio a las 9:00 horas, el acto de clausura del proyecto denominado "Juntos por un nuevo futuro del Paraguay", capacitación especial para las sedes Regionales del Servicio Nacional de Promoción Profesional(SNPP) y Direcciones de trabajo del MTESS. Será en el centro Tecnológico de Avanzada(CTA) Paraguay – Corea del ente capacitador.

La clausura del proyecto se realizó en el CTA, ubicado sobre la ruta II Mariscal Estigarribia, km 10 de la localidad de San Lorenzo, con la presencia del Ministro de Trabajo, Empleo y Seguridad Social, Dr. Guillermo Sosa, El Viceministro de Trabajo, Dr. Cesar Segovia, el Lic. Rubén Ríos, gerente de Acción Formativa del SNPP, el embajador de Corea en Paraguay, Min Sik Ahn, el Director del CTA, Lic. Nelson López, así como otros altos directivos del MTESS y el SNPP.

Esta capacitación especial que se inició en agosto del 2016 y finalizó en mayo del presente año, estuvo a cargo del asesor representante de

KOIKA, Ariel Younggyu Kwon. La misma abarcó desde el análisis de la situación actual, plan de mejoramiento, introducción regional del trabajo, capacitación de instructores, insumos, espacio, creación de nuevos cursos para la inserción laboral, malla curricular, nivel y calidad de los cursos, seguimiento de los estudiantes egresados, sueños y esperanzas , plan estratégico de los cursos, planes de desarrollo, cambios y esperanza que se pueden lograr y como contribuir entre funcionarios e instructores para el desarrollo del Paraguay.

Un total de 68 altos funcionarios diseminados en el interior del país participaron de esta capacitación especial, presentando informes semestrales, que contribuyendo efectivamente al objetivo de alcanzar las mayores metas establecidas por el MTESS, con su labor en beneficio de la ciudadanía. En la ocasión presentaron varios sketch preparados por los mismos, además de recibir menciones especiales y sus certificados de manos de las autoridades.

역량 강화교육 결과 보고서
파라과이의 미래를 위해
함께 갑시다!

1. 이 문서는 파라과이 정부에 공식 제출한 보고서이다.

2. 이 문서에는 역량 강화계획 수립 배경 및 과정, 역량 강화교육 추진실적, 교육 훈련 결과 평가, 그리고 건의 및 제안 사항이 담겨있다.

3. 파라과이 정부에 공식 제안한 내용을 요약하면 다음과 같다.

　① 우수한 인재를 확보하기 위해 공개경쟁 채용을 확대해야 한다.

　② 성과평가를 시행하고 그 결과를 인사 행정에 반영해야 한다.

　③ 행정직원과 훈련교사들을 보강하고 임용자격을 강화해야 한다.

　④ 매년 직원들의 역량 강화훈련계획을 수립하여 시행해야 한다.

　⑤ 훈련교사들의 기술 수준 향상을 위한 특별 연수를 시행해야 한다.

Fecha de Entrega : 23 de junio de **2017**

JUNTOS PARA UN NUEVO FUTURO DEL PARAGUAY

파라과이의 새로운 미래를 위해 함께 갑시다

INFORME: FORMACIÓN Y CAPACITACIÓN DE LAS DIRECCIONES REGIONALES DEL SNPP PARA EL FORTALECIMIENTO DE LAS HABILIDADES

(SNPP 전국훈련센터 역량 강화교육 결과보고)

I. Esquema de formación y capacitación(역량 강화교육의 설계)

1. El motivo y la justifiación(교육계획 수립 동기 및 필요성)

2. Plan de formación y capacitación(교육훈련계획의 내용 및 구성)

3. Habilidades que necesitan los funcionarios públicos(훈련 필요 역량)

II. El resultado de la capacitación(역량 강화교육 결과)

1. Actividades en Total(활동 실적 총괄)

2. Acto de Apertura(개회행사 및 합동 연찬회)

3. Visita a las Direcciones Regionales(직업훈련센터 순회방문 교육)

4. Informe Semestral y Juegos de Roles(중간평가 및 서비스 향상교육)

III. La evaluación de la capacitación(역량 강화교육 평가)

1. Efecto de la capacitación(역량 강화교육의 반응 및 효과)

2. Los desafíos identificados durante la capacitación(훈련센터의 문제점)

IV. Propuesta(제안 사항)

1. Concurso público en base a la competencia (공개경쟁채용 강화)

2. Evaluación de logros (성과평가와 인사행정의 연계)

3. Fortalecimiento de los funcionarios administrativos e instructores (직원과 훈련교사 보강)

4. Plan de capacitación para fortalecer habilidades de los funcionarios público(정기적 역량 강화 훈련 실시)

5. Capacitación especial dirigida a los instructores(훈련교사 특별연수)

2017년 6월 23일 최종 평가 보고회를 개최하고 그 동안 교육받은 1,000명에게 수료증을 주고 우수 소장들을 표창하였다. 안민식 파라과이 대사도 함께 참석한 자리에서 나는 기예르모 소사 고용노동부장관으로부터 감사패를 받았다.

I. Esquema de formación y capacitación para el fortalecimiento de las habilidades y actitudes

1. El Motivo y Justificacion

Las personas son lo más importantes en un organismo para el desarrollo, tanto los miembros del Gobierno como la empresa. La actitud y la habilidad de un funcionario influyen mucho en el desarrollo y alcance de los objetivos. Por lo tanto, un organismo tiene una gran responsabilidad de desarrollar y de fortalecer los recursos humanos.

El Gobierno de Paraguay, en el año 2013, con el nuevo mandato de Horacio Cartes, estableció el Plan Nacional de Desarrollo 2014-2030. "Paraguay, país de oportunidades para la gente y para la empresa", es el plan oficial del gobierno.

Los ejes estratégicos que orientarán el desarrollo de Paraguay son: Reducción de Pobreza y Desarrollo Social, Crecimiento Económico Inclusivo, Inserción de Paraguay en el Mundo. Con líneas transversales establece Igualdad de Oportunidades, Gestión Pública Eficiente y Transparente, Ordenamiento Territorial y Sostenibilidad Ambiental.

El Ministerio de Trabajo, Empleo y Seguridad Social es un órganismo nuevo que se desglozó del Ministerio de Justicia y Trabajo en el mes de abril de 2014. Su objetivo principal es velar los derechos y protección de los trabajadores y las trabajadoras, en materia de trabajo, empleo y seguridad social, como politica laboral en su carácter de Autoridad Administrativa del Trabajo, además para la formación profesional y capacitación laboral.

El SNPP(Servicio Nacional de Promoción Profesional) es un organismo dependiente del Ministerio de Trabajo, Empleo y Seguridad Social que está a su cargo la capacitación profesional para el trabajo. Es responsable de la educación informal, y transmite conocimientos y técnicas necesarias para la inserción en el mercado laboral, está dirigido para mayores de 18 años. En el SNPP, desde el año 2016, durante un año, se estableció 8,200 acciones formativas y tuvo 177,094 egresados en 61 Unidades Operativas.

El SNPP tiene como visión ser un instituto líder e innovadora en el desarrollo de competencias personales y profesionales para el mundo. Tiene como misión desarrollar valores y competencias necesarias promoviendo el pensamiento crítico en las personas, de modo a favorecer y mejorar la empleabilidad de las mismas para que sean factores de cambio positivo en su entorno cambiante y desafiante.

Para poder alcanzar la misión y la visión del SNPP, es importante que los funcionarios tengan la capacidad de entender la misión y la visión además de las habilidades y actitudes positivas correspondientes a tal efecto.

Los funcionarios más importantes del SNPP son los gerentes, los directores regionales, funcionarios administrivos y los instructores reponsables de la capacitación. Pues, es importante fortalecer las habilidades de los directores regionales, funcionarios administrativos e instructores para cumplir sus deberes en forma eficiente.

Hasta la fecha el SNPP no tiene un estudio ni un análisis de las habilidades necesarias para los funcionarios, tampoco cuenta con una capacitación sistemática dirigida a ellos, es el motivo por el cual, que el Asesor de KOICA Younggyu Kwon ha implementado un programa de capacitación especial para lograr cambio de actitud y fortalecimiento de las habilidades.

El título de la capacitación y fortalecimiento de las habilidades se denomina "JUNTOS PARA UN NUEVO FUTURO DEL PARAGUAY". Los slogans de la capacitación es "¡Sí, Puede!", "¡Vamos Juntos!", "¡Construiremos el Futuro Hoy!".

2. Plan de formación y capacitación para el fortalecimiento de las actitudes y de las habilidades

1) Antecedentes y procesos

Desde el año 2015, durante un año, por medio de reuniones y debates que tuvimos con los funcionarios se decidieron los detalles para la capacitación como: los beneficiarios, las áreas y las habilidades que necesitan fortalecer.

Desde el mes de mayo al mes de agosto de 2015, se realizó la capacitación sobre buen trato, ya que encontré muchas debilidades con relación a este tema, en esta capacitación los funcionarios del MTESS, SNPP, SINAFOCAL presentaron juego de roles el mes de agosto de 2015.

En agosto de 2015, con el Director General del SNPP, Lic. Ramón Maciel Rojas, priorizamos los puntos de mis actividades y me solicitó una capacitación especial dirigida a los jefes de la sede central con el fin de mejorar las habilidades gerenciales.

A partir de esa solicitud desarrollé 15 capacitaciones para mejorar las habilidades gerenciales, desde el mes de octubre de 2015 hasta el mes de enero de 2016. Durante este proceso destaqué las debilidades en capacitación y entendimiento de políticas públicas, habilidad en admisnitración de la política institucional, habilidad en comunicación, mediación y resolución de problemas.

Desde el mes de octubre hasta el mes de diciembre de 2015, visité 9 Direcciones Regionales como: la Regional Alto Chaco (Mariscal Estigarribia), la Regional Ñeembucú (Pilar), etc., y percibí la situación actual, especialmente las falencias. Con esto pude asegurar las capactiaciones necesarias.

Por medio de estas experiencias establecí anteproyecto y determinamos el proyecto "JUNTOS PARA UN NUEVO FUTURO DEL PARAGUAY", a través de las reuniones como siguen:

• En la fecha 6 de julio de 2016, discutí sobre las actividades de mi asesoramiento con la Abog. Laura Díaz Grütter, Directora General de Planificación del MTESS.

• El 8 de julio de 2016, presenté el plan de capacitación al Ministro Guillermo Sosa del MTESS y escuché la opinión y sugerencias en relación al tema.

• El 12 de julio de 2016, con el Director Ramón Maciel Rojas del SNPP, discutimos los detalles de la capacitación: los beneficiarios, contenidos, metodología, etc.

• El 18 de julio de 2016, expliqué el plan de capacitación en forma más detallada a Norma Ruíz Díaz, Directora de Planificación y a Olga Cabral, Jefa de Cooperación del SNPP.

• El 20 de julio de 2016, determinamos el plan del Acto de Apertura e incluimos 11 Oficinas Regionales de Trabajo con Marlene Ramírez Krauer, Directora General de Talentos Humanos del MTESS.

• El 20 de julio de 2016, el Director General Ramón Maciel a través de una nota, manifestó la aceptación del proyecto denominado "JUNTOS PARA UN NUEVO FUTURO DEL PARAGUAY", capacitación especial a las Regionales de Trabajo y SNPP.

2) Objetivos y Beneficiarios

La capacitación está dirigida a los directores, funcionarios e instructores de las Direcciones Regionales de Trabajo y SNPP de todo el país. A los Directores Regionales les damos la oportunidad de asistir a la capacitación y a desarrollar sus habilidades gerenciales.

• Alcanzar la misión y visión del Gobierno, del Ministerio y del SNPP.

• Mejorar la calidad del trabajo y capacitación para los beneficiarios.

• Desarrollar las habilidades gerenciales y administrativas.

3) Dirección de capacitación

A través de "JUNTOS PARA UN NUEVO FUTURO DEL PARAGUAY" mejorar la conducta y la habilidad de la administración. Durante la capacitación se investiga el nivel de los beneficiarios y esa información obtenida se utiliza para establecer un plan de capacitación en el día de mañana.

A través de un proceso, los participantes entenderán mejor el Plan Nacional de Gobierno a largo plazo, Plan Estratégico Institucional del Ministerio, la situación actual de los cursos del SNPP, las tareas y plan de mejoras para el desarrollo, etc.

Aprender y practicar las habilidades básicas que requieren para un director regional como la técnica de comunicación, reglas para establecer objetivos, técnica de monitoreo y evaluación de trabajo, relación humana y liderazgo, secretos de mediación, etc.

Los funcionarios públicos, instructores y estudiantes del SNPP, se reuniere debatir los problemas de su Regional como: consecución de las aulas e instructor preparado, conseguir los insumos y materiales, mejorar la forma de reclutamiento, impartir cursos de acuerdo a la demanda, mejorar la calidad de capacitación, orientación laboral y apoyo para el empleo, etc.

Espero que por medio de la capacitación de talleres a ser desarrolladas, pueda adquirir la técnica de administración y ejecución de los proyectos y a aprovechar la oportunidad de comunicarse y entederse entre los directores regionales e instructores, a través de los debates.

4) Composición del Programa

División	Fecha y Lugar Participantes	División
1. Acto de Apertura	① 30 de agosto de 2016 ② Centro Tecnológico de Avanzada (CTA) ③ Ministro de MTESS, Embajador de Corea	· Charla especial a cargo del Ministro, explicación del Plan Nacional del Gobierno y Plan Estratégico del SNPP · Explicación del objetivo y contenidos de la capacitación
2.Capacitación en las Regionales	① De agosto a noviembre de 2016 -> Unidades Operativas del Departamento Central ② De febrero a mayo de 2017 -> Direcciones Regionales	· Orientación, presentación, · Charla especial, proyección de video, debate entre los participantes, · Visitar las aulas y talleres
3. Informe Semestral	① 29 de noviembre de 2016 ② Ministro de MTESS, ③ Representante de KOICA	· Presentación de casos exitosos y política institucional, charla especial a cargo del Ministro, evaluación, · Juego de roles (20 equipos)
4. Acto de Clausura y Entrega de certificados	① 23 de junio de 2017 ② Centro Tecnológico de Avanzada (CTA) ③ Ministro de MTESS ④ Embajador de Corea	· Presentación de casos exitosos, Juego de roles Entrega de mención de honor y certificados · Entrega del informe final

3. Habilidades que necesitan los funcionarios públicos

1) Habilidades Básicas

Los funcionarios públicos deben adquirir técnicas básicas como manejo de herramientas y conducta adecuada como servidores del pueblo.

① Herramientas

• Básicamente uno debe saber computación para el trabajo como el word, excel, powerpoint y dominar el uso de los programas que el Gobierno está implementando.

• Inserción de Paraguay en un mundo globalizado es el Plan Nacional del Gobierno y la visión del SNPP es, ser instituto líder e innovadora del mundo para lo cual es primordial el manejo de inglés de los funcionarios.

• Todos los funcionarios públicos deben saber elaborar notas y los instructores deben elaborar el plan del curso y la malla curricular.

• Si selecciona personas que satisface los requisitos básicos a través de un concurso público en base a la competencia, fácilmente se podrá tener en la institución las personas que tienen esas técnicas básicas.

• Pero como es habitual traer gente por cargo de confianza, es importante capacitar a esas personas después del contrato y continuar esa capacitación periódicamente.

② Actitud

• Debe comprender en profundidad la política del gobierno nacional y demostrar una actitud responsable promoviendo el trabajo con orgullo.

• Cumplir con el compromiso. Debe cumplir con el horario y con el plazo establecido. Debe ser valiente y desafiar el futuro.

• Debe ser amable con los ciudadanos y debe ofrecerles mejor servicio. Debe recibir y atender el teléfono con mucha amabilidad y facilitar la informaciones con rápidez y correctamente.

2) Administración

Los directores regionales e instructores son personas que están para ser adminitradores y líderes. Ellos deben fortalecer habilidades necesarias para mejorar los logros.

① Administración de políticas públicas

• Debe saber administrar la política institucional. Debe conocer la situación ecónomica y social de la zona para impartir cursos necesarios.

• Debe conocer la política del gobierno nacional, del MTESS, del SNPP y la misión y la visión, para establecer política necesaria y debe tener la capacidad de solucionar problemas.

• Pensar y saber establecer las prioridades en el establecimiento del plan de capacitación, distribución de recursos, creación de los cursos, etc.

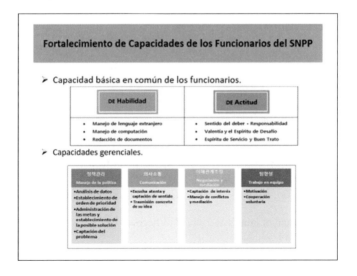

② Comunicación

• El director y el instructor deben escuchar con atención las ideas de los ciudadanos y transmitir eficazmente sus ideas.

• Debe estar abierto y saber crear alianzas con el municipio, gobernación, colegios, cooperativa, empresas privadas quienes puedan apoyar, así para trabajar en forma eficiente.

③ Mediación: debe conocer los intereses de las personas involucradas y saber solucionar y mediar los problemas.

④ Espíritu de Equipo: deben formar y trabajar en equipo los funcionarios públicos y también deben motivar para que los otros trabajen en forma activa y positiva.

3) La correlación entre el entrenamiento y fortalecimiento

Las habilidades que debe fortalecer a través de la capacitación es la diferencia entre la capacidad actual de los miembros y las expectativas de la institución. Es decir, la diferencia entre la capacidad de la meta y la capacidad actual es igual a la capacidad necesaria.

Cada programa fue establecido para fortalecer las habilidades necesarias. La correlación entre el programa de capacitación y la habilidad necesaria es como sigue.

La relación entre el entrenamiento y fortalecimiento

		Capacidad básica		Capacidad de un jefe			
		Herramienta	Actitud	Política	Comunicación	Relación	Equipo
Apertura	Charla especial		O		O		O
	Presentación del Director			O	O		O
Capacitación a las Unidades Operativas	Entrevista al Director		O	O	O		
	Presentación	O		O	O	O	O
	Charla especial		O	O	O	O	O
	Debate				O	O	O
Informe y Evaluación	Charla especial		O		O		O
	Presentación del director			O	O	O	O
	Presentación de casos	O	O	O	O	O	O
	Juego de Rol		O		O	O	O
	Ealuación y feedback		O	O	O	O	O

II. El resultado de la capacitación y del fortalecimiento.

1. Cantidad de Actividades en Total(julio de 2016~junio de 2017)

División	Actividades en Total	Reunión con el Director	Apoya Evento	Respuesta sobre los trabajos	Capacitación en las Sedes
Actividades en Total	335	19	43	66	207
① Discusión y Propuesta	22	14		8	
② Orientación	72	1		30	44
③ Charla Especial	42			2	40
④ Charlas complementarias	32		2		30
⑤ Orientar la Presentación	61		20	2	39
⑥ Orientación a debate	35				35
⑦ Visita	22				22
⑧ Participación y Apoyo	49	4	21	24	

Desde el 1 de julio de 2016 hasta 09 de junio de 2017, he desarrollado 335 actividades.

En total 19 reuniones realizadas con relación al planteamiento de las actividades y asesoramiento de la política con el Ministro y con el Director General del SNPP, 43 asesoramiento en cuanto a la preparación del evento y orientación. Además 66 actividades de apoyo y participación de las reuniones.

El 30 de agosto de 2016, tuvimos el Acto de Apetura con todos los directores regionales de Trabajo y SNPP y con las autoridades del MTESS y SNPP.

El 29 de noviembre de 2016, tuvimos el Acto de Informe Semestral, presentación de los casos exitosos y presentación de 20 equipos para el juego de roles.

Desde el mes de agosto de 2016 hasta mayo de 2017, se desarrolló la capacitación, a los 57 regionales en total. Las actividades realizadas en total son 207.

• 44 visitas a las Regionales y reuniones para compartir ideas y dar orientación básica de nuestra capacitación.

• 40 charlas especiales y después del debate 32 charlas complementarias.

• 44 orientaciones con relación a la presentación del director.

• 35 debates desarrollados entre el director, funcionarios administrativos e instructores.

• 22 visitas realizadas a las aulas con el fin de chequear la condición de las herramientas y los talleres.

El 23 de junio tendremos el Acto de Clausura, el Informe Final. En dicho acto, se presentará los casos exitosos y juego de roles, y finalmente se entregarán los certificados.

2. Acto de Apertura

Acto de Apertura del Taller Juntos para un Nuevo Futuro del Paraguay:

Capacitación Especial para las Sedes Regionales del SNPP y las Direcciones del MTESS

PROGRAMA

① 09:00 Palabras de Apertura a cargo del Lic. Ramón Maciel, Director General del SNPP (10m).

② 09:10 Introducción sobre la Capacitación: "Nuestra tarea, para el Futuro hoy" a cargo del Asesor Ariel Younggyu Kwon(10m).

③ 09:30 Palabras de agradecimiento a cargo de su Excelencia el Sr. MyungJae Hahn, Embajador de Corea(10m).

④ 09:40 Palabras a cargo de su Excelencia, el Dr. Guillermo Sosa, Ministro de Trabajo, Empleo y Seguridad Social(20m).

⑤ 10:10 Tema: El país que esperamos y el Plan 2030: Abog. Laura Díaz Directora de Planificación del MTESS, Econ. Paulino Villagra, Asesor Del MTSS, y la Lic. Gloria Acosta, Directora de Auditoría Interna(60m).

⑥ 11:20 Lic. Enrique López, Director General de Empleo y Lic. Roque Gómez, Director de Diálogo Social Tripartito(40 m) Preguntas

⑦ 13:30 Tema: Plan de Gestión Anual del Ministerio, según la Función del SNPP a cargo de: Dra. Fátima Loncharich, Gerente Técnico, Lic. Nelson López, Gerente de Acción Formativa(40m).

⑧ 14:15 Tema: La Cooperación y División de SINAFOCAL, Papel

Fundamental, a cargo de la Lic. Carmen Ayala, Directora Técnica de SINAFOCAL (30m). Preguntas

⑨ 15:15 Tema: Nuevo desafío para un Nuevo Rumbo a cargo del Lic. David Cano, Director Del CTA(30m). Preguntas

⑩ 15:50 Tema: Situación actual y el Plan de Mejoramiento a cargo del Ing. Oscar Aguiar, Director del CPP-PJ(30m). Preguntas

⑪ 16:40 Palabras finales a cargo del Lic. Ramón Maciel, Director General del SNPP

El Acto de Apertura que se llevó a cabo, el 30 de agosto de 2016, en el Centro Tecnológico Avanzada, estuvieron presentes alrededor de 200 personas, el ministro del MTESS, el embajador de Corea en Paraguay Myung Jae Han, el representante de KOICA Han Deog Cho, los directores y jefes del Ministerio y del SNPP.

En el Acto de Apertura hablé sobre el objetivo del proyecto JUNTOS PARA UN NUEVO FUTURO DEL PARAGUAY, y sobre las actividades que desarrollaré en el futuro.

En la charla reiteré la autoconfianza que se "Puede", y la responsabilidad que promueve el cambio como un líder, el trabajo y la función de los responsables de la formación y capacitación laboral y la mentalidad básica que requiere un funcionario público.

En dicho acto, se explicaron misión y la visión del Paraguay a largo plazo y la política del gobierno nacional. Además, El Plan Nacional del Gobierno 2030, la visión y los ejes estratégicos del MTESS, la visión y política del trabajo del SNPP por área.

11 directores fueron disertantes de la capacitación; 5 personas del MTESS, 3 personas del SNPP Central, 1 persona de SINAFOCAL, 1 persona de CTA, 1 persona de CTFP-PJ.

Fue un momento donde se fortaleció y se preparó la mente. Se dio la oportunidad de comunicarse con las direcciones regionales para formar el teamwork, al mismo tiempo se reiteró la responsabilidad y el sentido del deber.

El Ministro Guillermo Sosa enfocó la importancia de la oportunidad, la humildad como funcionario público, la mentalidad ganadora, la responsabilidad y el sentido del deber, como líderes de esta generación.

3. Visita a las Direcciones Regionales

1) Reunión-Orientación: Preparación de la capacitación

Antes de desarrollar la capacitación, convocamos una reunión a los directores y chequeamos la preparación de las presentaciones, el salón, comunicación a los participantes, situaciones específicas de la zona.

Explicamos por detalle, el objetivo del programa y sus órdenes. Especialmente, los detalles que deben incluir en la presentación de los directores, posibles temas de los debates y cómo discutir y desarrollar. La mayoría de los directores entendieron perfectamente el objetivo fundamental de la capacitación y atendieron los detalles en la preparación. Prepararon con anticipación los equipos y materiales que necesitaríamos, comunicaron a los participantes y mantuvieron limpias las aulas.

Había muchas diferencias en las condiciones de las Direcciones Regionales. Coronel Oviedo(Caaguazú), Coronel Bogado(Itapúa), Hernandarias(Alto Paraná), estos tres lugares fueron Regionales destacados ya que los talleres estaban bien equipados para impartir los cursos y tenían funcionarios. En las Unidades Operativas de Lambaré, Mariscal Estigarribia, Puerto Casado existía escasez de insumos, equipamientos y recursos humanos.

Realmente las condiciones de las direcciones regionales eran precarias. Faltaban aulas, eran muy pequeñas y falta de mantenimiento. Los directores tenían que acomodar y ordenar las aulas pequeñas o si no prestaban de otras instituciones salones y equipamientos para desarrollar nuestra capacitación.

Las direcciones como Lambaré, Yatytay, San Juan Bautista, Puerto Casado, que no contaban con aulas de capacidad suficiente para entrar todos los funcionarios administrativos e instructores, prestaron salones de la Municipalidad o del cuartel.

Muchos lugares no contaban con un proyector, por lo tanto, en caso de Lambaré prestó de un instructor, en Puerto Casado prestó de la Municipalidad, San Juan Bautista del cuartel.

La mayoría de las aulas no tenían cortinas. No se podían ver las presentaciones proyectadas a causa de claridad de afuera, tenían que pegar telas o papel madera para tapar las ventanas, así, pusieron todos sus esfuerzos en la preparación para que la capacitación pudiera ser provechosa para todos.

Habían lugares donde no se mostraban suficientemente las diapositivas y el audio o el video por la capacidad insufiente de las computadoras,

también habían lugares donde los proyectores eran muy obsoletos.

En general, estuve satisfecho con la asistencia y participación de los beneficiarios. Habían excepciones, como los instructores que tenían clases en la hora de nuestra capacitación, pero de todo formas, hubo mayor participación y responsabilidad de cada uno de los participantes.

Había lugares donde llovía mucho, por ese motivo había personas que llegaban tarde, pero no hubía personas que dejaron de participar por esa razón.

En el caso de RC4 y de Nueva Italia asistieron todos los funcionarios, asistieron personas de servicios en general(limpiadoras, guardias). Además asistieron los estudiantes del SNPP que deseaban asistir como en el caso de RC4, Parque Industrial, Capiata Ruta I, etc.

En general fueron puntuales. Las Unidades Operativas como Coronel Oviedo, Coronel Bogado, Paraguarí, Hernandarias prepararon con anticipación todos los detalles y a la hora confirmada pudimos empezar con la capacitación.

2) Presentación de los directores

Les pedí a los directores de cada Regional que prepararan una presentación donde comentaran la situación actual de los participantes.

Les pedí que prepararan 4 cosas; la situación actual de la zona, la programación y la cantidad desarrollada, análisis de FODA, plan estratégico, a parte de eso, de acuerdo al criterio de los directores, asentí con la presentación de las características especiales de la zona.

A través de la presentación los propios directores chequeaban los avances de los cursos que estaban impartiendo y al mismo tiempo pude observar su manejo de las computadoras, su capacidad de expresión y presentación, preparación y análisis de datos.

Sede	Situación Actual de la Zona	Orientación	FODA	Plan Estratégico
SNPP(41)	21(51%)	38(85%)	31(76%)	24(59%)
Trabajo(11)	11	0	10	10

División	4 Temas Todos	3 Temas	Menos de 2 Temas
SNPP (41 personas)	12 personas (29%)	14personas (34%)	15 personas (37%)

El motivo de esta presentación primeramente fue que los funcionarios administrativos, instructores y los estudiantes pudieran entender las políticas de su Director y segundo fue compartir las informaciones.

La evaluación de temas presentados de los directores es cuanto sigue:

① Preparación de materiales

Los directores regionales que desarrollaron todos los temas, del SNPP fueron 12 personas(29%), del trabajo 10 personas(91%). Cordillera, RC4, Mariano Roque Alonso, Limpio, Villeta, Parque Industrial, Luque, Zona Franca Global, Enrcarnación, Alto Chaco, Pilar fueron las direcciones que prepararon los 4 temas por completo.

Entre 4 temas, 14 directores(34%) prepararon y presentaron 3 temas, 15

directores(37%) prepararon y presentaron menos de 2 temas. 2 direcciones por casos excepcionales no pudieron preparar la presentación y en 5 regionales, trataron dos temas e hicieron su presentación en forma verbal.

② Situación actual de la zona

La gran mayoría extrajo datos oficiales que poseían las instutiones públicas tales como de la Dirección General de Estadística, Encuestas y Censos o de la Municipalidad departamental.

En Buena Vista, Villeta, Capiatá, hablaron de la correlación que hay entre el rápido avance de la tecnología y la capacitación laboral en SNPP.

En caso de Choré, estaban implementando el Programa Sembrando Oportunidades, que tiene como objetivo la reducción de la pobreza extrema. En Caazapá y en algunos lugares más, mencionaron los asentamientos y comunidades indígenas que necesitan la capacitación laboral, pero no demostraban gran interés en ellos.

③ Los advances de la programación

En todos los lugares presentaron la cantidad de los cursos ejecutados. La gran mayoría alcanzó de 100%, pero algunos otros no pudieron alcanzar con éxitos las acciones programadas.

INFORME TÉCNICO UNIDAD OPERATIVA CORDILLERA				
DESCRIPCIÓN	ACCIONES FORMATIVAS	PARTICIPANTES		
		HOMBRES	MUJERES	TOTAL
Metas2016(PD1)	196	1.800	2.200	4.000
Ejecutadas	180	1.439	2.176	3.615
A ejecutar	16	361	24	385
AVANCE	92%	80%	99%	90%

④ Análisis de FODA

30 direcciones regionales(79%), analizaron a través de FODA la situación de su institución. Los contenidos eran parecidos pero en algunos lugares conectaron las informaciones y establecieron líneas de acción de estrategia.

La gran mayoría menció los desafíos que tienen en el SNPP Central. Si se unifica todas esas informaciones se pueden saber los deseos de las regionales hacia la Central.

Los desafíos comunes que destacaron
los direcotres regionales

• Salario docente por debajo de las expectativas

• Falta de capacitación del personal administrativo

• Insuficiente cantidad de personal administrativo considerando el aumento del volumen de trabajo por más acciones formativas

• Procesos administrativos burocráticos y muy centralizados en relación al SNPP Central.

• Respuestas lentas a solicitudes hechas a la Central SNPP

• Falta de caja chica para solventar gastos básicos de la Regional que en la actualidad es solventada por el Director en la mayoría de los casos.

• Falta de un vehículo automotor para control de cursos y gestiones varias

• Insumos insuficientes y casi nulos para cursos que se ejecutan

• Falta de interés y compromiso institucional de algunos funcionarios administrativos e instructores en general

• Falta de equipamiento en cursos de alta demanda

• Implementación de Tic's insuficiente y desactualizado

• La inseguridad que trae consigo deserciones

• La falta de oportunidad laboral para los egresados

INFORME TECNICO UNIDAD OPERATIVA CORDILLERA

PLAN ESTRATEGICO

• Estudio de mercado, teniendo en cuenta las necesidades de cada ciudad.

• Rotación de los cursos.

• Autogestión.

• Capacitación a los Instructores a nivel local.

• Publicidad de los cursos en otras localidades.

• Trabajar con otros Entes.

• Pasantías en Empresas del ramo que se especializan.

• Visitas didácticas.

AUTO EVALUACIÓN

① PRODUCTO Y FALENCIA DE LA REGIONAL

• Buena aceptación del área automotriz, confección, belleza y estética, administración, electricidad y refrigeración.

• Experiencia de los participantes en trabajos de campos.

② FALENCIA

• Falta de capacitación y actualización por parte de los Instructores.

• Falta de cobertura en ciertos Municipios

• Falta de Instructores en el área de: refrigeración, fontanería, construcción, hotelería y turismo, artesanía, cuero, entre otros

Hubo 20 lugares donde conectaron los análisis de FODA y en base a eso establecieron un plan estratégico. Muchos de ellos mencionaron análisis de la demanda para impartir los cursos necesarios y crear alianzas con los municipios, organizaciones civiles, asociaciones, empresas para recibir apoyo.

3) Charla especial a cargo del Asesor

Después de terminar la presentación de los directores dí charla especial. El contenido es como sigue:

① La realidad del Paraguay y el sueño del Paraguay

Hace 27 años que abrió el camino hacia la democracia, después de la independencia, la Guerra de Triple Alianza, Guerra del Chaco, Guerra

Civil y la caída del Dictador Stroessner.

Todos ustedes aman el Paraguay, se sienten orgullosos de ser paraguayos pero no están satisfechos con la situación actual del país. Paraguay necesita más desarrollo y debe ser un mejor país, mejor en todos los sentidos.

Desean el cambio pero no saben específicamente como desarrollar, no están pensando específicamente en el sueño del Paraguay, tampoco anhelan cumplir el sueño.

Hablando de la guerra del Paraguay, de la ubicación geográfica comparando con Brasil y Argentina, mencionan varios problemas que tiene el Paraguay, y con pensamiento pesimista dicen "El desarrollo en Paraguay, es difícil"

Pero puede realizar. Si lo creen se hará realidad. Todos juntos pueden realizar el sueño del Paraguay.

② La nueva relación entre Corea y Paraguay

Corea también es un país que está ubicado en medio de países potentes. Pasó por una guerra tremenda y era un país muy pobre. 50 años atrás Paraguay vivía mucho mejor que Corea, en aquella época de guerra coreana, Paraguay fue el país que nos apoyó con medicamentos y cuando Corea estaba pasando por momentos más difíciles en su época, el Paraguay recibió a los primeros inmigrantes coreanos.

Por tal motivo, los coreanos consideran a los paraguayos como sus mejores amigos. El Gobierno de Corea juntos con paraguay crear un nuevo futuro.

Corea está apoyando varios proyectos para el desarrollo del Paraguay. Por medio de la KOICA está construyendo hospitales, está ayudando a mejorar los semáforos y a establecer plan madre para el mejoramiento del aeropuerto internacional Silvio Pettirossi, también cronstruyó el Centro Tecnológico de Avanzada(CTA) Paraguay – Corea. Además está enviando varios funcionarios administrativos del Paraguay a Corea para que puedan capacitarse.

③ El secreto del desarrollo rápido de Corea

Corea en solo 50 años, creció su economía y sorprendió a todo el mundo en su democratización.

En la cultura y en el deporte también demostró un gran progreso. Por medio de los Juegos Olímpicos del año 88 y la Copa Mundial de 2002, Corea llegó un momento cumbre. Después de la guerra, El PIB alcanzaba apenas 60 dólares per cápita desde el año 2010, Corea llegó a los 27,000 dólares per cápita.

El secreto del rápido crecimiento, está en la educación y la capacitación. Trajeron científicos del exterior y construyeron laboratorios, muchos docentes y funcionarios públicos fueron enviados y capacitados en el exterior. Fortalecieron la reforma educativa. Desarrollaron recursos humanos necesarios a través del Centro de Formación y Capacitación Vocacional que fue construida gracias a los alemanes. Esos recursos humanos capacitados llegaron a ser técnicos importantes para el desarrollo de la industria.

En cuanto al desarrollo económico había un gran deseo y voluntad de todos los ciudadanos en tener una buena calidad de vida. Pasaban hambre para poder ahorrar para el día de mañana y decían que a sus hijos darían más educación. Gracias a esa pasión el país pudo salir adelante.

Corea después de la guerra no tenía nada de recursos ni técnicas. Al principio desarrolló copiando e imitando la tecnología de otros países, luego a través de la creatividad y diligencia de los ciudadanos continuó con el desarrollo.

Corea tuvo guerras pero no estaba desanimado, tampoco se sintía cohibido entre los países potentes. Vive con empeño entre de China y Japón. Ahora Corea vende sus productos a los grandes países como China, Estados Unidos y Japón.

④ Conducta adecuada como funcionario público

En general los funcionarios públicos de Corea son diligentes y muy preparados. El servicio de aeropuerto, de aduana, de ventanilla donde se entrega el pasaporte, de ventanilla para asuntos civiles son rápidos, exactos y amables con los ciudadanos. Había muchas quejas de los servicios de la policía y de los bomberos, que actualmente ofrecen buenos servicios.

Se trabajó mucho para mejorar el servicio de los funcionarios públicos. Se reiteró la vocación, el sacrificio y lealtad hacia la patria. Inculcó el sentido del deber y el espíritu de servicio.

Se estableció la disciplina en la institución pública. Se controló todo el tiempo para impedir el mal sevicio de los funcionarios. Como se dice la luz del sol es el mejor desinfectante, abrió al público todos los procesos de admisión y estableció grandes y pequeños sistemas con el objeto de prevenir la ilegalidad y ese esfuerzo está continuando hasta el presente. Hace poco se aprobó la ley Kim Young-ran para erradicar el origen de todo tipo de corrupción.

Insistimos en la amabilidad de los funcionarios de las ventanillas a los ciudadanos y les entrenamos que salude agachando el cuerpo 90 grado. A través del avance de la computadora e informatización, se esforzó disminuir el tiempo de proceso e innovar el sistema del servicio para el público.

El funcionario público es servidor del pueblo, debe ser amable. Debe pensar desde el punto de vista de los ciudadanos y no desde un funcionario público. Debe escuchar con mucha atención la idea de los ciudadanos y en el momento oportuno ofrecer la información que necesitan. Debe esforzarse mucho para adoptar la idea de los ciudadanos.

⑤ El sueño y esperanza del Paraguay

El sueño de todos ustedes es formar un "Paraguay donde todos puedan ser ricos", "Paraguay, donde todos puedan ser felices".

Después de que el Presidente Horacio Cartes asumió el cargo, estableció el Plan Nacional de Desarrollo 2030, un plan del Paraguay a largo plazo. El plan está orientado al siguiente objetivo. "Paraguay, el país de oportunidades para la gente y para las empresas".Este objetivo seria el sueño de Paraguay.

PLAN NACIONAL DE DESARROLLO 2030				
	Líneas transversales			
Ejes estratégicos	Igualdad de oportunidades	Gestión pública eficiente y transparente	Ordenamiento territorial	Sostenibilidad ambiental
Reducción de pobreza y desarrollo social	Desarrollo social equitativo	Servicios sociales de calidad	Desarrollo local participativo	Hábitat adecuado y sostenible
Crecimiento económico inclusivo	Empleo y seguridad social	Competitividad e innovación	Regionalización y diversificación productiva	Valorización del capital ambiental
Inserción de Paraguay en el mundo	Igualdad de oportunidades en un mundo globalizado	Atracción de inversiones, comercio exterior e imagen país	Integración económica regional	Sostenibilidad del hábitat global

El Plan Nacional de Desarrollo del Paraguay tiene dos grandes ejes. En los ejes estratégicos están la reducción de pobreza y desarrollo social, crecimiento económico inclusivo e inserción de Paraguay en el mundo. En las líneas transversales están la igualdad de oportunidades, gestión pública eficiente y transparente, ordenamiento territorial y sostenibilidad ambiental. Se trazaron estas dos líneas para establecer objetivos más detallados para el desarrollo del país.

Entre los 12 objetivos, los que se encuentran en la primera fila, el desarrollo social equitativo, empleo y seguridad social, igualdad de oportunidades en un mundo globalizado, son los objetivos más importantes que están alineados directamente con el trabajo del MTESS.

El trabajo de ustedes va a establecer la base del desarrollo del país. Ustedes, que están formando capital humano, deben crear el sueño y el futuro del Paraguay.

⑥ La valentía y desafío, actitud positiva

Para cumplir con el sueño debe cambiar primero la actitud. Debe ver las cosas desde una perspectiva diferente, debe pensar en forma diferente, debe acercarse en forma diferente. Debe amar el Paraguay y debe sentir orgullo de ser paraguayo.

No debe dejarse vencer por la situación difícil. Con valentía debe salir adelante y hay que poder desafiar el futuro. Debe superar el pesimismo y debe tener actitud positiva.

No debe estar preocupado porque está ubicado en medio del Brasil y Argentina. Si mejora un poco más la calidad de servicio, si mejora un poco más la calidad de productos, el día de mañana el gran mercado de Brasil y Argentina será del Paraguay. El gran mercado de Sudamérica será el mercado de Paraguay.

Israel construyó su nación en un territorio pequeño. Israel es un país donde hay escacez de terreno y agua. Pero vive en mucha opulencia. Paraguay tiene un territorio grande y fértil, además hay agua en abundancia. Si Israel pudo, Paraguay también puede.

Corea fue un país que pasó por la guerra. Está ubicado en medio de grandes países, no hay recursos naturales. Sin embargo, con unos 50 años salió con éxito a la industrialización y democratización. De un país que recibía apoyo, se convirtió en un país que apoya a otros países. Si

Corea pudo, Paraguay también puede.

⑦ Tener gran sueño, pero empezar con lo básico

Paso a paso se anda lejos. Para cumplir el gran sueño de Paraguay, no necesita empezar grande, debe empezar con el trabajo básico y cotidiano.

La función de ustedes es capacitar a los estudiantes y mejorar la calidad de los cursos. Para impartir cursos de buena calidad, deben fortalecer perfectamente la base. Deben poner en práctica desde los trabajos más pequeños. Deben ser puntuales, empezar a tiempo los cursos. No deben faltar clase ni reducir la cantidad de clase.

Deben cumplir la promesa con los estudiantes. Deben cumplir con todos los contenidos planificados. No deben engañar y entregar los certificados sin que haya terminado bien los cursos.

Cualquier trabajo que sea, debe hacerlo perfectamente. No deben fingir que trabaja y deben completar el trabajo.

Aprender de los demás no es algo para sentir vergüenza o lastimar el ego. Uno no puede salir adelante si está complacido solo con la imitación. Si de verdad quiere salir adelante debe utilizar la creatividad y crear algo nuevo de acuerdo a la cultura paraguaya.

El SNPP está implementando NEO de Estados Unidos, que trata de una metodología eficiente para la capacitación laboral, PIMA que está basado en una capacitación creativa.

Si va a copiar, debe copiar y dominar por completo y si va a imitar debe imitar perfectamente. Por lo tanto, utilizando la creatividad hay que poder crear algo propio del Paraguay. El día de mañana, hay que poder crear un nuevo modelo NEO del Paraguay, un PIMA estilo paraguayo. Así únicamente la capacitación laboral podrá autoreproducir.

⑧ ¡ Sí, Puede!

¿Pueden ustedes? ¡Sí, Pueden!
¿Quien debe hacer el trabajo? ¡Yo tengo que hacer, nosotros tenemos que hacer y juntos tenemos que hacer!
¿Cuándo hay que hacer? Ahora y no dejar para mañana.

4) Ver video y debate entre los participantes

Antes de empezar el debate se mostró un video donde se hablaba del buen trato. Los participantes presentes a través de juegos de roles presentados por los funcionarios del MTESS tuvieron la oportunidad de pensar sobre la buena atención al ciudadano o al estudiante.

A través del video se dio una breve orientación sobre la preparación del sketch para el informe semestral y final.

A continuación, bajo la orientación del director se desarrolló el debate con todos los participantes. El tema del debate se fijó entre el director y los participantes.

¿Cómo pueden mejorar la calidad de los cursos y capacitar más a los instructores?

¿Cómo pueden solucionar la falta de insumos y equipamientos?

¿Cómo pueden impartir cursos de acuerdo a la demanda de la sociedad?

¿Cómo pueden ayudar a los egresados para que puedan insertar en el mercado laboral?

¿Cómo pueden motivar y estimular a los estudiantes para que pueda terminar con éxtio el curso?

¿Cómo pueden crear alianzas con los municipios, instituciones públicas, organizaciones civiles y empresas privadas?

Traté de que se enfocaran en la resolución del problema y no en el planteamiento de los problemas y le pedí al director que como moderador, promoviera la participación de todos y que no era necesario dar una conclusión muy rápida.

El nivel del debate dependía de la capacidad del director. Los participantes participaban activamente en los lugares donde el director demostraba su habilidad para el mando y donde llevaban relación familiar entre ellos.

Por el debate los participantes pudieron pensar y compartir sus ideas y posible solución para salir adelante.

Se han dado opiniones sobre el problema de la Central, problema administrativo que debe solucionar el director, poblema que con el apoyo de la comunidad local puede dar la solución, problema que los instructores mismos deben solucionar, problema de los estudiantes que se puede dar la solución en las aulas y las consultas.

Manifestaron las inquietudes de los instructores. Tenían muchas quejas hacia la Central, se quejaron del trato desagradable de los funcionarios administrativos y del ambiente precario. De esa forma compartieron sus inquietudes y eso amplió el entendiemiento entre ellos.

4. Informe Semestral y Juegos de Roles

1) Informe Semestral

Informe Semestral sobre el Taller *Juntos para un Nuevo Futuro del Paraguay*, Capacitación Especial para las Sedes Regionales del SNPP y las Direcciones del MTESS

PROGRAMA

① 09:00 Palabras de Apertura a cargo del Lic. Ramón Maciel, Director General del SNPP

② 09:10 Introducción sobre la presentación del Informe del Semestre, a Cargo del Asesor Ariel Younggyu Kwon

③ 09:20 Palabras de agradecimiento a cargo del Representante de KOICA en Paraguay, el Sr. HAN-DEOG CHO

④ 09:30 Charla Especial a cargo de su Excelencia, el Dr. Guillermo Sosa, Ministro de Trabajo, Empleo y Seguridad Social

⑤ 10:15 Ponencia: Plan Estratégico Institucional- Lineamiento del Plan de Gestión Anual MTESS/2017 a cargo de la Abog. Laura Díaz, Directora de Planificación y Cooperación del MTESS

⑥ 10:30 Ponencia: Análisis de la situación actual a cargo de la Gerente Técnico, Dra. Fátima Loncharich

⑦ 10:45 Ponencia: Productos Esperados a cargo del Gerente de

Acción Formativa, el Lic. Rubén Ríos

⑧ 11:00 Ponencia: Orientación Presupuestaria 2017 a cargo del Gerente Económico, el Abog. Carlos Ruíz

⑨ 11:15 Ponencia: Fortalecimiento de la Institución, Formando Alianzas a cargo de Mercedes Isidro Ruiz Díaz, Director Regional Paraguarí

⑩ 11:30 Ponencia: ¿Cuál es la parte fuerte y débil de PIMA y NEO Paraguay y cómo se puede implementar esto para atraer, a cargo Filemón Navarro, Director Regional de Guairá

⑪ 11:45 Ponencia: Impacto Social, según la situación actual del Departamento zona a fin de ver ¿Cuáles son los cursos que se pueden ejecutar yCómo ayudaría a salir adelante? a cargo de Vicente Duarte, Director del Centro de Formación y Capacitación de Buena Vista

⑫ 12:00 Ponencia: ¿Cómo se puede lograr la formalización para garantizar los derechos de los trabajadores? a cargo de José García, Director de Regional de Trabajo de cordillera y Jorge Ramírez, Director Regional deTrabajo de Caaguazú

Capacité 30 Unidades Operativas y el 29 de noviembre en CTA se hizo la presentación del informe semestral. En este acto los participantes practicaron los temas aprendidos.

El informe semestral fue una capacitación extra para profundizar lo aprendido. Se empezó con la charla especial del Ministro Guillermo Sosa. El Ministro pidió más esfuerzo de sus trabajos en sus respectivos lugares, recalcó la responsabilidad y vocación, y la importancia del desarrollo de su propio liderazgo. Ese día los directores del MTESS y del SNPP disertaron sobre los planes y políticas por área.

En el informe semestral, se implementó el método de la educación participativa. Los participantes mismos asumieron el rol del instructor para experimentar y enseñar. Fue una capacitación activa y participativa donde trabajaron juntos, los directores e instructores de la Central y Regional, con los funcionarios administrativos.

En algunos lugares había directores que no sabían hacer sus presentaciones. Necesitaba mejorar la capacidad de expresión, de presentación y análisis de datos. Por tal motivo se hizo una presentación de ejemplo de un director de otra Unidad Operativa.

Había Unidades Operativas que no se llevaban con el director, instructor y funcionario administrativo, entre ellos se desconfiaban y se criticaban. Algunos lugares ni siquiera se reunían. Por ese motivo, se intentó hacer un juego de roles. Todas las Unidades Operativas que no hicieron una presentación especial, se obligó a presentar juegos de roles.

2) Juego de Roles

Para el juego de roles se pidió que formaran un equipo donde sin falta debía estar el director, el jefe instructor y funcionario administrativo, debía estar formado mínimamente por 5 integrantes. Podía elegir un tema donde hablaran sobre un problema actual de su regional y su posible solución. Los equipos se reunieron para debatir y practicar sobre algunos problemas como la discriminación, el problema de buen trato, falta de insumos, cursos de acuerdo a la demanda.

En dicho acto participaron 20 equipos. Como los participantes estaban muy contentos disfrutando el acto, los auditores también se pusieron muy contentos.

Realmente muchas personas participaron. Cada equipo estaba integrado por más de 10 personas. Estaban formados por diversas personas como el director, funcionario administrativo y el instructor, inclusive los estudiantes de los cursos y los ciudadanos de la zona. También había lugares donde se dió la participación a limpiadora, guardia, discapacitado, trajeron hasta sus bebes.

En los temas se notaban las características de su zona. Ellos buscaron casos especiales de su zona para presentar. Presentaron 20 equipos pero ninguno de ellos se repetía los temas.

Todos eran muy activos. Se notó el esfuerzo de cada uno de los integrantes para expresarse de la mejor manera. Lo impresionante fue la participación de los directores, ellos asumieron un rol especifício y dramatizaron activamente. Como el director tomó la iniciativa, sus miembros le seguían.

ORDEN DE PRESENTACIÓN

Unidad Operativa	Temas
① Centro de Formación y Capacitación RC4 Acá Carayá	La importancia de una guardería – Lugar de esparcimiento para niños
② Dirección Regional Caazapá	Inclusión de pueblos originarios
③ Dirección de Formación y Capacitación Profesional Itauguá	Gestíon de calidad
④ Dirección de Formación y Capacitación de Itá	Insumos
⑤ Dirección de Formación y Capacitación Profesional Mariano Roque Alonso	Situaciones de creación de alianzas estratégicas
⑥ Dirección Regional Cordillera	No a la discriminación
⑦ Dirección de Formación y Capacitación Profesional de Itá	Un día en la oficina
⑧ Centro de Formación y Capacitación de Villa Elisa	Cuidador de personas adultas dependientes
⑨ Dirección de Formación y Capacitación del Parque Industrial de Capiatá 1	Administración de recursoshumanos
⑩ Centro de Formación y Capacitación Profesional de Capiatá 1	Compromiso de los instructores
⑪ Centro de Formación y Capacitación deAreguá	Aprender a emprender
⑫ Dirección de Formación y Capacitación de Capiatá 2	La correcta marcación del reloj
⑬ Dirección de Formación Profesional Limpio	Presentación de la factura
⑭ Dirección de Formación y Capacitación de Villeta	El nivel y la calidad de los cursos
⑮ Dirección de Formación y Capacitación de J. Augusto Saldívar	Desarrollo de un curso de Cocina en un asentamiento
⑯ Centro de Formación y Capacitación Profesional de Luque	Promoción de cursos del SNPP Luque
⑰ Dirección de Formación y Capacitación de Lambaré	Creación de nuevoscursos
⑱ Dirección de Formación y Capacitación de Nueva Italia	Ayudomi al productor
⑲ Dirección Regional de Caaguazú	Creación de cursos de encuestador y consulta popular
⑳ Centro de Formación y Capacitación Profesional Ypané	No a la discriminación

III. La evaluación de la capacitación

Las actividades de la capacitación y las habilidades de los miembros se pueden evaluar en dos formas, a través de análisis cuantitativo y cualitativo. Análisis cuantitativo, es una técnica que te ayuda a evaluar en forma objetiva con los indicadores específicos. A través de una investigación se cuantifica los resultados. Análisis cualitativo, depende de la experiencia e intuición del observador. Lo ideal es utilizar estas dos herramientas para evaluar.

Antes del Acto de Apertura, solicité una evaluación objetiva de parte del SNPP proporcionandole un modelo de evaluación cuantitativa, pero no se hizo. También pedí un acompañamiento del SNPP para monitorear y recibir sugerencias con relación a las capacitaciones, pero tampoco se hizo.

Por eso, dejo escrito los logros de la capacitación y problemas identificado en base a lo que vi y lo que sentí durante la capacitación, con la actitud y reacción demostrada antes y después de la capacitación. Por lo tanto, es una evalución subjetiva y cualitativa.

1. Efecto de la capacitación

1) Nos dieron la bienvenida

En las Regionales, nos recibieron con amabilidad. Limpiaron y decoraron con globos su local. Hicieron exposición de los trabajos de los estudiantes y alguna regional nos recibió con música.

Todas las actividades se desarrollaron como debe ser. Nos demostraron sus agradecimientos por la visita, las Regionales lejanas consideraron nuestras visitas como interés especial hacia ellos.

Dijeron que era la primera vez que estaban recibiendo una capactiación especial y que era la primera vez que estaban escuchando este tipo de charla. En caso de Puerto Casado, Fuerto Olimpo, Mariscal Estigarribia, dijeron que hasta en fecha no habían tenido visita del Director General, tampoco de ninguna autoridad del SNPP.

En varias regionales nos querían mostrar sus aulas, los talleres y principales instalaciones. También como estaban trabajando para salir adelante y cuáles eran las dificultades que estaban teniendo.

En gran parte pudimos empezar a la hora agendada, en general la asistencia fue buena y colaboraron en todo. Invitaron con anticipación a los participantes y prepararon la planilla de asistencia para chequear.

Después de terminar las capacitaciones nos agradecieron con abrazos y nos pidieron que volvieramos a su Regional para visitarles. También nos pidieron que transmitiéramos a la Central las dificultades que tenían.

2) Las presentaciones de cada director fueron provechosa a los directores y a los participantes.

Los Directores Regionales prepararon sus presentaciones. Mencionaron la situación actual de sus Regionales a través de datos estadísticos. Con dichas presentaciones, muchos de los directores transmitieron sus ideas a los instructores y aprovecharon la oportunidad de poner orden en su institución.

Todos hicieron un análisis en base a FODA y trataron de convencerme de las dificultades que tenian, al mismo tiempo aprovecharon para comentar las actividades que realizaban.

Los instructores me escuchaban con mucha atención. Como estaban más concentrados en impartir los cursos no tenían un entendimiento general, pero esta vez, por medio de las presentaciones de los directores pudieron entender con profundidad.

Cuando los directores hicieron sus análisis de FODA y explicaron las debilidades y las amenazas, los instructores prestaron mucha atención, entendían exactamente las dificultades que ellos tenían y también cuando empezó a hablar sobre los cursos que ellos impartían se pusieron nerviosos.

3) El efecto de cada charla fue muy buena

Estaban contentos por la charla. Los participantes escuchaban con mucha atención, algunos suspiraban y otros se veían muy emocionados. Algunos inclusive empezaban a lagrimear por la emoción. Había instructores que asistieron una y otra vez por los temas interesantes que se desarrollaban durante toda la charla.

En caso de RC4, Parque Industrial, a parte de los instructores, asistieron los estudiantes que deseaban. Para la charla de Nueva Italia, RC4 y la Municipalidad de Yaguarón, se invitó inclusoa los jóvenes, policías y los guardias.

Los participantese estaban sorprendidos, por los conocimientos que tenía el asesor extranjero sobre la geografía, historia, la realidad del país y la capacitación del SNPP. Estaban interesados sobre la perspectiva diferente que tenía sobre la situación actual del país. Había muchos instructores que hacían preguntas durante y después de la charla.

Manifestaron que por medio de la charla podían tener punto de vista objetiva sobre los problemas que estaban expuestos día a día y sobre la situación actual del Paraguay, y que era una buena oportunidad de aclarar el Plan Nacional de Desarrollo 2030 y el Plan Estratégico Institucional del MTESS. Además dijeron que podían darse cuenta del gran esfuerzo del SNPP para el mejoramiento de los cursos a través de NEO y PIMA.

Los mismos instructores se dieron cuenta de que necesitaban más capacitación para tener habilidad de un nivel más alto y que hacía falta estar actualizados y cambiar la metodología de enseñanza.

Corea 50 años atrás era mucho más pobre que el Paraguay, vivía en medio de los países potentes, pasó la guerra y hasta ahora está amenazado con la guerra, no tiene petróleo ni siquiera carbón, nada de recursos naturales, tienen muchos habitantes en un territorio muy reducido. Los participantes querían saber cómo Corea pudo superar los obstáculos y salir adelante en medio de la condición precaria.

Ellos estaban totalmente de acuerdo con la importancia de la formación y la capacitación como así también la voluntad y la diligencia de los ciudadanos. Sintieron la necesidad de cambio de mentalidad para poder ver y solucionar los problemas desde un punto de vista diferente y que necesitaban fortalecer la base.

Pudimos concienciar que el Paraguay para poder salir adelante debe tener sueño y esperanza, desafiar el futuro y que los funcionarios públicos deben tomar la iniciativa.

Lo más importante, ellos no tenían dudas de la importancia del pensamiento positivo. Al final de cada charla repetimos con fuerza nuestros slogan: ¡Sí, Puede!¡Vamos Juntos!, ¡Construiremos el Futuro hoy!

4) Después de cada Juego de Roles los participantes estaban muy satisfechos

La directora de RC4 manifestó: "Todas las personas estaban muy contentas, especialmente, los niños. Para ellos fue un lindo paseo, estaban muy contentos de poder hacer esa presentación en sketch. Se rieron y unieron sus corazones. Estaban agradecidos por la oportunidad que se les dio."

También el director de Villeta expresó: "La presentación del sketch permitió romper el hielo que había. Porque anteriormente había una pared entre los funcionarios administrativos e instructores. Con la preparación del sketch pudo derrumbar esa pared y facilitar la comunicación. Aprendieron más, durante la preparación del sketch que en la misma presentación."

5) En cada debate, era un momento de reflexión sobre sí mismo.

El desarrollo del debate en sí fue un gran logro. En cada debate los participantes pudieron autoevaluar y cambiar su pensamiento. Los temas tratados durante el debate son como los siguientes:

Como dijo el presidente y el ministro, no debemos trabajar desde nuestro punto de vista sino desde el punto de vista del usuario, de los ciudadanos y de los estudiantes.

Hay que empezar el cambio consigo mismo. Hasta el momento culpamos a los políticos. Pero si reflexionamos sobre nuestro pasado, muchas veces nosotros no hacemos nuestro trabajo, no somos puntuales, pasamos el trabajo de hoy para mañana.

Debemos cambiar la cultura administrativa. Debemos ser más serios y cumplir con nuestra palabra. Debemos empezar a cumplir con lo básico.

Debemos ser puntuales y si asistimos debe nos permanecer en nuestra lugar hasta que termine la capacitación. Después de firmar la planilla de asistencia, algunos se retiraban o hacían otra cosa.

El tema de la corrupción, hay que empezar de uno mismo. No puede criticar a los demás si uno mismo es corrupto.

No es deseable dar información o favorecer a un amigo o a alguien conocido. Hay que esforzarse para que no haya ese tipo de amistad.

Cada capacitación debe transmitir mente sana a los estudiantes. Hay que tratar con todo el corazón a los estudiantes y pensar si en verdad están enseñando valores.

Es muy importante el buen trato con la gente y los estudiantes. El servicio que ofrece los funcionarios no es bueno. Tenemos que aprender como atender al público y poner en práctica.

Los instructores necesitan una evaluación estricta y reflexión sobre su conducta. Nosotros no estamos actualizados por lo tanto nosotros mismos debemos estudiar más y empezar a capacitarse.

Los instructores deben cumplir perfectamente con el horario de clase. Los instructores deben ser ejemplo de sus estudiantes. Como por ejemplo, la voluntaria del Cuerpo de Paz, quien preparaba sus clases dos horas antes de empezar.

Cada uno de los estudiantes es un mundo a parte. Debe prestar mucha atención a cada uno de ellos y a través de una entrevista personal, conocer el problema familiar que tiene y dar una orientación especial a cada uno. Así podrá desarrollar una capacitación práctica ganando la confianza.

Hay que inculcar a los estudiantes los valores universales como la seriedad, la justicia, la valentía, la abstinencia y la mente sana. Enseñarles que cuando van a hacer algo, deben hacer con todo el corazón e inculcar el espíritu de profesionalidad para que puedan rendir más.

Los que no asisten a clase o los que no cumplen con los requisitos no deben entregarles los certificados. Porque eso destruye a los estudiantes y es un tipo de corrupción. Debe cumplir los criterios estrictos.

6) El Acto de Apertura y el Informe Semetral fueron un éxito

El Acto de Apertura fue todo un éxito. Practicamos "JUNTOS PARA UN NUEVO FUTURO DEL PARAGUAY". Recibimos un gran apoyo e interés de parte del Ministro Guillermo Sosa. El Director General Ramón Maciel y varios directores estaban muy interesados, participaron activamente y obtuvimos un buen resultado.

La capacitación estaba dirigida a 11 directores regionales de Trabajo y 57 Regionales del SNPP, en total eran 68 personas capacitadas. Como vinieron gran cantidad de personas, incluyendo los viceministros, los directores y jefes del SNPP, se llenó el salón auditorio que tenía una capacidad para 200 personas.

En el Acto de Apertura estuvieron 11 directores como disertantes: 5 personas del MTESS, 3 personas del SNPP, una persona del SINAFOCAL, de CTA (Centro Tecnológico de Avanzada-Corea) y una de CTFP-PJ (Centro Tecnológico de Formación Profesional - Japonés).

Cada persona tenía informaciones diferentes y forma de presentación diferente. Explicaron con claridad la política del gobierno nacional, y así también la misión y la visión del SNPP.

Tuvimos un momento para hacer feedback y evaluar el Acto de Apertura con el Director General Ramón Maciel, con los Gerentes Nelson López y Fátima Loncharich. La evaluación fue positiva en cuanto al cambio de mentalidad. Se llegó a capacitar a los directores de la Central y estimular a los directores regionales. Todos coincidían en que todo fue un éxito.

El informe semestral que se llevó a cabo el 29 de noviembre también fue un éxito. El acto se desarrolló satisfactoriamente, y todos estaban muy entusiasmados. A la mañana nos concentramos en la presentación. Yo di un breve informe de las capacitaciones desarrolladas y luego el ministro presentó una charla especial durante 30 minutos.

A continuación seguimos con la ponencia. Los gerentes del SNPP ofrecieron una breve orientación de la formación y capacitación del año que viene. Luego 3 directores regionales como representantes hablaron de los casos exitosos.

Esta presentación de los directores fue la segunda presentación realizada después del Acto de Apertura del mes de agosto. Como fue algo no habitual para ellos, se sintieron cargados de responsabilidad, perola hicieron con orgullo y se mostraban satisfechos con sus presentaciones. La presentación del Informe Semestral fue mucho más profunda, lógica, clara y precisa que la presentación del Acto de Apertura.

En cada visita que realicé, los directores regionales trataban de hacer una buena presentación. Pero el nivel no fue sastifecho. Por ese motivo, seleccioné tres directores para que puedieran hacer su presentación públicamente en el acto de informe semestral. Al oír la presentación de sus compañeros, directores, seguramente que pudieron pensar sobre la función y responsabilidad que tiene cada uno como director regional.

2. Los desafíos identificados durante la capacitación

La capacitación se desarrolló como estaba planificado desde el principio. Todos los programas preparados fueron desarrollados con éxito. Esto fue posible, gracias al apoyo e interés continuo del ministro Guillermo Sosa del MTESS y del Director General Ramón Maciel del SNPP.

Durante la preparación y desarrollo de la capacitación, fueron identificadas las debilidades del SNPP Central y Regional, y durante el debate los participantes manifestaron algunos desafíos encontrados.

1) Manejo de computadora

Había diferencia entre los directores en cuanto al manejo de computadora. Algunos directores emplearon la computadora para desarrollar su debate, en cambio había personas que no sabían usarla, incluso diferenciar power point de word.

2) Comprensión de la política del Gobierno Nacional

Para tener responsabilidad y sentido del deber, hay que comprender con exactitud la política del gobierno nacional y entender las funciones que deben realizar en sus tareas sus funciones con las tareas. Pero muchos, hasta los directores no sabían en que consiste el Plan Nacional de Desarrollo 2030, incluso algunos instructores nunca han escuchado el tema.

No tenían claro el trabajo y la función del MTESS. No les interesaba el plan estratégico del ministro. En vez de explicar con profundidad a lo que se refiere la misión y visión del SNPP, muchos directores solamente leían.

3) Puntualidad

Había lugares donde no cumplían con el horario. Instalaban la computadora a la hora de empezar la clase. Para ellos la hora fijada no era hora de empezar la capacitación, sino hora de preparar la capacitación.

Teníamos 15 minutos de receso pero nadie cumplía en ese horario. Entraban en la capacitación después de varios minutos. Agendamos la visita en una hora determinada, pero casi nunca se empezó a esa hora. Siempre empezabamos despues de varios minutos de la hora fijada.

4) Buen trato

Dijeron que los funcionarios del SNPP Central no eran tan amables. Ni si quiera atendían bien el teléfono, viajaban horas para ir hasta la Central y solucionar su problema, pero no tenían respuesta.

También dijeron que había mucha burocracia, les daban unos boligrafos y cuadernos, les decían que si necesitaban algo más que solicitaran por medio de notas ("si no queres trabajar, podes salir de la institución").

Pero en los regionales tampoco había buen trato. Los instructores se quejaban porque los funcionarios administrativos no les hacían caso y no les daban suficiente información a los estudiantes ni eran amables con ellos.

Entre los directores había persona que no atendía el telefóno. Si alguien le llamaba a solicitar algunos documentos en la segunda o en la tercera ya no te atendía el teléfono. Había gran porcentaje de ignorar la llamada de un estudiante que necesitan hacer consultas o pedir información por ser el sector más vulnerable.

Había lugares donde la persona de la recepción no manejaba las informaciones, entonces no podía explicar los requisitos necesarios para cada área.

5) El uso de sistema administrativo y respeto a las normas
Si los instructores necesitan insumos debe preparar una lista de necesidades y presentar para que el director pueda presentar en la

Central, pero este sistema no está funcionando como debe ser. Algunos quieren conseguir los insumos a través de los contactos.

En SNPP Central tiene un modelo fijo para la publicidad y hay un software donde puede hacer ese trabajo, pero no lo están utilizando.

Además, hasta el momento hay lugares donde están entregando los certificados sin que los estudiantes hayan cumplido con los requisitos necesarios y además no entregan los certificados en el momento de terminar el curso.

6) Habilidades gerenciales como director

Noté que hay directores con gran liderazgo, y algunos sin liderazgo. Había lugares donde la comunicación entre el director e instructores no era buena. Entre los funcionarios administrativos e instructores tampoco había comunicación ni confianza.

Había directores que demostraron deficiencia en la presentación. No sabían preparar los materiales y los hacían los jefes instructores o los funcionarios administrativos. Por lo que a la hora de presentar no entendían y no sabían explicarlos.

No todos preparaban completamente los materiales. Les había pedido 4 temas para la presentación. Apenas 12 personas prepararon los temas solicitados. La mayoría no prepararon el tema las informaciones con relación a la demanda industrial que está directamente relacionada con la capacitación laboral.

Me parece que no se acercan a la empresa o a la cooperativa de la zona para escuchar de ellos los recursos humanos que necesitan para que prepararen en base a eso las acciones formativas.

En caso de debate, alugnos directores no sabían guiar. No sabían seleccionar temas de debates tampoco direccionar a los participantes. Si los instructores manifestaban su punto de vista, el director decía que eso estaba mal y que él tenía la razón.

El ambiente dependía mucho del carácter del director. Había directores que no querían trabajar. No hacían bien su trabajo o hacían el trabajo obligado y algunos se quejaban y decían cosas negativas ante los instructores.

Hacía falta la práctica de 5S. Había muchos lugares donde faltaban espacios y herramientas. Había espacios y materiales abandonados.

Habia posibilidad de solucionar la falta de aulas y herramientas trabajando juntos con el director y sus funcionarios.

El director no sabía como contactarse con los municipios, gobernación, institución educativa, organización civil para recibir apoyo. En algunos casos no podían hacer ese trabajo, porque no era del mismo partido político, muchas veces no lo podían por falta de habilidades gerenciales.

7) El nivel de los cursos y de los instructores

Faltaban equipamientos, algunos ya eran muy obsoletos, pero no podían cambiar por otro nuevo. Entonces están practicando con la máquina obsoleta que en la vida real en el lugar de trabajo ya no se usa ese tipo de máquina.

Existe una falta de credibilidad ya que hay una gran diferencia entre el nivel que requiere las empresas y el nivel de curso del SNPP y no están haciendo bien la práctica por falta de insumos.

Los instructores no están actualizados. Los materiales ya llegaron a su vida útil. Necesitan actualizar la malla curricular, pero actualmente no pueden o no lo están haciendo.

Quieren capacitarse y mejorar el nivel educacinal, pero no se le da la oportunidad de capacitarse. Pidieron una capacitación especial dirigida a los instructores desde el SNPP Central.

La gran mayoría es cargo de confianza y no entran la institución por concurso público en base a la competencia. Entonces en algunos directores mostraron deficiencia en el liderazgo y en algunos instructores no enseñaban bien.

IV. Propuesta

El SNPP es un instituto muy importante ya que se encarga de desarrollar recursos humanos que se necesitan en Paraguay. Enseña técnicas a las personas que no pudieron terminar la educación formal para que ellos pudieran conseguir trabajo, por lo tanto, las personas responsables de la capacitación deben estar bien preparado.

Para cualquier organismo tener recursos humanos capacitados, el camino más fácil es reclutar y seleccionar a las personas más aptas. Aunque se haya contratado las personas preparadas, no no satisfarán perfectamentea sus empleados. El objetivo de la institución, por lo tanto cada institución necesita capacitar periódicamente para que puedan tener las habilidades necesarias que requiere la institución.

Pero también es muy importante capacitar continuamente a los funcionarios antiguos, de acuerdo al cambio. En el caso de que no estén preparados y demuestren resistencia al cambio la institución necesita un programa de capacitación minuciosa.

Estar capacitado y demostrar su capacidad son dos cosas muy diferentes. Para que una persona demuestre su capacidad para la motivación, hay que dar una remuneración correspondiente al logro. Si la institución logra motivar y satisfacer a sus empleados, entonces ellos se quedarán en la institución.

No siempre concuerdan los objetivos personales y los objetivos institucionales. Por lo tanto, es muy importante un apoyo continuo y equitativo para que el equipo pueda dedicarse a la meta institucional y lograr el desarrollo personal. Para lo cual deseo hacer algunas sugerencias como:

1. Para asegurar los recursos humanos capacitados sugiero concurso público en base a la competencia.

1) Todas las vacancias, desde el director regional, funcionario administrativo, instructores deben ser seleccionados a través de concurso público.

2) Si no se puede seleccionar a todos a través del concurso público, hay que seleccionar por rango y puesto paso a paso.

3) Primeramente hay que empezar con la selección de los directores regionales a través de un concurso público en base a la competencia.

4) Antes del concurso público, hay que analizar el rubro y las habilidades que necesitan para ese puesto. Luego debe publicar esa información.

5) Aunque sea cargo de confianza, debe seleccionar en forma legal y contratar la persona que satisfaga los requisitos.

6) La postulación debe estar abierta a todos los ciudadanos, y dar la oportunidad también a los funcionarios internos del SNPP.

2. Evaluar los logros, promocionar y remunerar de acuerdo a esos logros personales

1) Evaluar periódicamente los logros del director, funcionarios administrativos e instructores.

2) Cada año, el director de las Unidades Operativas y el Director General deben firmar un acta donde se compromete alcanzar las metas. En un año a través de un criterio objetivo el Director General evalua los productos y escucha las opiniones del director.

3) A mitad de los cursos y al final, los estudiantes deben evaluar a los instructores y la calidad de los cursos.

• Al menos 60% de los estudiantes deben evaluar y la institución debe buscar la forma de implementar el sistema de evaluación sistemática.

• La evaluación a los instructores debe ser a través de un sistema informático y no ser encargado a los propios instructores.

4) Los resultados de la evaluación deben estar relacionados con el ascenso, el traslado a un mejor lugar, y el beneficio y la remuneración acordes a la ley.

5) Las personas que obtuvieron buen punto en la evaluación debe recibir un trato especial.

3. Fortalecer los requisitos y reforzar los funcionarios administrativos e instructores de las Regionales.

1) Dependerá mucho de la capacidad regional, pero tener mínimamente dos funcionarios nombrados por cada Regional.

2) Entre ellos, una persona debe ser facilitador o moderador o un profesional en planificación y capacitación.

3) El jefe instructor que se encarga de establecer y modificar los

programas debe ser nombrado.

4) Si tiene más de 10 instructores, el 20% que tiene certificado profesional deben ser nombrados.

5) Cada Regional mínimamente debe disponer de un vehículo. Especialmente, los lugares aislados, extensos, y fronterizos hay que priorizar.

4. Cada año debe establecer un plan de capacitación para fortalecer las habilidades de los funcionarios.

1) Establecer un plan de capacitación integral para todos los funcionarios, desde la Central hasta las Regionales.

2) Los funcionarios de cargo más alto, debe capacitarse más. Los jefes del SNPP Central y los directores regionales deben capacitarse por

minimo 100 horas por año y los demás funcionarios por lo menos 80 horas anuales.

3) Fortalecer la capacitación a los funcionarios de rango y categoría más alta, con respecto a la administración política como el cambio del mundo, entendimiento la política del gobierno nacional, administración de metas, logros, mediación, etc., y los funcionarios del rango más bajo en el uso de las herramientas como MECIP, redacción de documentos, compresión de diversas leyes, manejo del programa como SISGAF, etc.

4) Continuamente todos deben recibir capacitación especial con relación al mejoramiento del servicio.

5) La capacitación de NEO enfocado en facilitador y PIMA en la creatividad, debe ser enfocada en los puntos básicos de los mismos.

6) Debe hacer la inspección de los lugares de laburo con fiscalizadores capacitados en anticorrupción y firmando un contrato relacionado a la honestidad.

5. Capacitación especial dirigida a los instructores con el fin de un mejoramiento técnico.

1) Muchos de los instructores regionales tienen un nivel muy bajo por falta de actualización. Por lo tanto, no imparten cursos necesarios que se requieren en el mercado laboral.

2) Hacer un estudio o una exposición por área o por familia de los cursos(por ejemplo, automecánica, soldadura, control mecánica, administración de granja) donde los instructores puedan reunirse con el objeto de actualizarse.

Paraguay! Si, Puede!

그래, 할 수 있어!